Dror Mishani

Drei

ROMAN

Aus dem Hebräischen von
Markus Lemke

Diogenes

Titel der 2018 bei Ahuzat Bayit, Tel Aviv,
erschienenen Originalausgabe: ›Shalosh‹

Umschlagmotiv: Foto ›Intimacy (dried roses)‹
2013 von Christina Coral

*Für Sara Mishani, die Mutter meines Vaters
Und für Sara Mishani, meine Tochter*

www.diogenes.ch
200/19/44/7
ISBN 978 3 257 07084 2

Denn des Menschen Sohn wird
überantwortet werden in die Hände
der Menschen.

Lukas 9,44

Des Menschen Sohn ist nicht
gekommen, der Menschen Seelen
zu verderben, sondern zu erhalten.

Lukas 9,56

Eins

1

Sie hatten sich über ein Dating-Portal für Geschiedene kennengelernt. Sein Profil war einigermaßen nichtssagend, und gerade deshalb hatte sie ihn angeschrieben. Zweiundvierzig, einmal geschieden, wohnhaft in Givatayim. Ohne ein »Voller-Heißhunger-auf-das-Leben« oder »Noch-auf-der-Suche-will-mich-mit-dir-entdecken«. Zwei Kinder, ein Meter siebenundsiebzig, Akademiker, selbstständig, wirtschaftlich gut gestellt, aschkenasischer Herkunft. Politische Einstellung fehlte. Auch ein Teil der anderen Rubriken war leer geblieben. Drei Bilder, eines davon älter, zwei neueren Datums, und auf allen hatte sein Gesicht etwas Beruhigendes, nicht allzu Besonderes. Und er war nicht dick.

Eran hatte nun eine Gesprächstherapie angefangen, und sein Psychologe meinte, es wäre für ihn gut zu sehen, dass auch sie nicht nur trauerte, sondern ihr Leben weiterlebte. Sie versuchte, sie beide wieder auf Alltagsroutine zu eichen: Abendessen um sieben, Duschen und eine Fernsehsendung aus der Online-Mediathek, und dann packten beide ihre Taschen für den nächsten Tag. Um halb neun oder Viertel vor neun war er im Bett, und sie las ihm, obwohl er schon alleine lesen konnte, eine Geschichte vor, weil das jetzt nicht der Zeitpunkt war, damit aufzuhören. Danach saß sie vor dem Computer in ihrer Arbeitsecke im Wohnzimmer, ging Profile und Mitteilungen durch, auch wenn sie keinem Mann antworten würde, der von sich aus Kontakt zu ihr aufnahm. Sie ergriff lieber selbst die Initiative. Es war schon Ende März, aber abends trug sie noch immer einen Pullover und manchmal, wenn sie allein ins Bett ging, regnete es leicht.

Sie hatte ihm eine Nachricht geschickt: »Würde mich freuen, dich kennenzulernen.« Und er hatte nach zwei Tagen geantwortet: »Dann los. Wie?«

Erst hatten sie gechattet.

»In was für einer Schule unterrichtest du? Grundschule? Gymnasium?«

»Gymnasium.«

»Hat das auch einen Namen?«

»Im Moment wär's mir noch lieber ohne Details. In Cholon.«

Sie war vorsichtig, er mitteilsam. Die Angaben, die im Profil ausgespart waren, vervollständigten sich von Chat zu Chat. Er fuhr viel Fahrrad. »Nach Jahren, in denen ich meinen Körper vernachlässigt habe, habe ich angefangen, ins Fitnessstudio zu gehen. Eine Wohltat.« Sie dachte bei sich, dass man das auf den Bildern nicht sah. Er war Anwalt, »keiner der großen Haie, mit eigener, kleiner Kanzlei«, und begleitete hauptsächlich Israelis, die in osteuropäischen Ländern familiäre Wurzeln hatten, bei dem ganzen Prozedere von der Klärung eines Anspruchs bis zum Erhalt eines polnischen, rumänischen oder bulgarischen Passes. In diesem Feld war er gelandet, nachdem er einige Jahre lang für die Rechtsabteilung einer Zeitarbeitsfirma, die Arbeitskräfte aus Osteuropa nach Israel holte, gearbeitet und dabei Kontakte zu den jeweiligen Behörden geknüpft hatte. »Brauchst du vielleicht einen polnischen Pass?«, fragte er, und sie schrieb zurück: »Keine Verwendung, bei mir sind die Eltern aus Libyen. Hast du auch Kontakte zu Gaddafi?«

Freundinnen aus der Schule warnten sie vor Dating-Portalen. Meinten, man dürfe nicht alles glauben, was Leute dort von sich erzählten. Aber er erzählte ja gar nichts Spektakuläres über sich, im Gegenteil, es war, als bemühte er sich, unspektakulär zu klingen. Nach ein paar Tagen fragte er: »Treffen wir uns irgendwann?« Und sie schrieb zurück: »Irgendwann.«

Ein Donnerstagabend um halb zehn. Anfang April.

Er hatte ihr die Wahl des Treffpunkts überlassen, und sie entschied sich fürs Café Landwer am Platz vor dem Habima-Nationaltheater in Tel Aviv. Drei Tage vorher hatte sie einen Termin mit Erans Psychologen und sprach dabei hauptsächlich von sich selbst. Der Psychologe deutete an, sie solle vielleicht auch mal zu einem Gespräch kommen, und sie lachte. Entschuldigte sich, dass sie ihm zu viel erzählt hatte, und erklärte, dafür fehle ihr das Geld. Auch Erans Therapie könne sie nur dank ihrer Mutter finanzieren.

Der Psychologe riet ihr, das erste Date nicht zu verheimlichen, aber auch keine große Sache daraus zu machen. Sie solle lieber nicht ihre Mutter bitten, auf Eran aufzupassen, ihn auch nicht bei ihr übernachten lassen, weil sie sich dann von beiden unter Druck gesetzt fühlen und Eran mehr erzählen würde, als er wissen musste. Am besten, sie fragte die Oberstufenschülerin, die auch schon früher bei ihnen gebabysittet hatte, wenn sie zu zweit ins Kino gegangen waren. Sollte Eran fragen, mit wem sie ausging, könne sie sagen, »mit einem Freund«. Und wenn er frage, wer dieser Freund sei, könne sie sagen, es sei ein neuer Freund, den er noch nicht kenne. Und dass er Gil heiße.

In Tel Aviv war die Hölle los. Der Stau begann schon bei der Abfahrt von der Ayalon-Autobahn zum Derech HaSchalom und setzte sich auf der Ibn-Gvirol-Straße fort, und die neu erbaute Tiefgarage unter dem Kulturpalast war bis auf den letzten Platz besetzt. Am Morgen hatte er ihr im Chat seine Telefonnummer geschickt, und jetzt simste sie ihm, sie würde sich verspäten. Sie fuhr zurück zum Parkhaus in der Kaplan und ging von dort zu Fuß, im dichten Ausgehgetümmel, zwischen jungen tätowierten Männern mit Bart, schönen jungen Frauen, jungen Paaren mit Baby. Vielleicht hätte sie besser einen anderen Ort vorschlagen sollen. In dem Outfit, das sie trug – weiße, knöchellange Leinenhose, dazu passende weiße Bluse und dünnes, ebenfalls weißes Jackett – fühlte sie sich alt, schlimmer noch, wie eine alte Frau, die versucht, jugendlich auszusehen, aber schon mit dem ersten Satz, den er sagte, kam sie sich weniger fehl am Platz vor.

»Was machen wir hier überhaupt? Ich fühle mich steinalt.«

Es war weitaus befremdlicher, als sie gedacht hatte, auf einmal wieder mit dem Daten anzufangen, sich mit einem wildfremden Mann zu treffen.

Als sie im Café ankam, erhob er sich und gab ihr die Hand, wie bei einem Geschäftstermin. Bestellte sich einen

Cappuccino, also trank auch sie keinen Wein, sondern einen warmen Apple Cider mit Zimtstange. Er war nicht gertenschlank, aber man konnte sehen, dass er im Fitnessstudio trainierte. Und er war legerer gekleidet als sie: Jeans und blaues Poloshirt zu weißen Joggingschuhen. Auch übernahm er gleich die Rolle des Erfahreneren, denn er hatte nicht eben wenige solche Begegnungen schon erlebt.

»In der Regel spricht man erst mal über die Scheidung«, sagte er. »Tauscht Berichte vom Schlachtfeld aus. Ein bisschen wie beim Reservedienst. Ziemlich deprimierend, aber ich bin bereit, den Anfang zu machen.«

Sie sagte: »Nein, bloß das nicht«, war aber neugierig. Selbst darüber sprechen konnte sie noch nicht, alles war noch ganz frisch und blutig, ja zuweilen geradezu unwirklich. Auch während des Dates mit ihm hatte sie momentweise das Gefühl, all das passiere in Wirklichkeit gar nicht und eigentlich säße Ronen vor ihr. Er sagte, er habe zwei Töchter, beide auf dem Gymnasium, Noa und Hadas. Die Scheidung sei nicht von ihm ausgegangen, sondern von seiner Exfrau, und anfangs habe er sich dagegen gesträubt, offenbar weniger aus Liebe, denn aus Angst.

Im Gegensatz zu dem, was sich zwischen ihr und Ronen abgespielt hatte, war Gils Trennungsprozess einigermaßen lang gewesen. Seine Frau hatte die Idee einer Scheidung aufgebracht, doch er hatte sie zunächst überzeugen können, noch einen Versuch zu unternehmen, die Beziehung zu kitten. Darauf folgte die kurze Phase einer Paartherapie, und am Ende hatte er die Waffen gestreckt. Soweit er wisse, hatte sie ihn nicht betrogen und habe auch heute noch keinen Freund. Sie habe einfach aufgehört, ihn zu lieben, habe das Interesse an ihm verloren, wollte etwas anderes ausprobieren, das Leben nicht an sich vorbeiziehen lassen, solche Dinge, die er damals nicht verstanden habe, oder doch verstanden, aber nicht habe verstehen wollen, und die er heute sehr viel besser verstehe. Unter dem Strich sei es für ihrer aller Leben gut gewesen. Auch für die Mädchen. Die Scheidung selbst war dann unkompliziert, vielleicht weil sie beide Anwälte waren und keine Geldsorgen hatten. Seine Exfrau sei in der Wohnung in Givatayim geblieben, und die Wohnung in Haifa, die als Anlageobjekt gedacht war, habe er verkauft und mit dem Geld eine Vierzimmerwohnung ganz in der Nähe gekauft. All dies erzählte er nicht zum ersten Mal, das war klar, und sein versöhnlicher Tonfall ließ sie spüren, wie verletzt sie selbst noch war. Zumal sie dachte, ihre Geschichte mit Ronen sei eine vollkommen andere, aber vielleicht stimmte das gar nicht? Die Motive, die er so lakonisch wiedergab, »etwas anderes ausprobieren«, »das Leben nicht an sich vorbeiziehen lassen«, explodierten wie Granaten in ihr.

Gil bekam nichts davon mit, oder zumindest hoffte sie das. Als er fragte, »Und wie war es bei dir?«, sagte sie: »Anders. Ich habe … wir haben einen neunjährigen Sohn, und er hat sich schwer damit getan. Aber ich würde jetzt lieber nicht darüber reden.«

Danach war sie nicht mehr ganz bei der Sache. Gil sprach über die Arbeit, erzählte von kurzen Reisen nach Warschau und Bukarest, versuchte, sich für ihr Leben zu interessieren, hakte aber nicht nach, wenn sie abblockte. Die Zeit verging langsam. Um Viertel nach zehn, als die Vorstellungen endeten, füllte sich der Platz vor dem Habima-Theater erst und leerte sich dann wieder. Um zwanzig vor elf bestellte er sich eine Cola Zero und fragte, ob sie etwas essen wolle, aber sie bestellte auch keinen weiteren Apple Cider, hoffte, das Treffen wäre bald beendet. Kurz nach elf fragte er: »Sollen wir?« Und sie sagte: »Ja, gern, es ist schon schrecklich spät.«

»Von mir aus können wir weiter chatten, wenn du Lust hast. Du hast ja meine Nummer.« So verabschiedete er sich von ihr.

Auf dem Weg zum Wagen wollte sie die Babysitterin anrufen, um zu fragen, ob Eran schon eingeschlafen sei, aber sie konnte nicht, weil sie spürte, sie würde in Tränen ausbrechen.

2

Eine Woche danach schrieb sie ihm im Chat. »Bist du noch da?«

»Meinst du hier? Wie's aussieht auf ewig.«

Sie entschuldigte sich für den gemeinsamen Abend, erklärte, sie sei offenbar noch nicht bereit für so etwas. Sicher habe er einen tristen Abend mit ihr verbracht. Er schrieb: »Überhaupt nicht. Und ich verstehe das total, weil ich das selbst erlebt habe, überhaupt keine *hard feelings*. Vielleicht irgendwann mal wieder.«

In der Schule hatte die Phase der Vorprüfungen begonnen, und abends musste sie Klausuren korrigieren. Sie hatte Eran Mark Twains *Der Prinz und der Bettelknabe* vorgelesen und jetzt den *Letzten Mohikaner* angefangen, weil keines der beiden Bücher mit irgendetwas zu tun hatte, nicht von einem Jungen handelte, der unter der Scheidung seiner Eltern litt, sondern Märchen aus fernen Zeiten und Orten erzählte. Nachmittags gab sie neuerdings Schülern anderer Schulen Nachhilfe, damit sie ihre Mutter nicht um noch mehr Geld bitten musste, als diese schon für Erans Sitzungen bezahlte. Einhundert Schekel die Stunde, zwischen vier und sechs Stunden jede Woche, das summierte sich schnell zu zweitausend Schekel im Monat, bar auf die

Hand. Im Sommer würden die Nachhilfestunden zwar wegfallen, aber dann hätte sie eine andere zusätzliche Einnahmequelle, weil sie sich für das Korrigieren von Abiturklausuren hatte registrieren lassen.

Freundinnen aus der Schule, vor allem die weniger nahen, erkundigten sich, ob sie schon bereit sei, sich verkuppeln zu lassen. Es gebe nicht wenige Männer in Reichweite, die ein zweites Kapitel aufschlagen wollten. Sie wehrte alle Angebote ab. Auf der Homepage des Portals tauchten jede Woche nicht mehr als zwei, drei neue Profile auf, sodass sie immer wieder auf dieselben Gesichter und dieselben Sätze stieß, die Einsamkeit hinter schönen Worten zu verstecken suchten. »Lasse mich auf nicht weniger ein als auf die wahre Liebe«, »Suche eine Partnerin für die Reise des Lebens«, »Ein unkonventioneller Mann, authentisch bis in die Haarspitzen, ohne Lügen und Masken«. Alle waren sie affektiert, waren nicht schlank genug oder viel zu jung, Männer von achtundzwanzig oder dreißig Jahren, bei denen sie nicht verstand, was die dort zu suchen hatten, genauso wenig wie sie verstand, warum sie selbst alle paar Tage die Seite aufrief, ohne eigentliche Absicht. Auch als sie ihm schrieb und vorschlug, sich erneut zu treffen, war das nicht geplant, war eine Spontanentscheidung, obgleich ihr der Gedanke zuvor schon einige Male durch den Kopf gegangen war.

Er antwortete nach ein paar Stunden: »Gern, aber nur, wenn es nicht aus Mitleid ist.«

Orna schickte ihm einen Smiley und fügte nach ein paar Minuten hinzu: »Aber aus Selbstmitleid wäre okay?«

Das Pessachfest ging vorüber. Ein trauriger Sederabend, der erste nach der Scheidung. Nur sie, Eran und ihre Mutter bei der Familie ihres Bruders in Karkur. Niemand erwähnte Ronen. Am nächsten Tag, am Pessachmorgen, erwachte sie einige Minuten vor sechs. Am Himmel hingen schwere Regenwolken, und es war unerwartet kalt. Erans und ihre Wintersachen lagen schon verstaut in den obersten Schrankfächern. Und sie hatte keine Ahnung, wie sie die Ferien überstehen sollten.

Auch die Babysitterin steckte in den Vorprüfungen und war deshalb nur am Dienstag verfügbar, aber das war Orna gerade recht. Ein ruhiger Abend mit weniger Ausgehvolk auf den Straßen. Gil schrieb ihr: »Am Dienstag habe ich eine andere Verabredung, aber wenn das der einzige Tag ist, an dem du nächste Woche kannst, cancel ich das.« Doch seine Aufrichtigkeit weckte in ihr, anstatt sie zu erfreuen, ein Gefühl des Ekels, und sie überlegte abzusagen. Ich bin auf einer Fleischbeschau, dachte sie. Ich bin Teil einer Fleischbeschau.

Aber vielleicht war das unausweichlich.

»Diesmal nicht in Tel Aviv, wäre das möglich?«, fragte sie, und er antwortete: »Klar, wo du magst. Givatayim? Die Marina in Herzlija?«

»Ist Givatayim nicht zu sehr in deiner Nähe?« Sie dachte an seine großen Töchter, die an dem Café vorbeikommen könnten. An seine Exfrau.

»Ziemlich nahe. Aber mir ist wirklich egal, wo. Bei uns in der Katznelson-Straße haben ein paar nette Läden aufgemacht, aber ich kann auch überall sonst hinkommen.«

Vor dem zweiten Mal war sie nicht mehr so aufgeregt, und das war sonderbar. Als träfe sie sich mit irgendeiner Kollegin aus der Schule oder als sei er tatsächlich bloß »ein Freund«, wie sie Eran gesagt hatte.

Sie trug etwas Alltagstaugliches und hatte sich so gut wie nicht geschminkt, vielleicht auch, um ihm zu signalisieren, dass sie nichts auf die Spielregeln des Fleischmarkts gab, von dem er ein Teil war. Er war wieder sportlich gekleidet, dieselbe Jeans und dieselben weißen Joggingschuhe, diesmal jedoch mit einem weißen Polohemd kombiniert. Auch schien er ihr seit ihrer ersten Begegnung ein bisschen abgenommen zu haben, obwohl die meisten Männer über Pessach ja zulegten. Diesmal gaben sie sich, als sie das Café betrat – wieder mit Verspätung, weil die Parkplatzsuche in Givatayim schwierig gewesen war –, ein Küsschen auf die Wange, und auch dieser Kuss war eher freundschaftlich, wie zwischen zwei Menschen, die sich schon öfter als nur zweimal begegnet sind. Gil verströmte ein Parfum, das sie nicht kannte und sofort mochte. Ein etwas zu süßlicher, schokoladiger Geruch, den man unwillkürlich wieder riechen wollte.

Sie gab sich Mühe, weniger melancholisch zu sein, gesprächiger, vor allem, nachdem ihr durch den Kopf schoss, dass es ihm vielleicht leidtun könnte, ihretwegen auf die andere Verabredung verzichtet zu haben. Dennoch hielt sie an der Rolle der Interviewerin fest, die nicht viel von sich selbst preisgibt – und er ließ sich erneut bereitwillig ausfragen.

»Also hast du viele solche Verabredungen«, fragte sie, und er antwortete: »Weniger als früher, aber doch, ab und zu. Ich habe nicht viel anderes zu tun abends.«

»Und daraus wird nie etwas?«

Im Normalfall nicht.

Meistens meldeten sich die Frauen nach dem ersten Treffen nicht wieder, aber es sei auch schon vorgekommen, dass sie drangeblieben seien und er derjenige war, der abblockte. Nur ganz selten gäbe es ein zweites Treffen, und erst drei Mal bis jetzt habe sich mehr entwickelt. Drei Mal in über zwei Jahren. Das deprimierte sie für einen Moment, als böten seine Worte einen flüchtigen Ausblick auf die Zukunft, die sie erwartete. Aber sie riss sich zusammen. Weniger melancholisch sein, gesprächiger. Sie spürte, dass sie diesmal tatsächlich befreiter war, vielleicht, weil sie einen warmen Cider mit Alkohol bestellt hatte. Das Café, in dem er, wie er sagte, morgens auf dem Weg ins Büro oft saß, war voller junger Leute, aber diesmal störte Orna das weniger, ja half ihr vielleicht sogar. Wie auch die Tatsache, dass Gil sich ein Glas Rotwein bestellte.

»Mit ›mehr‹ meinst du Sex?«, fragte sie, überrascht von der eigenen Verwegenheit, und er lächelte.

»Auch Sex. Es entwickelt sich etwas über zwei, drei Treffen hinaus, eine Art Anfang von etwas, das sich wie was Ernstes anfühlt.«

»Und warum hat es nicht funktioniert?«

»Offenbar haben sie sich nicht wirklich verliebt und ich auch nicht, irgendwie hat es nicht Klick gemacht. Hat sich einfach in Wohlgefallen aufgelöst.«

Er vermied es zunächst, über seine Scheidung zu sprechen, offenbar hatte er das Gefühl, das habe ihr erstes Treffen getrübt, aber sie war sich diesmal sicherer, die Erinnerungen ertragen zu können, die tatsächlich wieder hochkamen, als er doch zu erzählen begann und sie ihn sogar ausfragte, um sich zu vergewissern, dass sie es aushielt, dass etwas in ihr, wie Erans Psychologe gesagt hatte, tatsächlich stärker geworden war, auch wenn sie selbst dies noch nicht so empfand.

Nach dem Cider bestellte sie ein Glas Merlot, und erst da bestellte auch er ein weiteres Glas, obwohl er seines lange vor ihr geleert hatte, als habe er auf eine Bestätigung gewartet, dass sie nicht gleich Reißaus nehmen würde. Oder es war ihm unsensibel und anmaßend vorgekommen, ein zweites Glas zu bestellen. Auf dem Nachhauseweg, im Wagen, dachte sie darüber nach, was ihr an diesem Treffen gefallen hatte. Vielleicht hatte es weniger mit ihm zu tun als mit der Wiederholung, dass das Kennenlernen nun schon hinter ihnen lag. Sie registrierte bereits die Art, wie er die Stimme senkte, wenn er ihr eine Frage stellte, von der er befürchtete, sie könnte zu persönlich sein, oder wie er mit der Hand durch seine hellen Haare fuhr und lächelte, bevor er auf eine Frage antwortete, die ihm peinlich war, sie las die Enttäuschung in seinen Augen, wenn er meinte, sie habe eine Aussage von ihm falsch aufgenommen und verschließe sich, oder seine Freude, wenn er über seine Töchter sprach, über Noa und Hadas.

Die Scheidungsvereinbarung zwischen Gil und seiner Ex sah ein gemeinsames Sorgerecht vor, die Töchter sollten gleich viel Zeit bei Vater und Mutter verbringen. Aber von Anfang an habe er das Gefühl gehabt, dass das nicht leicht für die Mädchen werde, dass sie unter der Woche lieber in der Wohnung wären, in der sie aufgewachsen waren, weshalb er nicht auf seinen Zeiten bestand. Obwohl er nicht eben wenig Geld in ihre neuen Zimmer investiert hatte. Irgendwann jedenfalls habe er seinen Töchtern einen Schlüssel für seine Wohnung gegeben und gesagt, sie sollten kommen, wann immer sie wollten, ohne vorher zu fragen und ohne sich anzumelden. In den ersten drei Monaten seien sie selten gekommen und hätten ihm vorher immer eine SMS geschickt, aber allmählich ändere sich das. Er komme abends aus dem Büro und finde eine von ihnen dann bei sich in der Küche oder im Wohnzimmer vor, wo sie Hausaufgaben machten oder fernsahen. Vor allem Noa, die Ältere. Seine Wohnung sei keine zehn Minuten zu Fuß von der alten Wohnung entfernt. Und seine Exfrau störe das nicht, ja man könne sagen, seine Wohnung sei für die Mädchen so etwas wie ein Zufluchtsort geworden, vielleicht auch nur ein Ort, an dem sie schon einmal ausprobierten, wie eines Tages das Leben in einer eigenen Wohnung sein würde. Sie kämen jetzt vier- oder fünfmal die Woche zu ihm, lernten in Ruhe für Prüfungen, machten sich Abendessen, räumten allein die Wohnung auf. Und vor zwei Wochen sei noch eine wichtige Neuerung zu verzeichnen gewesen: Noa habe einen neuen Freund, den sie zu einer ersten Übernachtung nicht etwa in die Wohnung seiner Exfrau, sondern in ihr neues Zimmer in seiner Wohnung eingeladen habe. In einem Monat werde sie siebzehn, und seine Exfrau und er überlegten noch hin und her, ob sie ihr gemeinsam ein erstes Auto kaufen sollten. Er würde wohl den Löwenanteil davon bezahlen, weil seine finanzielle Situation doch sehr viel besser sei als die ihre.

Das war der einzige Moment während des zweiten Treffens, in dem Orna an Ronen und Eran dachte. Wie anders alles bei ihnen war. Und für einen Augenblick befürchtete sie, ihre Verzweiflung und Trauer nicht mehr ausblenden zu können, dass man sie ihr wie verschmiertes Make-up im Gesicht ansah. Sie rief sich in Erinnerung, was Erans Psychologe ihr gesagt hatte. Setzen Sie ihn nicht unter Druck, Orna, geben Sie dem Jungen Zeit. Auch er ist dabei, die Krise zu überwinden, genau wie Sie, selbst wenn Sie das noch nicht sehen.

Die Zeit verging diesmal schnell.

Erst um halb eins verabschiedeten sie sich, weil sie nach Hause musste. Und aus irgendeinem Grund küssten sie sich am Ende des Abends nicht auf die Wange, obgleich sie im Augenblick des Abschieds gern noch einmal sein schokoladiges Parfum gerochen hätte.

Noch in jener Nacht, um kurz vor eins, schickte er ihr eine Textnachricht: »Es hat Spaß gemacht, Orna. Danke.«

Und sie antwortete: »Ich danke dir.«

3

Was sie überraschte, war, wie geduldig er blieb.

Anfangs dachte sie, das komme daher, dass er noch andere Frauen traf, doch er sagte, nach dem zweiten Date habe er entschieden, mit keiner mehr auszugehen, um ihnen beiden eine echte Chance zu geben. Sein Profil im Portal hatte er weder deaktiviert noch gelöscht, aber dazu sagte sie nichts, damit er nicht dachte, sie spioniere ihm nach, oder erfuhr, dass auch sie noch, eigentlich grundlos, die Webseite besuchte und neue Profile durchsah, als drohe sie sonst etwas zu verpassen.

Mai. Frühling.

Im April haben sie sich noch einmal getroffen und im Mai insgesamt drei weitere Male.

In der Schule herrscht Stress, sie hat viel zu tun wegen der nahenden Abschlussprüfungen. Zu Hause redet Eran pausenlos über seinen Geburtstag im nächsten Monat. Zwei Stunden vor einer der Verabredungen mit Gil teilt die Babysitterin mit, sie könne nicht kommen, sie hat angeblich Fieber, und Orna ist schon drauf und dran, Gil anzurufen und abzusagen, überlegt es sich dann aber anders – sie will unbedingt ausgehen, hetzt seit Tagen nur zwischen Zuhause und Schule, Schule und Zuhause hin und her – und ruft ihre Mutter an, damit sie kommt und auf Eran aufpasst. Sie rechnet damit, dass ihre Mutter Fragen stellt, und so ist es auch. Orna sagt, sie gehe mit Sophie aus, einer alten Freundin, die ihre Mutter gut kennt, trägt aber einen kurzen, schicken Rock, der ihre Mutter wohl ahnen lässt, dass sie lügt. Noch spricht sie mit niemandem außer Erans Psychologen über Gil, weil es nichts zu erzählen gibt. Sie ist nicht verliebt, und zwischen ihnen läuft nichts. Aber vielleicht auch, weil sie glaubt, dass sich irgendwann doch etwas tun wird, denn wenn etwas köchelt, muss der Deckel auf dem Topf bleiben, wie sie einmal eine Schriftstellerin in einer Talkshow hat erklären hören, warum sie niemandem das Buch zeigt, an dem sie gerade arbeitet.

Ein körperlicher Kontakt zwischen ihnen findet noch immer nicht statt, abgesehen von der flüchtigen Berührung von Lippen und Wangen zur Begrüßung und zum Abschied. Und wenn er doch noch mit anderen Frauen ausgeht? Die meiste Zeit hat sie das Gefühl, sie schotte sich gegen bestimmte Gedanken und Gefühle ab und funktioniere einfach, und die Treffen mit Gil seien Teil dieses Versuchs zu funktionieren, den Anschein eines heilen Lebens zu wahren. Sie steht morgens auf, um sich und Eran für die Arbeit und die Schule fertig zu machen, flüstert ihm ein »Guten Morgen, Erani« ins Ohr und lächelt, wenn sie über sein schwarzes Haar streicht und ihn die Augen aufschlagen sieht. Sie unterrichtet den üblichen Stoff, bereitet ihre Schüler auf die Abschlussprüfungen in Hebräisch vor, macht mit Eran am Nachmittag Hausaufgaben und gibt hier und da Nachhilfeunterricht, um ein bisschen was dazuzuverdienen, schafft es in der Regel, zwischendurch etwas zu kochen, und abends geht sie hin und wieder mit einem Mann aus, den sie kennengelernt hat. Es ist alles in Ordnung. Nichts ist zu Bruch gegangen. Sie und Gil haben in etwa denselben Geschmack, was Essen, was Filme angeht, er sagt nie etwas, das sie Beschämung oder Verlegenheit empfinden lässt, er sieht gut aus, und es gefällt ihr, mit ihm auf der Straße gesehen zu werden, sein Hebräisch ist besser als das der meisten Leute, zuweilen sogar gehobener und korrekter als das ihre. Und er ist großzügig und geduldig. Kurzum, das Leben geht weiter. Sie geht nicht vor die Hunde.

Aber in anderen Momenten macht die Niedergeschlagenheit – oder die Hoffnung – jeden Ansatz dieses Gefühls zunichte, ihr Leben verlaufe normal, und Grauen befällt sie, wenn sie daran denkt, dass sie mit einem Mann ausgeht, der nicht Ronen ist, und dass das die Sachen sind, mit denen sie sich tröstet – dass sie beide Sushi mögen und dass er nicht dick ist. Als sei sie in wenigen Wochen zu einer anderen Frau geworden, einer sehr viel älteren, als sie in Wirklichkeit ist.

Erans Psychologe versichert ihr, dass sich unter der Oberfläche, die sie als einen totalen Zerfall ihres Lebens wahrnimmt, eine neue Ordnung ausbilde, ein neues Leben, aber es gelingt ihr nie länger als ein paar Minuten zu spüren, dass das auch stimmt.

An dem Abend, an dem ihre Mutter auf Eran aufpasst, schauen sie sich zum ersten Mal zusammen einen Film an. *Interstellar*, im Multiplexkino Yes Planet im Ayalon-Einkaufscenter. Orna ist zutiefst bewegt von der Verbindung zwischen dem Vater und seiner Tochter und kann am Ende des Films gar nicht aufhören zu weinen, wegen Eran und Ronen. Danach gehen sie in ein japanisches Restaurant im Börsenviertel, und sie erzählt Gil zum ersten Mal von Eran und Ronen.

Er sei ein besonderes Kind, introvertiert und sehr verletzlich. Anfang Juni werde er neun. Für sein Alter sei er ein bisschen klein und schmächtig, und das Bezauberndste in der letzten Zeit sei, dass er seinen Sinn für Humor entdeckt habe und bewusst versuche, andere zum Lachen zu bringen, vor allem sie. Und überglücklich sei, wenn es ihm gelinge. Seine große Leidenschaft seien Flugzeuge, ferngesteuerte Modellflugzeuge, Drohnen, alles, was durch die Luft fliege, und seit neustem auch Autos, er habe angefangen, Modelle von Autos zu sammeln, die er toll finde. Seine Verbindung zu Ronen sei sehr stark gewesen, von Anfang an, obwohl Ronen häufig wochenlang nicht zu Hause gewesen sei. Er habe als Reiseleiter im Ausland gearbeitet, sei genau genommen immer noch Tourguide, lebe jetzt aber in Nepal; und er habe Eran kein einziges Mal mehr gesehen, seit er im Dezember hier war, um die Scheidungspapiere zu unterschreiben.

Einen Augenblick befürchtete Orna, Gil wolle seine Hand auf die ihre legen, die auf dem Tisch lag, sie hoffte, er würde es nicht tun, nicht in diesem Moment. Er stellte so gut wie keine Fragen, weil er verstand, wie heikel das alles für sie war, und sie erzählte ihm, was sie konnte.

Dass Ronen eine Deutsche namens Ruth geheiratet hatte, drei Jahre älter als er, mit vier Kindern, und dass sie in Katmandu lebten und dort ein Hostel betrieben. Und dass Ruth schwanger war.

Dass Ronen versprochen hatte, Eran oft besuchen zu kommen, es bisher aber nicht ein einziges Mal getan hatte.

Dass sie seit Ende Februar nicht einmal mehr auf Skype miteinander gesprochen hatten.

»Und fragt Eran nicht nach ihm? Spricht er mit dir darüber?«

»Mit mir nicht. Als wenn er nie einen Papa gehabt hätte. Aber er redet mit seinem Psychologen über ihn, und ich hoffe, das genügt.«

Unterhalt zahle Ronen ihr, exakt den Betrag, zu dem er verpflichtet sei, erzählte sie, als Gil danach fragte. Genauer gesagt, seine Familie zahle. Seine Eltern überwiesen ihr jeden Monat Geld und besuchten Eran auch ein-, zweimal im Monat, wenn sie im Großraum Tel Aviv zu tun hatten. Sie hatte ihnen das untersagen wollen, weil diese Besuche Eran ihrer Meinung nach nur wehtaten, aber sein Psychologe hatte ihn gefragt, ob er die Treffen mit Oma und Opa genieße, und er hatte bejaht.

War Gil wegen allem, was sie ihm in diesem Gespräch erzählte, so geduldig mit ihr? Aber auch zuvor schon verhielt er sich, als hätte er alle Zeit der Welt. Drängte nicht auf ein Wiedersehen und überließ es ihr, die Treffen vorzuschlagen. Immer bot er an, für sie mit zu bezahlen, insistierte aber nicht. Sie bestand stets darauf, die Rechnung zu teilen, wenn sie etwas gegessen hatten, und ließ ihn nur dann bezahlen, wenn sie bloß etwas getrunken hatten und die Rechnung überschaubar war. Er hatte Geld, das wusste sie aus seinen Erzählungen beim ersten Treffen, aber er protzte nicht damit. Nach einem gemeinsamen Abend sah sie ihn in seinen Wagen steigen, einen neuen, roten Kia Sportage. Und tatsächlich gelang es ihm manchmal, sie zu überraschen, ihr das Gefühl zu vermitteln, es gäbe Dinge, die sie nicht von ihm wusste, und dass unter seiner konventionellen Erscheinung ein deutlich interessanterer Mensch steckte, den sie noch nicht kannte. Bei einem ihrer ersten Telefongespräche, es war kurz vor dem Wochenende, fragte sie ihn am Anfang: »Wie war deine Woche?«, und er sagte: »Ich war drei Tage in Warschau, bin gestern zurückgekommen.« Er hatte ihr zuvor nichts von einer solchen Reise gesagt.

»Warschau? Urlaub oder Arbeit?«

»Arbeit. Kennst du jemanden, der nach Warschau fährt, um dort Urlaub zu machen?«

Und nachdem sie in dem japanischen Restaurant über Eran und Ronen geredet hatten, versuchte sie, das Thema zu wechseln, um sich selbst aus dem Tief zu ziehen, fragte ihn mit forcierter Munterkeit: »Also, was machst du an den Abenden, an denen wir uns nicht treffen, wenn man fragen darf?«

Gil sagte, in der Regel lese er. Komme gegen halb sieben, sieben aus dem Büro, oder um acht, wenn er noch ins Fitnessstudio gehe, und wenn die Mädchen bei ihm in der Wohnung seien, verbringe er noch ein bisschen Zeit mit ihnen. Manchmal äßen sie zusammen zu Abend, guckten Nachrichten oder ein, zwei Folgen einer Fernsehserie. Im Augenblick liebten sie eine schreckliche Serie namens *The Walking Dead.* Er könne mit diesen Zombies echt nichts anfangen, schaue es sich aber seinen Töchtern zuliebe an. Wenn sie nicht bei ihm seien oder schon gegangen seien, lese er fast nur. Vor der Scheidung sei er wahrlich kein Vielleser gewesen, aber seither – auch wenn das nichts miteinander zu tun habe – habe er sich eines zur Regel gemacht: zu Hause, nach der Arbeit bleibe der Computer aus und das Handy abgeschaltet. Er las Sachbücher, Biographien, Bücher über Spionage, über den Mossad und den Zweiten Weltkrieg, aber auch populärwissenschaftliche Sachen wie *Eine kurze Geschichte der Menschheit* von Yuval Noah Harari, das sie auch gelesen hatte. Fernsehen schaute er niemals alleine, nicht aus Prinzip, sondern weil er zu dem Schluss gelangt war, dass es Zeitvergeudung war und er mit einem Buch den Kopf sehr viel besser von der Arbeit freibekam, und sie schämte sich, denn sie hatte bis jetzt angenommen, von ihnen beiden sei er der oberflächlichere, obgleich sie, abgesehen von den Büchern, die sie Eran vorlas, seit über einem Jahr keines mehr aufgeschlagen hatte.

Sein süßlich schokoladiges Parfüm hatte er gegen ein anderes, herberes getauscht, was sie sehr bedauerte, aber sie waren noch nicht so weit, dass sie ihm das hätte sagen können. Einmal während des Treffens und dann noch einmal in der darauffolgenden Nacht stellte sie ihn sich einen Moment lang ohne Kleider vor, sah ihn nackt vor sich stehen, sein Torso heller und massiger als der von Ronen, unbehaart, und die Beine weniger schlank und sehnig, aber dafür vielleicht ein klein bisschen länger. In ihrer Vorstellung war auch sie, als sie ihn für einen flüchtigen Augenblick so sah, fast nackt, trug nur einen Slip, aber auch in der Phantasie berührten sie sich nicht, betrachteten einander nur aus unmittelbarer Nähe, in einem Zimmer, das weder ihr Schlafzimmer noch sonst irgendein Zimmer war, das sie kannte. Dennoch war die Möglichkeit einer Berührung gegeben, als sie so voreinander standen, das Gefühl, dass ein Kontakt ihrer Körper denkbar war.

Die überraschendste Entwicklung zwischen ihnen aber waren die Telefongespräche.

Es begann Mitte des Monats, einige Tage nach dem vierten Treffen, das in einem teuren Fischrestaurant im Hafen von Tel Aviv stattgefunden hatte. Wie bei den vorherigen Malen hatten sie danach nicht abgemacht, wie es weitergehen sollte, hatten kein nächstes Treffen vereinbart, und eines Abends, nachdem sie Eran vorgelesen, die Küche aufgeräumt und angeödet vor dem Computer gesessen hatte, schaltete sie den Fernseher an, schaute sich ein paar gruselige Minuten von *Big Brother* an und dachte an ihn in seiner Wohnung, wie er vielleicht las. Sie schaltete den Fernseher ab und schickte ihm eine Textnachricht, und als er nicht antwortete, fiel ihr ein, dass er ja abends nach Möglichkeit sein Telefon abschaltete, dennoch probierte sie es bei ihm, aber nicht von ihrem Mobiltelefon, sondern vom Festnetz aus.

Gil hob sofort ab, obwohl ihm die Nummer unbekannt sein musste. Wie sich herausstellte, hatte er sein Handy doch nicht abgeschaltet, weil Hadas, die jüngere Tochter, noch bei ihm war, aber Ornas Nachricht hatte er nicht gesehen.

»Soll ich später noch mal anrufen?«, fragte sie, und er sagte: »Nein, nein. Warte eine Sekunde. Ich gehe ins Nebenzimmer.«

Ihre Gespräche waren kurz. Und hatten keinen klaren Zweck. Sie sprachen alle drei, vier Tage miteinander, vor allem, wenn sie sich nicht trafen, und immer war sie es, die anrief. Gil sagte, er schalte sein Handy jetzt abends nicht mehr aus, sondern stelle es nur auf stumm, und jedes Mal, wenn sie anrief, war er gleich dran. Irgendwann fiel ihr auf, dass sie ihn immer vom Festnetztelefon aus anrief, als würde sie etwas rekonstruieren, an das sie sich aus ihrer Jugend erinnerte: Sie ist vierzehn und hat zum ersten Mal einen Freund, Sharon Lugassi aus der Nachbarklasse, aber kein eigenes Telefon in ihrem Zimmer, nur eine Anschlussdose. Um ungestört mit ihm sprechen zu können, holt sie den Telefonapparat aus dem Wohnzimmer, steckt ihn in ihrem Zimmer ein und schließt von innen die Tür ab. In der Regel geht seine Mutter ans Telefon, und sie stellt ihr die Frage, die heute ausgestorben ist: »Schalom, kann ich mit Sharon sprechen?«

Auch damals war ihr, wie bei den Gesprächen mit Gil, nicht klar, warum sie eigentlich telefonierten. Sie verbrachten den ganzen Tag zusammen in der Schule und hatten sich nicht viel zu sagen, trotzdem waren diese Gespräche existentiell wichtig für das, was zwischen ihnen geschah, selbst wenn sie dabei schwiegen.

Mit Gil aber gibt es kein Schweigen.

Orna fragt ihn: »Wie war die Arbeit? Hast du schon wieder einen Kurztrip nach Moskau hinter dir?« Und er antwortet, »Heute mal ausnahmsweise nicht. Heute war ich den ganzen Tag im Büro.«

»Kein Fitnessstudio? Ich hoffe für dich, du hast wenigstens das Mittagessen ausfallen lassen.«

»Ja, ins Studio hab ich's nicht geschafft. Die Mädchen sind zum Abendessen gekommen. Vielleicht ja morgen früh. Ich hab's wirklich nötig.«

»Also liest du gerade?«

»Noch nicht. Und was ist mit dir? Wie geht's Eran?«

Der Name *Eran*, aus seinem Mund, beschert ihr eine Flut ambivalenter Gefühle, ja lässt sie vielleicht sogar zurückschrecken. Es belastet sie, dass sie Eran nichts Näheres über Gil erzählt und ihm weiterhin nur sagt, sie treffe sich mit einem Freund. Ihre Mutter hat sie schon gefragt, ob sie jemanden kennengelernt hat, und sie hat sich geweigert, darauf zu antworten.

Nach zehn Minuten oder einer Viertelstunde nutzt sie einen Augenblick der Stille und sagt: »Also, gute Nacht«, und er erwidert: »Dir auch.«

Dass ihre Gespräche sie an die Telefonate mit Sharon Lugassi erinnern, sagt sie ihm nicht, damit er keinen falschen Eindruck kriegt.

4

Erans Geburtstag war Anfang Juni.

Sie ging ein Wagnis ein: anstatt einer gewöhnlichen Feier für die Kinder aus der Klasse am Freitagnachmittag, im Park bei ihnen um die Ecke oder zu Hause, was für alle Eltern zwei Stunden ohne Kind und ohne allzu großen Aufwand bedeutet hätte, entschied sie sich für Drachenfliegen am Strand von Rishon Lezion, somit mussten alle Kinder hingebracht und abgeholt werden. Ein Vater schlug vor, sie solle doch einen großen Minibus für die ganze Klasse mieten, aber sie wollte nicht die Verantwortung für den Transport übernehmen, zumal die Kosten für die Feier ohnehin schon weit über ihrem Budget lagen. Stattdessen eröffnete sie eine WhatsApp-Gruppe und versuchte, bei der Organisation von Fahrgemeinschaften behilflich zu sein, versprach außerdem den Eltern, die ihr Kind zum Strand brachten und nicht hin- und herfahren wollten, kaltes Bier und Wassermelone.

Die Party sollte um halb fünf beginnen, aber sie war schon um drei dort. Mit Eran, ihrer Mutter, der Oberstufenschülerin, die manchmal auf Eran aufpasste, und der Sozialpädagogin, die ihn während der Schulzeit begleitete und die ihren Freund mitgebracht hatte, um beim Aufbau zu helfen. Sie hatte auch, obwohl sie nicht gemusst hätte,

Ronens Eltern eingeladen, aber die hatten im letzten Augenblick abgesagt, offenbar weil sie befürchteten, sich fehl am Platze zu fühlen, oder vielleicht auch ihrer Mutter nicht begegnen wollten. Aber sie hatten versprochen, für Eran im Moschaw eine eigene Geburtstagsparty mit der Familie zu organisieren.

Sie stellten Campingklapptische auf und verteilten darauf Knabbersachen und Getränke. Um halb vier kamen die großen Luftmatratzen und Sitzsäcke, die sie gemietet hatte, und um vier traf der Drachenmensch mit einer Crew aus drei älteren Schülern ein. Eran lief zwischen ihnen allen herum, ganz konzentriert auf seine Drohne – ihre Mutter hatte mit ihrem Geschenk nicht warten können, obwohl sein Geburtstag strenggenommen erst am nächsten Tag war –, und als der Akku der Drohne leer war, half er, die Sandwichs auf den Tischen zu arrangieren. Das Einzige, was sich nicht hatte planen lassen, war der Wind.

Um zwanzig vor fünf waren erst drei Kinder da, die keine Mitfahrgelegenheit gefunden hatten und von ihren Eltern einzeln hergebracht worden waren, und Ornas Mutter warf ihr einen besorgten Blick zu, aber um zehn vor trafen vier Autos mit einem großen Schwung Kinder ein, und die Feier begann. Achtundzwanzig von dreiunddreißig Kindern aus der Klasse waren da, wobei sich zwei im Voraus abgemeldet hatten. Am Nachmittag, während der Feier, hatte sie keine Zeit, darüber nachzudenken, aber am Abend, als sie zu Hause die Geschenke auspackten, überwältigte sie ein starkes Gefühl von Dankbarkeit, den Eltern, den Kindern, dem Drachenmenschen, ja sogar ihrer Mutter gegenüber, Dankbarkeit für jeden, der mitgeholfen hatte, das Ganze zum schönsten Geburtstag zu machen, den Eran je gefeiert hatte. Das war ein Beweis nicht nur für ihr Organisationstalent, sondern vor allem für die Zuneigung, die Eltern und Kinder ihm entgegenbrachten, ein Beweis dafür, dass sie ihn als festen Bestandteil der Klasse sahen, obwohl er so introvertiert und einzelgängerisch war, und wohl auch für ihre Bereitschaft, ihm angesichts seiner persönlichen Krise zu helfen. Sie hatte zwar mit den meisten Eltern aus der Klasse nicht über ihre Scheidung gesprochen, aber klar war, dass alle wussten, was sie beide durchmachten.

Der Drachenverleiher teilte Kinder und Eltern, die mitmachen wollten, in vier Gruppen ein, die die Drachen aus den von ihm vorbereiteten Teilen zusammenbauten und schmückten. Ungefähr um Viertel vor sechs waren alle fertig damit, und da der Wind zu schwach war, wurden als Nächstes die Sandwichs und der Kuchen verteilt und dann die Kerzen ausgepustet. Obwohl sie sich für alles Listen gemacht hatte, hatte sie nicht an einen Stuhl gedacht, auf dem man Eran hochleben lassen konnte, aber ein Vater schlug vor, ihn auf einem der Sitzsäcke in die Höhe zu heben, was sogar noch besser war, weil Eran so auf dem Rücken lag, den Kopf nach hinten gelegt und den Blick in den Himmel gerichtet. Zehnmal warfen sie ihn hoch in die Luft. Als die Sonne unterzugehen begann, frischte auch der Wind auf, und die Drachen der Kinder flatterten am Himmel wie riesige Schmetterlinge und lockten nicht wenige Schaulustige an, Kinder wie Erwachsene, die sich am Strand um sie versammelten. Selbst ihre Mutter musste zugeben, dass es eine tolle Idee war und Orna recht gehabt hatte, auf einer Feier am Strand zu beharren, und als sie am Ende dem

Drachenmenschen den Scheck aushändigte, tat sie es ohne zu feilschen und ohne, wie sonst immer, allen das Gefühl zu geben, man nähme sie aus. Alles in allem hatten sie fast fünftausend Schekel für die Feier ausgegeben.

Den Schabbat verbrachten sie ganz ruhig, zu Hause.

Eran wachte früh auf und kam zu ihr ans Bett, weckte sie, und sie sang ihm flüsternd »Zum Geburtstag viel Glück« ins Ohr. Dann gab sie ihm das wenig spektakuläre Geschenk, das sie nach einiger Überlegung und Beratschlagung mit dem Psychologen gekauft hatte: ein Notizbuch mit unlinierten und besonders dicken Seiten aus handgeschöpftem Papier, mit einem braunen, von einem Band zusammengehaltenen Ledereinband, in das er oben auf jede Seite das Datum schreiben konnte und darunter, was er an dem Tag gemacht und gesehen und gedacht hatte. Er rannte in sein Zimmer und kam nach wenigen Minuten zu ihr in die Küche zurück, um ihr zu zeigen, was er geschrieben hatte. Sie hatte ihm nicht erklärt, dass man auf der ersten Seite anfangen musste, und so hatte er eine Seite in der Heftmitte mit großen grünen Filzstiftbuchstaben gefüllt: »Ich habe neunte Geburtstag. Mama hat mir ein Heft geckauft. Papa wird vihleicht auf dem Computer anrufen.« Sie kochte ihm sein Lieblingsessen, Geflügelleber mit gebratenen Zwiebelringen und Kartoffelpüree, und sie aßen gemeinsam mit ihrer Mutter zu Mittag, die noch einen Schokoladenkuchen mitgebracht hatte, diesmal ohne Kerzen.

Als Eran zum Fernsehen in sein Zimmer gegangen war, fragte ihre Mutter: »Er hat nicht mal angerufen, um zu gratulieren?«

Sie antwortete nicht, räumte weiter das Geschirr vom Tisch und in die Spülmaschine und war fassungslos, als sie ihre Mutter aus der Essecke murmeln hörte: »Dieser elende Hund!«

In den Tagen zuvor hatte sie Erans Psychologen um Rat gefragt, wie sie das Thema ansprechen sollte, dass sein Papa an seinem Geburtstag nicht da sein würde, und der Psychologe war der Meinung gewesen, man müsse Ronen wenigstens zu einem Anruf zu bewegen versuchen. Also hatte sie ihren Stolz heruntergeschluckt und ihm sowohl eine E-Mail als auch eine Textnachricht über Skype geschickt, die erste seit zwei Monaten: »Ich hoffe, du erinnerst dich, dass Eran an diesem Schabbat Geburtstag hat. Es würde sehr helfen, wenn du anrufst und ihm gratulierst.« Ronen hatte nicht geantwortet, aber sie hoffte, dass er die Nachrichten zumindest gesehen hatte.

Ihre Mutter ging nach dem Mittagessen, und so waren sie nun allein zu zweit.

Sie schlug ihm vor, ins Kino zu gehen, aber Eran wollte lieber zu Hause bleiben, und sie begriff, dass er auf einen Anruf von Ronen wartete. Sie spielten Monopoly im Wohnzimmer, und danach zog er sich wieder in sein Zimmer zurück und schaute fern, und sie korrigierte Arbeiten. Die Skype-App war aufgerufen und die Verbindung aktiv, sie schaute ab und zu nach. Sie fühlte, wie ihr Hass immer stärker wurde, und versuchte, ihn zu unterdrücken, weil das Eran nicht half und ihm nur schaden würde. Sie durfte nicht zulassen, dass Ronen die zwei rundherum glücklichen Tage ungeschehen machte, die sie Eran ermöglicht hatte, und das unter den gegebenen Umständen, sie ganz allein und mit der Hilfe von Menschen, die sie beide liebten.

Am Abend, vor dem Geschichtenvorlesen, sagte sie ihm ungefähr das, was sie mit dem Psychologen für den Fall, dass Ronen sich nicht meldete, vereinbart hatte: »Kann sein, dass es Papa noch nicht geschafft hat anzurufen, aber ich bin sicher, er wird bald mit dir sprechen, und auch, dass er an dich denkt und daran, dass du jetzt schon neun Jahre alt bist. Du weißt ja, dass es eine Zeitverschiebung von mehreren Stunden zwischen uns und dem Land gibt, wo Papa jetzt ist, und vielleicht klappt es deshalb nicht. Auf jeden Fall weißt du ja, dass Papa dich ganz, ganz doll liebhat, nicht wahr?«

Am liebsten hätte sie Ronen angerufen und ihn beschimpft, wie ihre Mutter es getan hatte, aber das wäre kläglich und mitleiderregend gewesen. Ohnehin würde er nicht antworten. Stattdessen versuchte sie, Gil zu erreichen, aber sein Telefon war aus. Zuletzt hatten sie am Dienstagabend miteinander gesprochen. Sie hatte ihm von den Vorbereitungen für die Geburtstagsfeier erzählt und am Ende des Gesprächs gesagt: »Wir werden uns sicher erst danach wieder sprechen.« Und am Freitag hatte er ihr gleich morgens eine SMS geschickt: »Viel Erfolg heute! Und herzlichen Glückwunsch euch beiden!«

Sie musste einfach mit jemandem reden, also rief sie Sophie an. Und es dauerte keine Minute, bis sie in Tränen aufgelöst war, Tränen, in denen die ganze Anspannung der letzten Woche zerfloss. Sophies Mann Itzik war zu Hause und Sophie konnte trotz der späten Stunde noch vorbeikommen. Sie wohnte fünf Minuten zu Fuß entfernt und stand, im Jogginganzug, schon um Viertel nach zehn vor ihrer Tür. Sie sprachen über Ronen, und Sophie sagte, was Orna hören wollte – im Flüsterton, damit Eran nicht aufwachte –, unglaublich, was für ein Arsch er sei, und dass niemand sich hätte vorstellen können, dass ein solcher Arsch aus ihm werden würde, und dass er ein Kind wie Eran gar nicht verdient hatte.

Das war tröstlich.

Und ohne es geplant zu haben, erzählte Orna ihr von Gil.

Sophie hatte gerade gemeint: »Gott wird dir eine Entschädigung für dieses Arschloch schicken, ich bin sicher, am Ende wird ein Guter kommen«, als sie ihre Freundin sprachlos machte, indem sie sagte: »Kann sein, dass da schon jemand ist, ich bin nicht sicher. Aber offenbar schon.«

Sophie fasste es nicht, dass sie ihr bisher nichts verraten hatte, und wollte sofort alles wissen. Orna erzählte auch, was nicht leicht zu erzählen war. Dass sie sich über ein Dating-Portal für Geschiedene kennengelernt und sich seither sieben- oder achtmal getroffen hatten. Dass sie von Zeit zu Zeit telefonierten. Sophie wollte auf der Stelle wissen, wie er aussah, und da sie kein Foto hatte, sagte Sophie: »Wo ist das Problem? Wir finden ihn auf Facebook.« Komisch, dass sie noch gar nicht auf den Gedanken gekommen war, ihn auf Facebook zu suchen, aber so merkwürdig vielleicht auch wieder nicht, weil sie selbst ja auch keinen Account dort hatte. Sie loggten sich über Sophies Account ein, suchten nach »Gil Chamtzani«, auf Hebräisch und auf Englisch, unter allen möglichen Schreibweisen, und fanden ihn nicht. Aber dann fiel Orna ein, dass sie sich seine Bilder ja auf dem Portal anschauen konnten. Sie ging auf sein Profil, und Sophie sagte: »Er sieht nicht schlecht aus, obwohl, eine Spur zu alt für dich, oder nicht?«

Sie scrollten noch ein paar andere Profile durch, aus reiner Neugierde. Sophie sagte: »Ganz nette Typen, vielleicht sollte ich mich auch mal scheiden lassen«, und fragte dann: »Also ist es was Ernstes?« Und Orna antwortete: »Ich habe keine Ahnung. Wie weiß man das überhaupt? Ich glaub, ich hab's vergessen.«

Ihre Stimmung besserte sich merklich. Gil war kein Geheimnis mehr, und sie hatte das Gefühl, als brächte sie das ihm auf irgendeine Weise näher. Sie gestand, dass sie noch nicht miteinander geschlafen, ja sich nicht einmal geküsst hatten, und als Sophie sagte: »Ja wie sollst du es dann auch wissen? Ab in die Kiste, danach reden wir weiter«, musste sie lachen. Das Ganze war wie ein Gespräch unter Pennälerinnen, obwohl sie sich auf dem Gymnasium noch gar nicht gekannt und erst viele Jahre später, über die Kinder, angefreundet hatten. Eran und Tom, Sophies Ältester, waren zusammen in die Krippe und dann in denselben Kindergarten gegangen, erst mit der Einschulung hatten sich ihre Wege getrennt, weil bei Tom eine leichte Form von Autismus diagnostiziert worden war und er jetzt auf eine Sonderschule ging.

Am nächsten Tag passierte es.

Gil war den ganzen Tag über nicht zu erreichen, was ungewöhnlich bei ihm war, und rief sie erst nach sechs zurück.

Er fragte gleich, wie es war, und sie erzählte, die Party sei ein Riesenerfolg gewesen. Als sie sagte, sie versuche schon seit gestern, ihn zu erreichen, überraschte er sie erneut. Ganz spontan und ein bisschen auch, weil sie ja mit Erans Geburtstag beschäftigt gewesen sei und ihn ohnehin nicht hätte treffen können, hatte er sich am Donnerstagabend bei einem Radwochenende auf Zypern mit Freunden aus seiner Radsportgruppe vom HaYarkon-Park eingeklinkt. Ein Platz sei frei geworden, weil jemand im allerletzten Augenblick wegen Job-Verpflichtungen storniert hatte, und da habe er die Gelegenheit ergriffen und es auch nicht bereut. Die SMS am Freitagmorgen habe er ihr aus Zypern geschickt. Sie seien eine wunderschöne Strecke gefahren, von den Gipfeln des Troodos-Gebirges bis zum Hafenstädtchen Paphos am Mittelmeer, durch Pinienwälder und uralte Dörfchen, hätten hervorragend gegessen und in Paphos in einem bezaubernden Hotel übernachtet. Alle Muskeln täten ihm weh. Sie nahm an, er würde sich nicht mit ihr treffen wollen, aber als sie dennoch den Vorschlag machte, sagte er, er müsse nur schnell etwas checken, es könne nämlich sein, dass seine Töchter zum Abendessen kommen wollten, und er würde sie in ein paar Minuten zurückrufen. Um halb sieben schickte er ihr eine SMS: »Ich habe die Mädchen auf morgen verschoben. Sollen wir uns um neun treffen?«

Noch ehe sie sich wiedergesehen hatten, wusste sie, dieses Treffen würde anders verlaufen.

Nicht seinetwegen, er hätte allem Anschein nach weitergemacht wie zuvor, sondern weil sie anders empfand. Alles vermischte und verband sich: die Tatsache, dass Gil kein

Geheimnis mehr war und sie offen über ihn gesprochen hatte, Erans Geburtstag, der erfolgreich überstanden war, dass Ronen nicht angerufen und gratuliert und nicht auf ihre Nachrichten reagiert hatte, und die Art, wie Sophie ganz natürlich damit umging, dass es jemanden in ihrem Leben gab, ja kurz sogar ein klein bisschen neidisch gewirkt hatte.

Gil war vom Radfahren sonnengebräunt im Gesicht und wirkte jünger in seinem roten T-Shirt. Sie freute sich tatsächlich, als sie ihn sah. Sie saßen in einem asiatischen Restaurant auf dem kulinarischen Markt im Hafen von Tel Aviv. An der Bar, sodass sich ihre Knie hin und wieder berührten – seines in Jeans und ihres unbedeckt, da das Kleid, das sie trug, bis übers Knie hochrutschte.

Sie war wie befreit von der Geheimniskrämerei, von den Verboten und Schuldgefühlen, und steigerte ihr neugewonnenes Freiheitsgefühl noch, indem sie in ihrer Wortwahl offener und direkter war und ab und an ihre Hand auf sein Knie legte. Nachdem sie ihm auf seine Bitte hin in allen Einzelheiten von dem Geburtstag erzählt hatte und er ihr auf ihrem Smartphone, weil er selbst dort nicht fotografiert hatte, Internet-Bilder von der Landschaft gezeigt hatte, die sie auf ihrer Tour gesehen hatten, sagte sie zu ihm, ohne eine Sekunde zuvor zu wissen, dass sie das sagen würde: »Kann man dich etwas Theoretisches fragen?« Er erwiderte, theoretische Fragen seien die Lieblingsfragen jedes Rechtsanwalts.

»Also … was macht man in so einer Situation normalerweise, ich meine, wenn man zusammen sein will, sagen wir, intim?«

Er brauchte einen Moment, um zu verstehen.

»Meinst du, wohin man geht?«

»Mmmh-hm«, machte sie, und er wirkte überrascht. Als hätten sie sich bis zu diesem Abend nicht als Mann und Frau getroffen und als sei erst jetzt ein echtes Date daraus geworden.

»Normalerweise geht man zum einen oder anderen nach Hause.«

Aber sie wollte nicht in seine Wohnung. Zum einen, weil sie das Gefühl hatte, es wäre noch zu früh dafür, und auch weil sie Angst hatte, eine der Töchter könnte plötzlich unangemeldet auftauchen, er hatte ihnen ja einen Schlüssel gegeben. Und ihre Wohnung war erst recht keine Option, obschon sie einen Moment lang daran gedacht hatte, als sie ihre Mutter bat, Eran bei sich übernachten zu lassen und ihn am nächsten Morgen zur Schule zu bringen.

Also wohin ging man? Ins Auto? An den Strand? Rein theoretisch selbstverständlich. Ihr war beim besten Willen kein anderer Ort eingefallen, als sie vorher darüber nachgedacht hatte.

Gil druckste herum, das hänge davon ab, und als sie fragte, wohin er denn mit den Frauen gegangen sei, mit denen er sich vor ihr getroffen hatte, sagte er, man könne immer auch in ein Hotel gehen, was sie anfangs schockierte. Wieso war sie nicht selbst darauf gekommen?

»In ein Stundenhotel? Wie in Filmen? Ist das nicht ein bisschen *sleazy*?«

»Ich weiß ja nicht, was für Filme du meinst, aber es muss kein Stundenhotel sein. Jedes Hotel in Tel Aviv geht. Man nimmt sich einfach ein Zimmer für eine Nacht.«

Nach der ersten Abwehr begann ihr etwas an dem Gedanken an ein Hotel zu gefallen, ohne dass ihr ganz klar war, was, und sie sagte: »Also, was denkst du? Sind wir so weit?« Und er antwortete: »Ich hoffe schon. Aber bist du sicher, dass es heute Abend sein muss? Meine Muskeln sind noch ein bisschen verspannt. Und ist es nicht auch schon ein wenig spät für dich?« Sie wollte eigentlich vor eins, allerspätestens um zwei zu Hause sein, um noch ein paar Stunden Schlaf zu bekommen vor ihrem Unterricht am nächsten Tag, aber es war ja erst zehn. Sie fragte, ob er denn Hotels kenne, und sah, dass die Frage ihn peinlich berührte. Er sagte: »Überall in der Stadt sind Schilder, und man kann auch im Internet suchen«, worauf sie auf ihrem Smartphone googelte.

Auf dem Weg zu dem Hotel, er in seinem Kia Sportage und sie in ihrem alten Suzuki, hätte sie es sich noch anders überlegen können. Aber nein, im Gegenteil. Sie wollte endlich in dem Hotel sein, mit ihm in einem Zimmer, wollte mit ihm schlafen, um zu wissen, wie es war, mit ihm zu schlafen, und um es hinter sich zu haben.

Das Hotel aber überraschte sie.

Es war zwar klein und in einer gewöhnlichen Wohnstraße gelegen, wirkte aber wie ein richtiges Hotel, eine kleine, heimelige Lobby mit sauberem Teppich, zwei Bücherborden, einer Ecke für Kaffee und Tee und einem chinesischen oder japanischen Touristen-Paar, das auf einem braunen Ledersofa auf sein Taxi wartete. Wie die unzähligen Hotels, in denen sie immer nur für ein paar Stunden abgestiegen war in ihren Jahren als Stewardess.

Sie war diejenige, die die Initiative ergriff, die die Sache beschleunigte, die kühn auftrat, ohne das bewusst entschieden zu haben, jedoch aus dem vagen Wissen heraus, dass es nur so klappen konnte, dass sie nur so das Gefühl haben würde, es zu wollen.

Sie drehte sich um zu ihm und küsste ihn, als sich die Zimmertür hinter ihnen schloss, drängte sich an ihn und zog ihr Kleid bis über die Hüfte hoch, damit er sich an ihr reiben und sie ihn spüren konnte. Danach dirigierte sie ihn zum Bett und zog ihm das T-Shirt aus, berührte seinen weichen Rücken, und erst als er Anstalten machte, sich die Hose auszuziehen, noch ehe sie dazu kam, war ihr für einen Moment, als sei sie nicht mehr im Zimmer, aber sie holte sich rasch wieder zurück, indem sie ihre Hand auf seine legte und sagte: »Noch nicht. Warte eine Sekunde.«

Auch das Zimmer war ein gewöhnliches Hotelzimmer, in dem jeder Tourist, der nicht gerade auf einer Luxussuite bestand, übernachten konnte, mit Laminatboden und schlichtem weißem Bettzeug, einem Schwarzweißfoto von Tel Aviv aus den fünfziger Jahren und einem gerade ausreichend großen Fernseher, der an einem Schwenkarm an der Wand befestigt war. Ein dunkler Vorhang verdeckte das Fenster, das, wie sie hinterher herausfand, auf die schmutzig gelbe, abblätternde Wand eines heruntergekommenen Mietshauses gegenüber ging, das viel zu nahe stand, mit außen installierten Wasserleitungen, Stromkabeln und altersschwachen Klimaanlagen.

Sie dachte, sie würde bestimmt einige Zeit brauchen, um sich an seine Haut zu gewöhnen, die hell und zu weich war, und an die vielen Leberflecken auf seinem Rücken und seinen Schultern, aber auch, dass sie sich an ihn gewöhnen könnte.

Er war behutsam, manchmal zu behutsam, fuhr ihr ein bisschen viel durch die Haare, küsste ihren Hals und Bauch nicht oft genug, aber alles in allem war der Sex nicht schlecht, fürs erste Mal. Er kam in ihr, mit Kondom, sie kam nicht, und als er fragte, ob er mit dem Finger weitermachen solle, sagte sie: »Erstmal nicht, vielleicht nachher.« Seine Augen waren die ganze Zeit weit aufgerissen und suchten die ihren, und sie dachte, dass sie noch nie mit einem Mann zusammen gewesen war, der die Augen beim Sex nicht ein einziges Mal zugemacht hatte.

Gil ging gleich ins Bad, um zu duschen, und schloss die Tür hinter sich ab, und Orna knipste die Leselampe über dem Bett an und schaltete ihr Telefon ein, um zu sehen, ob ihre Mutter ihr geschrieben hatte – und wurde sich dabei einen flüchtigen Moment lang ihres Körpers bewusst. Ihre Füße, die schwarz lackierten Nägel, ihr Schamhaar, das sie schon eine Weile nicht mehr rasiert hatte, die großen und zu dunklen Brustwarzen.

Sie dachte wohl auch an Ronen, aber ihr eigentlicher Gedanke war ein anderer.

Eran schläft in dem Zimmer, in dem ich groß geworden bin, in der Wohnung meiner Mutter, und Ronen ist in Nepal mit einer Deutschen namens Ruth. Und ich bin hier, in einem Hotelzimmer in Tel Aviv, und habe gerade mit einem Mann geschlafen. Mit Gil. Vielleicht wird es wieder passieren und vielleicht auch nicht. Wir haben uns getrennt, aber ich bin noch ganz.

Und da war noch ein Gedanke: Ronen hatte Erinnerungen an ihren Körper, als sie fünfundzwanzig und dann dreißig gewesen war, an den Körper vor der Schwangerschaft und den nach der Geburt, und wenn sie mit ihm schlief, war sie eine Kombination aus allen diesen Körpern, als sei ihrer beider Erinnerung mit im Bett. Für Gil hingegen war der Körper, den sie jetzt hatte – dieser Bauch, diese Füße und Brüste –, der einzige Körper, den sie besaß, war so, wie er heute war, wie sie war. Sie wusste nicht, ob das gut war oder schlecht.

Auch Gil sagte hinterher nicht viel, als sei er ein bisschen perplex. Er kam erst nach einer ganzen Weile aus dem Bad, und als sie nach ihm duschen ging, war kaum noch Shampoo und Duschlotion in den kleinen bunten Fläschchen. Er begleitete sie zu ihrem Wagen, aber sie küssten sich nicht. Orna fragte: »Bist du sicher, dass es dir gut geht?«, und er bejahte. Sein Rücken tue weh und auch die Muskeln in den Beinen. Er hätte nicht gedacht, dass es ausgerechnet heute passieren würde, und sie erwiderte, sie auch nicht. Es war eine scheinbar neue Vertrautheit zwischen ihnen, sogar in der Art, wie sie Seite an Seite durch die dunkle Straße zum Wagen gingen. Dann sagte er: »Ich habe ein komisches Gefühl, dass du jetzt zu dir nach Hause fährst und ich zu mir. Es ist gleich zwei. Willst du nicht trotzdem noch mit zu mir kommen?«

Sie wollte nicht.

Und sagte: »Wir sprechen uns morgen, ja?«

5

Tatsächlich sprachen sie schon am nächsten Tag wieder miteinander. Ja, eigentlich an fast jedem Tag in den darauffolgenden zwei, drei Wochen. Und sie trafen sich wenigstens einmal die Woche, zumeist in dem Hotel und einmal auch in seiner Wohnung. Es war, als versuchten sie, die nächste Stufe zu zünden, sich selbst und ihr Verhältnis auf die Probe zu stellen und die Flamme mit Absicht höher zu drehen, um herauszufinden, ob es Sinn machte, den Topf noch weiter köcheln zu lassen. Und dennoch, trotz der häufigen Treffen, wusste sie es nicht. Oder schwankte zwischen Augenblicken, in denen sie meinte, es müsse weitergehen, und solchen, in denen sie fühlte, wie fremd sie sich selbst war, und nicht verstand, was sie da taten.

Das Hotel aber liebte sie. Die wenigen Stunden, die sie dort verbrachten, waren wie kurze Auslandsreisen, an die sie sich in den Jahren als Stewardess gewöhnt und die ihr in den letzten Jahren so sehr gefehlt hatten. Die weißen Laken, die jemand anderes gewaschen und auf das breite Bett gespannt hatte, die schweren Vorhänge, die in jedem Zimmer den immer gleichen Ausblick verdeckten. Einmal, als ihre Mutter kam, um auf Eran aufzupassen, übernachteten sie im Hotel und frühstückten dort, neben einem ältlichen

Touristenpaar, Deutsche, deren Gesichter krebsrot von der Sonne waren und die versuchten, ein Gespräch mit ihnen anzuknüpfen. Orna wusste nicht, was sie sagen sollte, und ob die beiden wohl begriffen, was Gil und sie dort machten, oder glaubten, sie seien Mann und Frau, aber Gil antwortete ihnen ganz unbefangen auf Englisch, erklärte ihnen, am besten sei es, mit dem Taxi zum Toten Meer zu fahren und nicht mit dem Bus oder einem Leihwagen, und als sie fragten, woher er und seine Frau seien, erwiderte er, sie seien beide Israelis, lebten aber schon seit einigen Jahren in Europa und seien nur zu Besuch, und dabei lächelte er ihr zu, wie Eran manchmal lächelte, wenn es ihm gelungen war, Oma zu verschaukeln.

Gil schlug wiederholt vor, sich zur Abwechslung doch auch mal in seiner Wohnung zu treffen, und sie lehnte weiterhin ab, bis sie eines Abends, nach einem Film im *Cinema City*, zu ihrem Stammhotel fuhren und dort kein Zimmer mehr bekamen. Der Sommer hatte begonnen, und Tel Aviv war schon gut besucht. Er versicherte ihr, es bestünde nicht das geringste Risiko, dass seine Töchter in der Wohnung sein oder unangekündigt dort auftauchen würden. Er habe ihr doch schon gesagt, dass er die Mädchen gebeten habe, von jetzt an immer vorher anzurufen, und ihr sogar angeboten, ihnen die Schlüssel wieder abzunehmen, wenn sie das beruhigte. Sie gab schließlich nach, fühlte sich aber unbehaglich. Die Wohnung war sauber, allem Anschein nach hatte er eine Putzfrau, aber nicht renoviert und voller alter Möbelstücke, wie die Wohnung von greisen, kürzlich verstorbenen Eltern. Eine alte Anrichte im Wohnzimmer, dazu eine Vitrine mit winzigen Porzellanfigürchen, ein gebrauchtes Sofa und davor ein riesiger Flachbildschirm. Sie war noch nie in der Wohnung eines geschiedenen Mannes gewesen, hatte sich die Wohnung aber trotzdem immer anders vorgestellt, auch weil er gesagt hatte, dass er schon einiges an Geld hineingesteckt hatte. Die Zimmer seiner Töchter waren fast leer, und sie wunderte sich nicht, dass die beiden Mädchen lieber bei ihrer Mutter wohnten. Helle Jugendbetten und dazu passende Schreibtische, mehr nicht. In einem der Zimmer bemerkte sie einen Fußball. Das Bett in seinem Schlafzimmer war alt, und gegenüber thronte ein Schminktisch. Aus dem Schlafzimmerfenster sah man auf einen schönen, baumbestandenen Innenhof.

Und nichts wurde klarer. Beim zweiten Mal, als sie miteinander schliefen, war Gil selbstsicherer gewesen, seine Erektion stark und anhaltend, und sie dachte, er habe vielleicht Viagra genommen, auch wenn sie noch nie mit einem Mann auf Viagra Sex gehabt hatte. Noch immer berührte er ihre Haare mehr, als ihr lieb war, und an seinen Körper hatte sie sich auch nach dem fünften oder sechsten Mal nicht gewöhnt – obwohl es ihr seit dem dritten Mal gelang, gemeinsam mit ihm zu kommen –, an das etwas Schwammige daran. Auch wenn er nicht dick war, wirkte sein Körper für ihren Geschmack zu weich, nicht richtig muskulös. Nachdem er gekommen war, eilte er ins Bad, um zu duschen, und sie schaffte es nicht, die Gedanken an Ronen zu verscheuchen, der, nachdem sie miteinander geschlafen hatten, immer philosophisch geworden war, als hätte der Sex ihn tiefer in sich selbst und die Welt versetzt. Er konnte hinterher stundenlang auf dem Bett liegen und reden, ohne sich zu rühren, ohne etwas anzuziehen oder

Sperma und Schweiß abzuwischen. Er war kleiner als Gil, aber sehr schlank und dunkel – du hast den Körper eines anorektischen Tänzers, hatte sie nach einem der ersten Male zu ihm gesagt –, und seine Haare hatten sich seit dem Tag, an dem sie sich kennengelernt hatten, fast nicht verändert. Schwarz, lang, mit einem Zopfgummi im Nacken zusammengehalten. Vor drei Jahren waren die ersten silbernen Strähnen darin aufgetaucht.

Der Juni war vorbei. Die großen Ferien brachen an. Eran bestand darauf, in die Sommerferienbetreuung des Schulhorts zu gehen, mit allen anderen Kindern aus seiner Klasse, und sie willigte ein. Das Geburtstagsfest, das sie ihm ausgerichtet hatte, hatte Eran geholfen, sich zu öffnen, ja er bat sie sogar, an einem der Nachmittage einen Klassenkameraden namens Roi zu sich nach Hause einladen zu dürfen.

Nachdem sie ihn zum Hort begleitet hatte, gestalteten sich ihre Vormittage gemächlich und lang. Sie korrigierte Abiturklausuren, schaltete die Klimaanlage an und wieder aus, wenn es zu kalt wurde, machte sich um zwölf etwas zu Mittag. Wenn sie im Supermarkt war, nahm sie die kostenlose Tageszeitung mit und überflog die Stellenanzeigen, vielleicht fanden sich ja Teilzeitjobs oder besser bezahlte Lehrerstellen, auch wenn sie nicht wirklich die Absicht oder den Wunsch hatte, ihren Job aufzugeben oder Stufenkoordinatorin oder Schulleiterin zu werden. Sie sah Anzeigen von Rechtsanwälten, die ihre Dienste zum Erhalt ausländischer Pässe anboten, aber keine darunter war von Gil Chamtzani.

Er ist viel im Ausland unterwegs, und sie sehen und

sprechen sich weniger. Drei Tage Bukarest in der ersten Juliwoche und vier Tage Bulgarien in der zweiten. Die Intensität ihrer Verabredungen und Gespräche nimmt ab, unklar ist, an wem das liegt, vielleicht an ihnen beiden, aber noch können sie sich nicht durchringen und einander eingestehen, dass es nicht das Wahre ist.

Alle um sie herum verreisen oder haben Urlaub vor. Sophie und Itzik fliegen für drei Wochen in die USA. Die Nachbarn aus dem ersten Stock bitten sie, während ihres Thailandurlaubs die Blumen bei ihnen zu gießen. Auch Erans Psychologe fährt im Sommer länger weg, und sie trifft sich vorher mit ihm. Er lässt Erans vergangenes Jahr Revue passieren, zu Hause und in der Schule, sagt, es liege noch ein weiter Weg vor ihnen, aber er habe den Eindruck, Eran gehe gut mit der Krise um. Der Junge verstehe, dass sein Papa nicht wegen ihm oder wegen seiner Probleme weggegangen ist, sondern weil er sich für eine neue Frau und eine neue Arbeit entschieden hat, ein neues Land und ein neues Leben, und dass er ihn auch aus der Ferne weiter liebhat. Mehr als ein Monat ist seit Erans Geburtstag vergangen, und Ronen hat noch immer nicht auf ihre Nachrichten geantwortet, aber Eran hat mit Orna seither nicht mehr über seinen Vater geredet. Er schreibe ziemlich regelmäßig in das Heft, das sie ihm gekauft habe, sagt der Psychologe, und bringe es auf seine Bitte mit zu ihren Treffen. Und es gelinge ihm darin mit einer für sein Alter beeindruckenden Direktheit seine Ängste zu schildern, aber er schreibe auch über eine Menge freudiger Momente in der Schule oder im Hort mit seinen Freunden. Er sei noch immer ein Kind, das sich ein bisschen von den anderen absondere und Distanz wahre, aber er beobachte viel und habe eine scharfe Auffassungsgabe, und immer klarer zeichne sich seine außergewöhnliche Fähigkeit ab, in Worten auszudrücken, was er sieht und empfindet. Gegen Ende ihrer Unterredung fragt der Psychologe nach dem Mann, mit dem sie ausgeht, weil er sich erinnert, dass sie ihm davon erzählt hat, aber auch – wie sich herausstellt – weil Eran den »Freund«, den seine Mutter trifft, ihm gegenüber erwähnt hat. Orna ist verlegen, entschuldigt sich, ihn nicht auf dem neuesten Stand gehalten zu haben, als wäre sie dazu verpflichtet, gesteht, dass sie einmal eine ganze Nacht weg gewesen ist und Eran bei ihrer Mutter gelassen hat, doch zu ihrer Überraschung findet der Psychologe das alles positiv. Er ermutigt sie, Eran mehr zu erzählen, ihm zu sagen, dass sie mit diesem Freund ausgeht oder einen Ausflug unternimmt, damit Eran sieht, dass auch sie ein neues Leben anfängt. Wenn sie ihm alles erzählt, oder fast alles, ist das Risiko geringer, dass Eran Angst bekommt, in ihrem neuen Leben gäbe es – wie in dem seines Vaters – keinen Platz mehr für ihn. Doch als der Psychologe fragt, ob sie vorhabe, die beiden miteinander bekannt zu machen, antwortet sie sofort: »Wen? Eran mit Gil? Wohl kaum«, und begreift, dass sie zumindest im Augenblick noch nicht dazu in der Lage ist, auch wenn die Beziehung zu Gil weiterbestehen sollte.

Auch ihre Mutter horcht sie über Gil aus, und jetzt, nachdem sie sie bereits einmal gebeten hat, Eran für eine Nacht zu nehmen, kann sie sich ihren Fragen nicht mehr entziehen. Sie nennt ihr seinen Namen, sagt, er sei Rechtsanwalt, gibt ihr allgemeine Informationen über seine Kanzlei, wo er wohnt, über seine Töchter und seine Frau, aber als ihre Mutter mehr wissen will, schaltet sie, wie immer, auf Abwehr, weil sie meint, ihre Mutter interessiere vor allem, ob er Geld hat.

Sie erzählt, wenn sie über Nacht fortbleibe, schlafe sie bei ihm in der Wohnung, was nicht ganz richtig ist, und dass sie zusammen ins Kino und ins Restaurant gingen. Er habe ein gutes Verhältnis zu seiner Exfrau, aber es sei ausgeschlossen, dass sie wieder zusammenkämen.

Etwas an den Fragen ihrer Mutter zwingt sie trotz allem, darüber nachzugrübeln, warum ihr noch immer nicht klar ist, ob es das wirklich ist, und ob auch er in den letzten Tagen tatsächlich weniger erpicht wirkt, sie zu treffen. Sophie schlägt ihr vor, eine »Pro-und-kontra-Liste« aufzustellen, was in ihren Augen überflüssig ist, aber von dem Augenblick an kann sie nicht mehr aufhören, in ihrem Kopf eine solche Bilanz zu ziehen. Vor ihren Treffen freut sie sich in der Regel, ihn zu sehen. Sie haben immer etwas zu reden, und ihre Stunden im Hotel genießt sie wohl. Aber es gibt auch Momente, da lässt sie die Geschichte mit ihm, offenbar wegen allem, was darin fehlt, Resignation, Schmerz und sogar Selbsthass empfinden. Sie fühlt sich nicht genug von ihm angezogen und ist auch nicht sicher, ob sich das ändern würde, wenn er ein bisschen abnähme. Und es gibt Dinge, die ihr zwanghaft erscheinen, etwa das ausgiebige Duschen sofort nach dem Sex und dass er sein Telefon mit ins Bad nimmt, oder wie er sein Portemonnaie auf dem Nachttisch im Hotel oder auf dem Tisch im Restaurant oder Café immer auf seinem Handy platziert.

Und sie wollte nicht noch einmal in seine Wohnung.

In seinem Büro war sie noch nie gewesen, wusste nicht, was er bei der Arbeit machte, und war auch nicht neugierig. Sie hatte sein Rennrad nicht gesehen, als sie bei ihm war, weder in der Wohnung noch unten im Treppenhaus. Und bei einem ihrer letzten Treffen hatte er tatsächlich etwas gesagt, das in ihr eine gewisse Abscheu geweckt hatte. Sie sprachen über die allgemeine Lage und über Politik, nach dem Krieg im vergangenen Sommer und weil sich die Lage im Süden schon wieder aufheizte, fragten sich alle, ob es in diesem Sommer zu einer weiteren Eskalation kommen würde, da sagte er, für ihn persönlich seien diese kurzen Kriege ganz gut fürs Geschäft. »Meinem Steuerberater ist das als Erstem aufgefallen, man kann das an der Einnahmenkurve sehen«, erklärte er ihr vollkommen ernsthaft. »Nach jeder Militäraktion rennen alle los und wollen ausländische Pässe, als Plan B für den Fall, dass wir den nächsten Krieg nicht überleben, oder einfach, weil es angenehmer ist, mit einem europäischen Pass in andere Staaten einzureisen.«

Sie nahm an, das Ganze würde von selbst im Sande verlaufen. Dass es schon im Sande verlief.

Der Sex brachte sie nicht auseinander, verband sie aber auch nicht.

Sie hatte das Gefühl, Gil würde nicht um ihre Beziehung kämpfen, und wusste, auch sie würde sich nicht voll ins Zeug legen, was vielleicht tatsächlich ein Zeichen war, dass man sich am besten trennte. Erans Sommerferienhort endete Mitte August, und dann musste sie die zwei Wochen bis zum Schulbeginn irgendwie überbrücken, weshalb sie an den Abenden ohnehin vollkommen erledigt sein würde. Danach begann der Herbst, und doch würde sie etwas aus der ganzen Geschichte mitnehmen. Sollte sie irgendwann wieder einmal das Portal besuchen, und das würde sie vermutlich tun, wäre sie erfahrener, würde vielleicht die Profile anders lesen und die Bilder anders betrachten, und wenn sie sich dann mit jemandem träfe, wäre alles nicht einfach nur neu und beängstigend.

Aber dann plötzlich rief er wieder öfter an. Erklärte, er habe im Job zwei stressige Wochen gehabt, und fragte, ob sie Reisepläne habe. Sie verneinte. Sie wäre mit Eran gern eine Woche nach Amsterdam oder London oder auf eine ruhige, touristisch nicht so überlaufene griechische Insel, aber das lag im Augenblick finanziell nicht drin, und ihre Mutter, die im Frühling noch angedeutet hatte, sie würde ihnen bei einem Urlaub vielleicht mit Geld aushelfen oder sogar selbst mitkommen, hatte ihr jetzt mitgeteilt, sie unternehme über die Feiertage eine Pauschalreise nach Kroatien und Slowenien, ohne über die Möglichkeit, ihnen unter die Arme zu greifen, ein Wort zu verlieren. Er fragte, ob denn vielleicht die Chance bestünde, dass sie Ende August für ein paar Tage mit ihm wegfahre, auf seine Kosten, und sie sagte, nein. Sie könne Eran nicht eine ganze Woche allein lassen, selbst für eine Nacht falle ihr das schwer, und außerdem sei sie sich nicht im Klaren über den Stand ihrer Beziehung, auf jeden Fall erscheine es ihr zu früh, zusammen ins Ausland zu fahren.

Gil fragte: »Was meinst du damit? Was ist dir nicht klar?«, und sie antwortete mit einer Gegenfrage: »Ich weiß nicht. Ist dir alles klar?«

Er sagte: »Mir ist klar, dass ich gerne mit dir zusammen bin.«

Was hätte sie denn hören wollen? Nicht einmal das konnte sie ihm ohne Einschränkungen sagen. Und insgeheim war sie ihm dankbar, dass er so feinfühlig war und sie nicht mit der sich eigentlich aufdrängenden Gegenfrage konfrontiert hatte: »Bist du denn nicht gerne mit mir zusammen?«

Einige Minuten nach diesem Telefonat schickte er ihr eine SMS: »Dann vielleicht ein Wochenende hier in Israel? Ein schönes Bed & Breakfast auf den Golanhöhen? Du brauchst doch auch mal Urlaub, oder? Zum Beispiel gleich dieses Wochenende, wenn es dir passt, für mich wäre das ideal.«

Sie schwankte, schrieb und löschte wieder, ehe sie ihm ihre Nachricht schickte: »Dieses Wochenende passt nicht.«

Eine Woche später fuhren sie nach Jerusalem.

Gil holte sie am Freitagmorgen zu Hause ab, und nachdem sie ihrer Mutter gesagt hatte, sie werde ihn auf keinen Fall hochbitten, standen Eran und ihre Mutter am Fenster hinter den halb geschlossenen Sonnenblenden und beobachteten, wie sie in seinen Wagen stieg. Sie hatte keinen Koffer genommen, sondern eine kleine Reisetasche mit Waschzeug, Schminksachen, dem Ladegerät für ihr Telefon, Wechselkleidung und einem Buch, das sie in jener Woche zu lesen begonnen hatte, an den Vormittagen mit Eran am Strand. Bevor sie die Tasche packte, hatte sie alles, was sie mitnehmen wollte, auf dem Bett im Schlafzimmer ausgebreitet, wie sie es früher vor langen Reisen immer gemacht hatte. Sein Kia Sportage war hoch, geräumig und makellos sauber von außen, und drinnen herrschte eine Eiseskälte von der Klimaanlage. Gil beugte sich zu ihr und küsste sie auf den Mund, nachdem sie ihre Tasche auf den Rücksitz gestellt hatte. Im Radio lief klassische Musik, und als der Wagen sich sonderbar geräuschlos in Bewegung setzte, als schwebe er über die Fahrbahn, sickerte die Erkenntnis durch, dass sie tatsächlich in die Ferien fuhr.

Gil hatte ein Zimmer im Gästehaus der schottischen St. Andrew's Church reserviert, oberhalb des Hinomtals und der Cinematheque, für eine Nacht. Vom 21. auf den 22. August.

Orna wollte schon seit Jahren einmal dort übernachten. Und verliebte sich sogleich in die schlichten, praktisch eingerichteten Zimmer und vor allem in den Außenbereich. Der schattige Kiesgarten hinter der Kirche, mit den ohne erkennbare Ordnung darauf verstreuten Kaffeehaustischen und Stühlen, und die beiden Tische auf der Eingangsterrasse, von denen ganz Ostjerusalem zu überblicken war. Dort tranken sie Kaffee, nachdem sie ihr Zimmer bezogen hatten, das trotz der frühen Uhrzeit schon fertig war, und unternahmen dann einen ersten Spaziergang. Es war weder ein Luxus- noch ein Boutiquehotel, strahlte aber spirituelle Ruhe und schlichte Schönheit aus, und sie spürte, dass es genau das war, was sie gebraucht hatte.

Um die Mittagszeit kletterten die Temperaturen bis auf 36 Grad, dennoch verbrachten sie den ganzen Tag draußen. Wanderten durch das Viertel Jemin Moshe und durch Mishkenot Sha'ananim und überquerten danach die große Durchfahrtstraße und unternahmen einen Abstecher in den Ostteil der Stadt. Den Wagen hatten sie auf dem Hotelparkplatz stehen lassen, und am Mittag nahmen sie ein Taxi zurück ins Stadtzentrum, auf den Machane-Yehuda-Markt und nach Nachla'ot. Sie aßen auf dem Markt nur eine warme, mit Käse gefüllte Blätterteigtasche, weil Gil für den frühen Abend in einem Restaurant einen Tisch reserviert hatte. Um vier nahmen sie ein Taxi zurück ins Hotel, um vor dem Abendessen noch auszuruhen, und schliefen ein erstes Mal miteinander, was besser lief als bei den vorherigen Malen, vielleicht wegen der frühen Uhrzeit, der angenehmen, schummrigen Kühle des Zimmers im Gästehaus oder des Urlaubsgefühls. Das Restaurant lag ganz in der Nähe, also gingen sie zu Fuß, tranken eine ganze Flasche Wein und sprachen offener als jemals zuvor, was mehr an ihm lag als an ihr.

Er fragte nach Eran und Ronen, und sie erzählte ihm, Ronen habe endlich doch noch angerufen, am vergangenen Schabbat, er habe mit Eran gesprochen und seinen baldigen Besuch angekündigt, vielleicht schon zum Laubhüttenfest. Ob das passieren würde, wisse sie genausowenig wie ob sie sich darüber freuen solle, ja eigentlich wisse sie nur, dass die ganze Geschichte ihr ziemliche Angst bereite, aber sie sehe auch, wie die Aussicht Eran mit Hoffnung erfülle. Und wie jedes Jahr fürchte sie sich vor dem Schulbeginn, weil es von Jahr zu Jahr schwerer für ihn werde, in eine normale Klasse zu gehen. Immerhin wisse sie, dass die Klassenlehrerin nicht wechsle, und auch die Kinder würden dieselben sein, außerdem sei Eran bei allen sehr beliebt, und sie hoffe, dass sie noch nicht in dem Alter waren, in dem sie jeden, der irgendwie anders war als sie, schikanierten und mobbten. Gil war entspannt, entspannter noch als bei ihren Verabredungen in Tel Aviv, vielleicht, weil er keinen Arbeitstag hinter sich hatte, und ihr fiel auf, dass er fast nie auf seinem Handy angerufen wurde, wenn sie zusammen waren, was komisch war. Auf dem Weg ins Hotel kam für einen Moment ein angenehmer, beinahe kühler Wind auf, und Gil meinte zu ihr: »Wir kennen uns jetzt doch eigentlich schon fast vier Monate, oder?« Und sie sagte: »Wieso fast? Mehr als vier, soweit ich weiß.«

»Und du sagst noch immer nicht, was du denkst.«

»Worüber?«

»Über uns. Mich. Über das, was zwischen uns passiert.«

Sie schwieg, dachte nach und sagte dann: »Es ist ein bisschen schwierig, solche Sachen zu formulieren, nicht?«

Sie solle nur wissen, dass er verstehe, wie schwer es für sie sei, sagte er, und wie kompliziert, und dass er alle Zeit der Welt habe. Es tat ihr gut, das zu hören, aber als er hinzufügte, von ihm aus könnten sie, wenn sie wolle, in etwa so weitermachen wie bisher, hatte sie das Gefühl, etwas an dieser Formulierung stimme nicht, es hörte sich für sie fast wie eine Jobofferte an.

In der Nacht schliefen sie erneut miteinander, diesmal kürzer. Er eilte wieder unter die Dusche, zum zweiten Mal an diesem Tag, und schlief ein, während sie noch las. Am Morgen wachte sie vom Strömen des Wassers in der Dusche auf und begriff, er war vor ihr aufgewacht. Sein Telefon lag auf dem Nachttisch neben dem Bett, wie immer zugedeckt von dem Portemonnaie, entweder hatte er vergessen, es mit ins Bad zu nehmen, oder es nicht für nötig befunden, weil sie ja schlief. Orna nahm es in die Hand, und als sie merkte, dass es nicht passwortgesichert war, ging sie schnell seine Apps durch, öffnete kurz sogar WhatsApp, fand aber keine Zeit, irgendetwas Außergewöhnliches dort zu entdecken, denn das Rauschen im Bad brach ab, und sie legte das Gerät zurück an seinen Platz.

Drei Tage danach traf sie ihn mit seiner Frau.

6

Dienstag, die letzte Woche der Sommerferien. Vor Beginn des neuen Schuljahrs hatte sie am Morgen eine Kollegiumssitzung in der Schule und nahm Eran mit, der solange im Sekretariat auf dem iPad spielte. Ihr neuer Stundenplan war fast identisch mit dem vom letzten Schuljahr, obwohl sie zwei neue neunte Klassen bekommen hatte. Danach hatte sie Eran einen Tag zu zweit in Tel Aviv versprochen, der letzte in diesen Ferien. Erst ein Kreativ-Workshop im Kunstmuseum, dann Mittagessen bei McDonald's und zum Schluss ein Film im Lev-Kino im Dizengoff-Center.

Sie sah Gil gleich am Ende der Rolltreppe, die in den dritten Stock des Einkaufszentrums führte, als sie sich nach links zur Kinokasse wandten. Er stand in der Schlange vor dem Tresen mit den Shakes, neben ihm zwei junge Frauen, von denen sie gleich wusste, dass es seine Töchter waren, Noa und Hadas. Einen Moment überlegte sie, kehrtzumachen oder die drei zu ignorieren und ohne ein Wort an ihnen vorbeizugehen – Gil hatte sie noch nicht gesehen, er war ganz auf die Warteschlange konzentriert und versuchte die Aufmerksamkeit der jungen Bedienung zu erhaschen, die einen Nasenring hatte und in beiden Ohren Flesh Tunnels, die das ganze Ohrläppchen ausfüllten –, aber das wäre idiotisch gewesen. Und sie dachte, vielleicht ist das genau die richtige Art, ihn Eran vorzustellen, rein zufällig und ohne großes Aufheben und just in Gesellschaft seiner beiden Töchter. Sie flüsterte Eran zu: »Siehst du den Mann, der da mit den großen Mädchen steht? Das ist der Freund, von dem ich dir erzählt habe, mit dem ich mich manchmal treffe.« In den Sekunden zwischen dem Moment, als sie ihn bemerkt hatte, und dem, als sie hinter ihm standen, war neben ihm plötzlich eine Frau aufgetaucht, oder vielleicht war sie auch schon vorher dort gewesen und Orna hatte sie nur nicht wahrgenommen, weil sie sie nicht mit ihm in Verbindung brachte.

Sie sprach ihn an: »Schalom, Gil«, und er drehte sich um zu ihr. Wirkte überrascht. Aber nicht erschrocken. Seit dem Wochenende in Jerusalem hatten sie nicht mehr miteinander gesprochen, weil sie wegen der Vorbereitungen für das neue Schuljahr sehr viel zu tun und er gesagt hatte, er fahre drei Tage weg, von wann bis wann wusste sie nicht mehr genau, aber für das kommende Wochenende waren sie sehr wohl verabredet, und nach Jerusalem wartete sie sogar mit einer gewissen Vorfreude darauf. Wenn er versucht hätte, sie vor Eran auf den Mund oder sogar nur auf die Wange zu küssen, wäre sie bestimmt zurückgewichen, aber etwas an seiner Reaktion ließ sie unvermittelt erstarren. Er wirkte distanziert, ja unbeteiligt, und sein Gesichtsausdruck veränderte sich nicht, auch als er Eran flüchtig musterte. Sie sagte: »Das ist Eran«, und Gil meinte: »Schön, dich kennenzulernen, Eran.« Und dann wandte er sich an seine Töchter und fügte hinzu: »Das ist Orna Esran, eine alte Klientin von mir.« Ihr erster Gedanke war, er sage das seiner Töchter wegen, und möglicherweise hätte sie dies auch weiterhin gedacht, hätte nicht die Frau, die sich bemühte, nett zu ihr und besonders zu Eran zu sein, mit einem Lächeln gesagt: »Sehr erfreut. Ich bin Ruthi, seine Frau. Geht ihr auch ins Kino?«

Eran verfolgte den Film wie hypnotisiert, während Orna an Gil dachte und Wut und Gekränktheit in ihr schäumten. Sie war in den darauffolgenden Stunden immer wieder sehr aufgewühlt, aber nicht die ganze Zeit über. Es kam und ging. Er hatte sie vier Monate lang belogen. War er tatsächlich doch noch verheiratet? Ganz offenkundig. Auch wenn natürlich die Möglichkeit bestand, dass Ruthi sich trotz der Scheidung als seine Frau bezeichnet hatte, aus Gewohnheit oder weil sie es deplaziert fand, sich Fremden gegenüber als »seine Ex« vorzustellen. Gil hatte ja wiederholt betont, er und seine Exfrau hätten nach wie vor ein gutes Verhältnis und träfen sich hin und wieder. Aber wenn es so war, warum hatte er sie dann als »eine alte Klientin« vorgestellt?

Sie drängte Eran, auf das Eis nach dem Kino zu verzichten, und versprach ihm, er könne zu Hause fernsehen. Unterwegs versuchte sie, nicht an Gil zu denken, um sich aufs Fahren konzentrieren zu können. Jetzt am späten Nachmittag war der Verkehr von Tel Aviv nach Cholon mörderisch, und Eran saß hinten und war in Plauderstimmung, also schaltete sie das Radio an. Er hatte nichts über Gil gesagt und nicht mitgekriegt, was nach der Begegnung in ihr vorging. Als sie nach Hause kamen, schaltete sie ihm den Fernseher in seinem Zimmer an und dann den Computer in ihrer Arbeitsecke im Wohnzimmer, als hätte sie etwas Dringendes zu erledigen, dabei wusste sie nicht, was sie tun sollte. Sie rief das Dating-Portal auf, öffnete Gils Profil und stierte darauf. Er hatte in der Zwischenzeit weder angerufen noch eine Nachricht geschickt, vielleicht weil er noch mitten in seinem trauten Familienausflug steckte. Um halb acht, eine Stunde eher als sonst, hatten sie bereits Abendessen und Dusche hinter sich, und sie las Eran zwei Seiten aus seinem Buch vor, erklärte ihm dann, Mama sei müde und er solle versuchen, heute ausnahmsweise einmal alleine einzuschlafen.

Sophie war noch in den USA, und ihrer Mutter würde sie es niemals erzählen. Ihr erster Instinkt in Notlagen war noch immer, mit Ronen zu sprechen, aber das kam nicht in Frage, und ohnehin würde er nicht antworten. Sie ging ins Bett, und als sie dalag, merkte sie, dass sie keine Luft bekam. Dass sie Angst hatte wie in den ersten Nächten nach der Trennung von Ronen. Aber sie machte kein Licht im Schlafzimmer und stand auch nicht auf, die Beklemmung jedoch wich nicht, bis sie eingeschlafen war. Es gab so viele Dinge, die sie nicht verstand: seine Wohnung, die entspannte Gelassenheit während ihrer Treffen, dass er ihre Telefonanrufe immer entgegennahm und sich mit ihr an beinahe jedem Abend treffen konnte, den sie vorschlug; und die Nächte, die sie zusammen verbracht hatten, im Hotel und an dem Wochenende in Jerusalem; die Tatsache, dass er nichts vor ihr verborgen gehalten hatte. Das alles ließ sich nicht vereinbaren mit der Tatsache, dass er verheiratet war. Als sie am nächsten Morgen um Viertel nach fünf aufwachte, hatte sie keine Nachrichten oder unbeantworteten Anrufe von ihm und wusste da schon, dass er keinen Kontakt mehr zu ihr aufnehmen und nichts erklären würde, dass er ganz einfach vorhatte, ohne ein Wort aus ihrem Leben zu verschwinden.

Zwei Tage danach, am Freitag, begann das neue Schuljahr. Sie brachte Eran zur Schule, blieb bis zum ersten Klingeln bei ihm und fuhr erst dann zu ihrer Schule. Was sie in den ersten Tagen nicht losließ, war die Angst. Sie empfand keine Scham und fühlte sich auch nicht betrogen – tatsächlich war ihr Gil nichts schuldig, dachte sie –, nur die Angst wurde immer stärker, als sei sie das Opfer einer brutalen Gewalttat geworden.

Abends kontrollierte sie dreimal, ob sie die Tür abgeschlossen hatte, machte alle Fenster zu und rief, nachdem Eran eingeschlafen war, ihre Mutter an, vorgeblich um zu hören, wie es ihr ging. Nur ein Mal gestattete sie sich, darüber zu sprechen, und das war mit Sophie, die sich einige Tage nach ihrer Rückkehr aus den USA bei ihr meldete. Und dieses Gespräch mit ihrer Freundin half ihr, wenn auch auf unerwartete Weise. Sie trafen sich am Montagmorgen, in einem Café beim Erlebnisbad Yamit 2000. Sie wartete geduldig, während Sophie ihr das aufreibende Wochenende in den Warteschlangen vor den Attraktionen von Disney Land schilderte und von ihrem Hotel in Las Vegas berichtete, und erst als sie fragte, wie es mit dem Typen laufe, mit dem sie ausgehe, sagte sie: »Läuft nicht so. Er ist offenbar doch noch verheiratet.«

Sophie war außer sich. Sie hatte keinen Zweifel, dass Gil die ganze Zeit verheiratet gewesen und die Frau neben ihm im Einkaufscenter seine Frau war. Und sie verstand nicht, warum Orna nichts unternahm. »Was sollte ich denn unternehmen?«, fragte sie, und Sophie sagte: »Was soll das heißen? Zur Polizei gehen, oder wenigstens irgendwas auf Facebook schreiben, natürlich.« Als Orna fragte, warum zur Polizei, erwiderte Sophie: »Weil das eine Vergewaltigung ist, nichts weniger. Das ist doch bekannt. Er hat dich angelogen, um ... Du weißt genau, warum, und auch wenn du einverstanden warst, ändert das nichts, du wusstest ja im Grunde genommen nicht, wer er ist. Hätte er dir gesagt, er ist Pilot oder Milliardär, wäre es genau dasselbe gewesen.«

Aber sie war nicht sicher, dass das dem entsprach, was sie empfand. Oder dass Sophie die Beziehung zwischen ihnen wirklich verstand. Genauer gesagt, spürte sie, dass es darum nicht ging – und dies ganz sicher nicht der Grund für ihre Angst war. Sie fühlte sich nicht missbraucht oder gar vergewaltigt. Er war, wie Sophie gesagt hatte, ein Scheißkerl, weil er sie angelogen hatte, so viel war klar, aber er hatte sich ihr nie aufgedrängt, und sie hätten bis heute wahrscheinlich nicht miteinander geschlafen, wenn sie nicht die Initiative ergriffen hätte, hätten sich weiter nur zum Abendessen und zum Kino verabredet. Was hatte er eigentlich von ihr gewollt? Er hatte sie nicht bedrängt, hatte nicht um sie geworben, ja sie war es gewesen, die über das Portal Kontakt zu ihm aufgenommen hatte, und hätte sie sich nicht mehr bei ihm gemeldet, hätte er sie bestimmt nicht von sich aus angerufen. Wozu also dieser ganze Aufwand und die Lügen, wenn er denn tatsächlich gelogen hatte, die Geschichten, die er sich ausgedacht hatte, zum Beispiel, dass seine Töchter bei ihm in der Wohnung übernachteten, oder die Details der Scheidungsvereinbarung? Sie spürte, der Ursprung ihrer Angst war ein anderer. Hatte vielleicht eher damit zu tun, was mit Ronen passiert war. Eine verspätete, bisher immer verdrängte Angst, sie würde niemals darüber hinwegkommen, nie wieder jemanden anderen finden. Für immer allein bleiben. Und sie dachte, dass Ronens Verhalten sehr viel schlimmer gewesen war als das von Gil, weil er nämlich auch Eran betrogen und belogen und ihn dann verlassen hatte – und ihn bei der Polizei anzuzeigen, war unmöglich gewesen. Hatte Ronen etwa nicht gelogen, als er sagte, seine Reisen mit den Gruppen ins Ausland würden keine Distanz, sondern Nähe zwischen ihnen schaffen, weil sie ihn Sehnsucht empfinden ließen? Und hatte er nicht mehrere Wochen, ja vielleicht sogar Monate gebraucht, um ihr von Ruth zu erzählen? Außerdem war er, im Gegensatz zu Gil, sehr wohl verpflichtet gewesen, ihr die Wahrheit zu sagen, und sei es nur, weil sie ein gemeinsames Kind hatten.

Sie sagte Sophie, sie werde keine Anzeige erstatten und auch nichts Gemeines über ihn im Netz schreiben, und als Sophie meinte: »Ich verstehe dich nicht, warum lässt du ihn aus einer solchen Sache ungeschoren davonkommen. Und außerdem ist das sicher nicht das erste Mal, dass er so was macht, und auch nicht das letzte«, antwortete sie: »Weil das nicht meine Art ist. Was denn, du kennst mich doch nicht erst seit gestern?«

Als Sophie sagte: »Dann ist es vielleicht schade, dass das nicht deine Art ist«, glaubte Orna aus den Worten ihrer Freundin herauszuhören, dass Ronen sie womöglich nicht verlassen hätte, wenn das ihre Art wäre, aber vermutlich meinte Sophie es nicht so.

Statt einer Anzeige bei der Polizei oder eines Facebookposts schickte sie Gil eines Abends Anfang September eine SMS: »Hast du nicht vor, dich zu entschuldigen? Und irgendetwas zu erklären?« Und obwohl sie sehen konnte, dass die Nachricht bei ihm eingegangen war, antwortete er nicht.

7

Die Tage vergingen und es war bereits Mitte September. Alle waren aus dem Sommerurlaub zurück und planten schon die nächste Reise im Oktober, in den Ferien zum Laubhüttenfest.

Erans Schuljahr hatte weniger gut begonnen als das vorherige, und manchmal weigerte er sich morgens aufzustehen. Der Übergang von der dritten in die vierte Klasse war anspruchsvoll und verlangte von ihm mehr Konzentration und Einsatz, sowohl während des Unterrichts als auch zu Hause. Vielleicht waren auch die Lehrer weniger tolerant. Sie traf sich mit seiner Klassenlehrerin, die sie zu beruhigen versuchte, vielen Schülern falle der Einstieg in die vierte Klasse nicht leicht, und sie müsse sich keine Sorgen machen, weil alle ein wachsames Auge auf ihn hätten, aber Orna meinte, vielleicht zu Unrecht, in den aufmunternden Worten der Klassenlehrerin einen neuen, kritischen Unterton zu hören, was ihre Entscheidung anging, Eran auch weiterhin in eine normale Klasse zu schicken, und dass sie womöglich andeuten wollte, es wäre gut, Eran einmal testen zu lassen.

Erans Psychologe sagte, auch er nehme die Schwierigkeiten wahr. Er vermutete, es könnte eine verspätete Reaktion auf die Krise zu Hause sein, und schlug vor, auf zwei Sitzungen pro Woche zu gehen, aber darum konnte sie ihre Mutter nicht auch noch bitten. Er fragte sie nicht nach Gil, und da sie mit Eran nicht darüber gesprochen hatte, brachte sie das Thema auch nicht von sich aus auf. Ihre Mutter hingegen hatte sie nach dem Jerusalemwochenende einmal gefragt, was denn mit dem Rechtsanwalt sei, und Orna hatte sie mit einem »Am Ende ist nichts daraus geworden« abgespeist.

Gils Profil auf der Internetseite blieb unverändert. »42 Jahre, einmal geschieden.«

Sie besuchte das Portal nur noch sporadisch, weil sie das Gefühl hatte, darüber hinweg zu sein, und auch weil ihr klar war, dass sie auf diesem Weg ganz sicher mit niemandem mehr Kontakt aufnehmen würde. Ihr Profil hatte sie gelöscht.

Sophie schlug vor, sie solle sich doch bei Facebook anmelden, dort sei dank des Freundschaftsnetzwerks alles sehr transparent, und man könne viel schwerer lügen, aber noch hatte sie das nicht getan, weil viele Kollegen berichteten, ein Facebook-Konto eröffne Schülern und Eltern ein unerwünschtes Tor zum eigenen Privatleben. Wenn sie trotz allem zwei- oder dreimal das Datingportal aufsuchte und sich Gils Profil anschaute, dann fast immer nur aus reiner Neugierde, um zu sehen, ob er etwas daran geändert hatte. Und einmal spielte sie sogar mit dem Gedanken, selbst ein neues Profil anzulegen, unter falschem Namen und mit irgendeinem Foto, um in Kontakt mit ihm zu treten und zu sehen, wie er reagierte, ob er versuchen würde, den Chat mit ihr auf dieselbe Weise zu entwickeln und der Frau, die sie erfunden hätte, dieselben Geschichten zu erzählen wie ihr vor fast einem halben Jahr. Aber sie nahm an, er würde ihren Schreibstil identifizieren können, und außerdem machte das Ganze ja auch gar keinen Sinn, ebenso wenig wie zu seiner Wohnung zu fahren und sich dort auf die Lauer zu legen, wie sie in einem schwachen Moment überlegt hatte. An die Adresse konnte sie sich nicht erinnern, meinte aber, sie würde sie wiederfinden. Sie erinnerte sich an ihr Unbehagen bei dem einzigen Mal, als sie in seiner Wohnung gewesen war, ihr Gefühl, etwas stimme nicht, auch wenn sie nicht hätte sagen können, was. Was genau hatte sie damals gespürt? Dass es gar nicht seine Wohnung war? Oder dass vielleicht überhaupt niemand dort wohnte? An der Tür klebte kein Namensschild, sondern nur eine Zahl, und im Kühlschrank waren keine Lebensmittel. Gil hatte sich entschuldigt und gesagt, er esse fast immer auswärts, obschon er zuvor erzählt hatte, seine Töchter kämen regelmäßig zum Abendessen. Die Seife auf dem Waschbecken im Badezimmer war dunkel und ausgetrocknet, als sei sie schon wochenlang nicht benutzt worden, dabei war Gil ein Mensch, der sich häufig und fast zwanghaft die Hände wusch und duschte. Und es gab Dinge, die hatte sie damals ebenfalls schon bemerkt: dass von dem Rennrad, von dem er immer erzählt hatte, nichts zu sehen war, weder in der Wohnung noch im Treppenhaus, oder dass in dem Zimmer, das – angeblich – für eine seiner Töchter bestimmt war, ein Fußball unter dem Bett lag.

An jenem Abend erwachte, zum ersten Mal seit Tagen, von neuem die Wut in ihr, diesmal aber nicht begleitet von Angst, sondern von einer fast detektivischen Neugier, und so schickte sie Gil eine SMS: »Man hat mir geraten, Anzeige bei der Polizei zu erstatten oder deiner Frau zu schreiben, was du so treibst, wenn du nicht zu Hause bist, oder im Portal zu verbreiten, wer du wirklich bist, aber noch habe ich nichts von alledem getan. Bist du sicher, dass du nichts erklären willst?«

Der nicht zu überlesende drohende Unterton der Nachricht überraschte sie selbst, sie hatte nicht gewusst, dass sie zu so etwas fähig war. Sie sah, dass er die Nachricht erhalten hatte, und nach ein paar Minuten antwortete er: »Ich bin, denke ich, ganz glücklich, dass du das nicht getan hast. Danke. Kann ich dich anrufen?«

Sofort war die Angst wieder da. Sie wollte weder Gils Stimme hören noch, dass er ihre hörte. Es war schon fast elf, am nächsten Tag fing ihr Unterricht früh an, und sie bereute bereits, ihm geschrieben zu haben. Sie schrieb zurück, sie würde lieber nicht telefonieren, und er antwortete, er habe alles erklären wollen, aber da sie ihr Profil gelöscht habe, habe er ihr nicht im Chat schreiben können. Woraus sie schloss, dass er sie im Portal gesucht haben musste und sie und was mit ihr passierte ihm also nach ihrem Bruch nicht vollkommen gleichgültig gewesen war.

»Dann erklär dich hier«, schrieb sie, und er antwortete umgehend: »Gut«, und fügte dann hinzu: »Aber ich werde ein bisschen Zeit dafür brauchen.«

Sie räumte die Küche und das Wohnzimmer auf, und als sie duschen ging, nahm sie ihr Handy mit ins Badezimmer und legte es auf das Waschbecken, abgedeckt mit einem Handtuch, um es vor Wärme und den Dampfschwaden zu schützen. Danach ging sie ins Bett, mit dem Buch, das sie bei ihrem Wochenende in Jerusalem dabeigehabt hatte, als unmittelbar nacheinander drei lange Nachrichten von ihm eintrafen, offenbar war es nicht möglich gewesen, alles in einer einzigen Nachricht zu versenden.

Er schrieb, dass er sich entschuldige, dass er sich ärgere über das, was passiert sei – »es wurmt mich« war der Ausdruck, den er verwendete –, und dass er wisse, dass sie ihm niemals verzeihen könne, weshalb er nicht einmal den Versuch unternommen habe, sich nach der zufälligen Begegnung im Dizengoff Center zu erklären.

Seine Frau und er seien tatsächlich noch nicht richtig geschieden, sondern lebten nur getrennt, aber als er Orna über das Portal kennengelernt habe, sei für sie beide schon klar gewesen, dass jeder von ihnen auch mit anderen ausgehen könne, und Tatsache sei, dass sie dabei seien, sich scheiden zu lassen. Im Portal habe er das nicht so dargestellt und ihr auch nicht alle Fakten genannt, weil er wisse, dass Frauen sich von Männern, deren Scheidung noch nicht endgültig über die Bühne ist, abschrecken ließen.

Einige Wochen, nachdem sie sich kennengelernt und begonnen hatten auszugehen, habe sich der Zustand seines Vaters rapide verschlechtert und kurz darauf sei er verstorben, und Gil sei in eine tiefe Krise gestürzt, sei wieder zu Hause eingezogen und habe daher gezwungenermaßen eingewilligt, ihrer Ehe noch eine Chance zu geben, obwohl er zu dem Zeitpunkt bereits gewusst habe, dass er nicht wollte. Vielleicht habe er das auch nur getan, weil er das Gefühl gehabt habe, Orna sei sich ihrerseits nicht sicher, was ihre Verbindung anging, und könne das Ganze jeden Augenblick beenden. Selbstverständlich hätte er ihr das alles offen und ehrlich erzählen müssen, aber er habe sich geschämt und auch Angst gehabt, denn es wäre ihm schwergefallen, auf sie zu verzichten. Er verstehe, dass er sie verletzt habe, wofür er sich erneut entschuldige, und er würde es auch verstehen, wenn sie seiner Frau davon erzählte oder die Geschichte auf anderem Wege verbreitete, ja, vielleicht hoffe er sogar, dass sie es täte, denn dann wäre er gezwungen, nicht länger mit der Lüge zu leben und diese Ehe ein für alle Mal zu beenden. Am Ende schrieb er, er vermisse sie und wünsche ihr, dass sie eines Tages einen Mann treffen würde, der ihrer würdig sei, und dass er diesen Menschen, den sie vorbehaltlos in ihr Leben aufnehmen würde, schon jetzt beneide. Aber er wisse, dass er nicht diese Person sein könne, nicht nur aufgrund dessen, was er getan habe, sondern auch, weil er vom ersten Tag an gespürt habe, dass sie ihn auf Dauer nicht in ihr Leben gelassen hätte, selbst wenn er wirklich geschieden gewesen wäre.

Orna las seine Nachrichten zweimal in jener Nacht, im Bett. Und ein weiteres Mal am Morgen, ehe Eran aufwachte. Sie wusste, sie durfte nicht ein Wort glauben von dem, was er schrieb, weil seine Auslassungen so viele Dinge an seinem Verhalten nicht erklärten. Dennoch schien ihr, dass seine Worte die noch offene Wunde zumindest ein wenig zu schließen vermochten, vor allem aber, dass ihre Reaktion auf diese ganze Geschichte richtig gewesen war.

Am Morgen, während sie Kaffee trank, machte sie sich daran, ihm zu antworten, aber alles, was sie schrieb, traf es nicht genau, also antwortete sie ihm an jenem Tag nicht und ebenso wenig an den darauffolgenden Tagen. Und als sie ihm dann endlich antwortete, war es von einem ganz anderen Ort aus und nachdem sich viele Dinge verändert hatten.

8

Eine Woche vor dem Neujahrsfest meldete sich Ronen über Skype, ohne vorher eine Nachricht geschickt zu haben. Um kurz nach sieben, Eran und sie aßen gerade zu Abend. Als sie sah, wer es war, rief sie aus der Arbeitsecke im Wohnzimmer nach Eran und sagte ihm, er solle das Gespräch selber annehmen.

Sie redeten nicht mehr als ein paar Minuten miteinander, währenddessen wartete sie angespannt in der Küche. Ausgerechnet Erans Stimme hörte sie kaum, weil er immer ganz leise mit Ronen sprach. Er kam zurück in die Küche und sagte, Papa wolle auch mit ihr reden. Es fiel ihr schwer, ihn auf dem Bildschirm anzuschauen. Er sagte: »Schalom, Orna«, und lächelte auf eine Art, die sie spüren ließ, er hatte sich gut auf diesen Anruf vorbereitet. Er fragte, ob sie Zeit für ein Gespräch hätte, wenn Eran ins Bett gegangen wäre. Sie bejahte, und er sagte: »Danke, dann rufe ich dich in zwei, drei Stunden wieder an. Ist das okay?«

Als sie sich wieder an den Esstisch setzte, platzte Eran sofort heraus: »Papa kommt am Laubhüttenfest zu uns. Hat er dir das auch gesagt?«

Um Punkt zehn rief Ronen erneut an, und seine Pünktlichkeit verriet ihr, dass er ihr etwas sagen würde, was sie nicht hören wollte. Anfangs konnte sie nicht entschlüsseln, ob das Zimmer, das sie auf dem Bildschirm sah, ein Büro oder Teil einer Wohnung war, denn hinter Ronen war eine vollkommen nackte Wand zu sehen, nur in der oberen rechten Ecke des Bildschirms war der Papierschirm einer Deckenlampe auszumachen, aber im Verlauf ihres Gesprächs kam ein blondes Mädchen von vielleicht sieben oder acht Jahren ins Zimmer, in grünen Shorts und ohne Oberteil, und schaute sie neugierig an, sah direkt in die Kamera und fragte Ronen etwas, das sie nicht hören konnte. Er antwortete dem Mädchen auf Englisch: »Tell Thomas I'll come in ten minutes, okay?« Das blonde Mädchen fixierte sie noch einen Moment mit seinen großen, himmelblauen Augen und verschwand dann aus dem Blickfeld der Kamera.

Sie würden in zwei Wochen zu Besuch kommen, am Vorabend des Versöhnungstages. Sie, das hieß, sie alle zusammen – er, Ruth und ihre vier Kinder, von denen das blonde Mädchen ohne Oberteil eines war. Julia. Sie würden eine ganze Weile bleiben, fast einen Monat, und im Moschaw in einem Haus wohnen, das sie für die Zeit angemietet hatten, gleich neben dem Haus seiner Eltern. Er wisse, dass es für niemanden einfach werden würde, aber das eigentliche Ziel des Besuchs, aus seiner Sicht, aber auch aus der von Ruth und den Kindern, sei, möglichst viel Zeit mit Eran zu verbringen und ihn kennenzulernen. Ronens Eltern zu sehen, seine Geschwister und Cousins, sei nur ein Nebeneffekt. Er wisse nicht, wie man das am besten anging, daher habe er schon jetzt mit ihr reden wollen. Klar sei, dass sie sich am Anfang gemeinsam treffen sollten, wenigstens ein- oder zweimal, aber danach wolle er gern, dass Eran einige

Tage bei ihnen im Moschaw verbringe, vielleicht sogar die ganzen Laubhüttenfest-Ferien. Deswegen hätten sie auch beschlossen, jetzt zu kommen, über die Feiertage. Seinetwegen. All das war so typisch für Ronen, und das sagte sie ihm auch. Angeblich kam er extra für Eran, hatte es aber nicht einmal für nötig befunden zu klären, ob die fraglichen Tage auch für sie passten, bevor er Flugtickets für sich und seine neue Familie gekauft hatte. Und was, wenn sie zum Laubhüttenfest nun eine Auslandsreise planten? Hatte er noch nicht einmal daran gedacht, das vorher abzuchecken?

Ronen verteidigte sich, sagte: »Aber ihr verreist doch nicht, oder etwa doch?«, und sie erwiderte, das ändere überhaupt nichts daran und dass es unzählige Dinge gebe, die vorher geklärt werden müssten, und dass man Eran darauf vorbereiten müsse, dass es einfach unmöglich sei, ihn so von heute auf morgen damit zu überfallen. Und dann fügte sie noch hinzu: »Du hast nicht die geringste Ahnung, was gerade in seinem Leben passiert.«

Ronen wartete, bis sie sich beruhigte. Er hatte es noch nie leiden können, wenn einer »laut wurde«. Bei ihm zu Hause blieben alle immer ganz ruhig, gab es nie Streit. Schließlich meinte er leise: »Orna, ich weiß, ich habe mich in den letzten Monaten nicht richtig verhalten und dass das jetzt ein bisschen plötzlich für dich kommt, aber ich möchte einen Neuanfang mit ihm, und das ist sowohl für Eran wie auch für mich wichtig. Denk in Ruhe drüber nach, und dann reden wir nochmals, bevor wir fliegen, okay? Ich habe mit Eran noch nicht über den Moschaw gesprochen, und wenn dir das nicht passt, werde ich jeden Tag nach Cholon kommen, und wir treffen uns bei dir zu Hause, in Ordnung?«

Die Angst, die ihr in jener Nacht die Kehle zudrückte, war so stark wie an dem Tag, an dem sie Gil mit seiner Frau begegnet war, und auch die Wut war dieselbe, was sie abermals denken ließ, dass sie auch an jenem Tag im Grunde auf Ronen böse gewesen war und nicht auf Gil; dass auch ihre Beklemmung nicht unmittelbar mit Gil zusammenhing und damit, dass er sie belogen hatte, sondern mit dem, was diese armselige Beziehung über ihr Schicksal und ihr Leben besagte. Sie schlief erst spät ein und erinnerte sich am Morgen nicht genau, was sie geträumt hatte, bloß dass das blonde Mädchen, das sie neben Ronen gesehen hatte, in ihren Träumen aufgetreten war und dass es vollkommen unbekleidet gewesen war, nicht nur ohne Oberteil, sondern auch ohne die grünen Shorts. Sie hätte umgehend ein Treffen mit Erans Psychologen vereinbaren müssen, tat dies am nächsten Morgen aber nicht, weil ihr klar war, was er sagen würde. Stattdessen behielt sie die Tatsache des Besuchs für sich, suhlte sich darin und spürte, wie diese sie innerlich auffraß, wie eine die Haut zersetzende Säure, bis ihr keine andere Wahl mehr blieb, weil der Termin von Erans wöchentlicher Sitzung mit dem Psychologen näher rückte und der Junge ihm ohnehin erzählen würde, dass Ronen im Anmarsch war.

Und sie irrte sich nicht.

Der Psychologe sagte, man müsse da langsam vorgehen, »Schritt für Schritt«, und dass er natürlich über den Besuch mit Eran selbst sprechen wolle, um zu hören, was ihr Sohn empfinde, aber das Ganze in seinen Augen »eine sehr positive Entwicklung« darstelle. Ronen wolle wieder Teil von Erans Leben sein, nehme ihm zuliebe einen nicht unerheblichen Aufwand auf sich und komme für einen relativ langen Zeitraum nach Israel, wolle Eran zeigen, dass in seinem neuen Leben und seiner neuen Familie auch Platz für ihn sei, und das sei genau, worauf der Psychologe immer gehofft habe. Und doch wohl auch, was sie gehofft habe, nicht wahr?

Seine Praxis weckte Hassgefühle bei ihr. Der Parkettboden, die bunten Teppiche, die Zeichnungen an den Wänden, die Bücher auf den kleinen Holzregalen, das Sofa, vor dem sie saß, überladen mit rot und blau bestickten Kissen. Die Klimaanlage, die immerzu lief, von April bis Oktober, als kostete Strom kein Geld. Wie weit weg das alles war, wie wenig seine schönen Worte mit ihren Schwierigkeiten und ihrem Leben zu tun hatten. Also herrschte sie ihn an: »Ich weiß nicht, ob ich gehofft habe, dass das passiert. Kann sein, dass Sie das gehofft haben. Aber ganz sicher wollte ich nicht, dass es so abläuft. Verstehen Sie denn gar nicht, was er vorhat?«

Ronen wolle, dass Eran Teil einer anderen Familie würde, von der sie kein Teil war, Teil seiner »neuen Familie«; dass Eran, ohne sie, einige Tage in dem Haus verbringe, das sie im Moschaw gemietet hatten; dass er vielleicht im selben Zimmer mit Ruths Kindern schlief und am Morgen mit ihnen aufwachte, und vielleicht war es Ruth, die dann alle weckte und ihnen Frühstück machte, und danach würden sie rausgehen und ohne Oberteil draußen spielen. Und wo würde sie in dieser Zeit sein? Allein zu Hause?

Der Psychologe sagte: »Aber von dem Augenblick an, da Sie beschlossen haben, sich scheiden zu lassen, war das doch klar. Oder etwa nicht, Orna? Das war Fakt. Dass Eran zwei Familien haben würde – eine hier, bei Ihnen, und eine bei seinem Vater, an einem anderen Ort. Es gibt keinen Weg, darum herumzukommen.«

Aber sie wollte darum herum, musste es verhindern, wollte nicht, dass Eran irgendeine Familie außer derjenigen hatte, die sie für ihn war. Was war daran nicht zu verstehen? Seit dem Gespräch mit Ronen träumte sie nachts, Eran würde sie bitten, bei seiner neuen Familie bleiben zu dürfen, träumte, dass er aus dem Moschaw zurückkehrte und fragte, ob er mit Ruth, Ronen und den Kindern nach Nepal fahren könne. Er ging Hand in Hand mit dem blonden Mädchen, das sie auf dem Bildschirm gesehen hatte, und verschwand.

Der Psychologe versuchte sie zu beruhigen, ohne Erfolg. Ausgeschlossen, dass so etwas passieren wird, sagte er, oder: »ausgeschlossen, dass er Sie verlässt«, und sie hörte: »ausgeschlossen, dass *auch er* Sie verlässt«. Aber warum sollte er sie nicht verlassen, wenn es das war, was Ronen getan hatte? Am Ende ihres Gesprächs sagte er: »Ronen ist Eran im letzten Jahr ein schlechter Vater gewesen, ein sehr schlechter sogar. Aber Sie haben mir hier viele Male erzählt, dass er in den acht Jahren davor ein hingebungsvoller Vater war. Und jetzt versucht er, wieder ein guter Vater zu sein, und wenn das gelingt, wäre das doch wundervoll für Eran, stimmen Sie mir da zu? Auch Eltern erleben Krisen. Gut möglich, dass Ronen die seine überwunden hat, auf jeden Fall muss man ihm Gelegenheit geben, es wiedergutzumachen, Eran zuliebe. Wir werden sehr vorsichtig sein, Orna. Werden nichts tun, was ihn verletzen könnte. Und vergessen Sie nicht, Sie sind nicht allein mit all dem – ich bin auch noch da.«

Aber sie *war* allein. Vollkommen allein. Allein mit Eran an den darauffolgenden Morgen, die spannungsgeladener waren, weil sie spät ins Bett ging und – immer noch müde – spät aufwachte. Jedes Mal, wenn sie seinen schmalen Rücken unter der Bettdecke streichelte und ihm »Guten Morgen, Erani« zuflüsterte, hatte sie Angst, es könnte vielleicht eines der letzten Male sein.

Eran war aufgeregt, zählte die Tage und Stunden, und sie sah, dass die Aufregung bei ihm auch positive Effekte zeitigte. Er wachte im Nu auf, zog sich an und machte sich fertig, als würden sie jeden Augenblick zum Flughafen aufbrechen, um Ronen zu begrüßen, und nicht zur Schule. Und er erledigte seine Hausaufgaben konzentriert und ohne alle naselang von seinem Stuhl aufzuspringen, als beobachteten ihn Ronens Augen bei der Arbeit. Das Heft, das sie ihm zum Geburtstag gekauft hatte, wurde zum Zeitmesser, mit dem er sich auf den Besuch vorbereitete, jeden Abend schrieb er hinein, wie viele Tage und Stunden noch blieben, bis Papa da war. Sie verbrachte jetzt alle Nachmittage mit ihm, als laufe ihnen die Zeit davon, und bereitete ihren Unterricht für den nächsten Tag erst am Abend vor, nachdem er ins Bett gegangen war. Aber auch dann gelang es ihr nicht, sich zu konzentrieren, und sie stellte sich immer wieder Ronen, Ruth und ihre Kinder vor, hier in der Wohnung, wie sie mit Erans Sachen spielten. Was aber noch erträglich war im Vergleich zu ihren Phantasiebildern von ihnen allen im Moschaw, wie sie im Garten mit dem Wasserschlauch herumspritzten, in der Hängematte schaukelten, draußen auf dem Rasen zu Abend aßen und Ronen ihnen etwas auf der Gitarre vorspielte. Was hatte sie dagegen für eine Chance? Und wie sollte sie diese Tage, die Eran im Moschaw verbringen würde, überleben, ohne vor lauter Eifersucht und Sorge den Verstand zu verlieren?

An einem der letzten Abende vor dem Besuch, als sie gerade mit Sophie auf WhatsApp chattete, sah sie zufällig die letzte Nachricht von Gil wieder, die, auf die sie nicht geantwortet hatte, und plötzlich hatte sie das Gefühl, ihm jetzt antworten zu können. Sie schrieb: »Deine abstrusen Erklärungen überzeugen mich nicht, Gil. Wäre ich ein anderer Mensch, hätte ich deiner Frau längst alles erzählt, aber vielleicht tue ich das noch. Ich wünsche dir, dass eure Ehe auseinandergeht, wie du es erhoffst, und du nicht länger dich und andere belügen musst.«

9

Als sie sich wieder trafen, war es an einem Morgen. Gil hatte gesagt, es sei kompliziert für ihn, sie während der Arbeitszeit zu sehen, aber Orna wollte nicht auf die Abende mit Eran verzichten und auch keinem davon erzählen, dass sie Gil wieder traf. Um am Abend auszugehen, hätte sie einen Babysitter gebraucht oder ihre Mutter, die Fragen gestellt hätte.

Also Montag, der Tag, an dem sie keinen Unterricht hatte. Vormittags um halb elf, zwei Tage vor dem Beginn von Jom Kippur.

Gil wartete in der Lobby des Hotels auf sie, und sie verspätete sich um fast zwanzig Minuten, schickte ihm aber keine Nachricht. Er sagte, er habe kein Zimmer reserviert, weil er nicht gewusst habe, ob sie das wolle. Und als sie ihm sagte: »Dann komm, lass uns fragen, ob sie eins haben«, trat er zu dem Mann an der Rezeption und sprach leise mit ihm. Sie fuhren mit dem kleinen Fahrstuhl in den dritten Stock, ohne ein Wort zu wechseln, und als sie das Zimmer betraten, ging er sofort auf die Toilette. Sie setzte sich auf einen Stuhl an den kleinen Schreibtisch und wartete auf ihn. Er war verlegen, wusste nicht, was er sagen sollte, fragte: »Also, wie geht es dir?«

Sie hatte nicht vor, ihm irgendetwas von Ronens Besuch

zu erzählen. Mit einem Mal musste sie an eine kurze Affäre denken, die sie einmal gehabt hatte, noch vor Ronen, mit einem Mann, der fast fünfzehn Jahre älter war als sie. Sie war damals Studentin, zweiundzwanzig und arbeitete in den Semesterferien als Stewardess, und der Mann, Yigal, war Purser auf ihren Flügen. Er war Junggeselle, hatte einen stark behaarten Körper, der sie anekelte, und unangenehmen Mundgeruch. Gil sagte: »Möchtest du mir erklären, warum wir uns hier treffen? Hast du beschlossen, mir noch eine Chance zu geben, oder steckt da was anderes dahinter?« Und Orna erwiderte: »Was für eine Chance denn genau? Ich habe beschlossen, dich deine Frau weiter belügen zu lassen. Fürs Erste.«

Sie schliefen miteinander, ohne so zu tun, als wolle es einer von ihnen oder verstehe, warum. Seine Erektion war schwach und reichte kaum, um in sie einzudringen, und er kam schnell und nicht in ihr, sondern auf das Bett, darum hatte sie ihn gebeten. Diesmal ging er nicht duschen, vielleicht, weil er Angst hatte, Orna allein im Zimmer mit seinem Telefon zu lassen, das auf dem Nachttisch lag, genau wie sie es in Erinnerung hatte, unter dem braunen Portemonnaie. Er war vor ihr wieder angezogen und sagte: »Ich weiß nicht recht, ob und was genau du von mir willst, Orna, aber ich würde mich freuen, dich wiederzusehen.« Sie antwortete mit einer Frage: »Und, was wirst du deiner Frau heute erzählen?«

Er sagte nichts.

Als sie fragte: »Ihr seid am Ende doch nicht etwa schon geschieden, oder?«, antwortete Gil: »Noch nicht, aber es wird passieren«, worauf Orna lachte und sagte: »Nicht meinetwegen, hoffe ich.« All das erinnerte sie so sehr an die Stelldicheins mit jenem Vorgesetzten in den Tagen vor Ronen, an das Gefühl von Ekel, das sie innerlich und am ganzen Leib nach jedem ihrer Treffen empfunden hatte. Alles, was ich hinter mir geglaubt hatte, holt mich wieder ein, als hätte sich nie etwas geändert, dachte sie.

Danach sagte sie zu Gil: »Aber ich muss dich etwas fragen: Die Wohnung, in der ich war, in die du mich ein paarmal eingeladen hast, das ist in Wirklichkeit gar nicht deine Wohnung, oder?« Und Gil erwiderte, doch, er habe sie angemietet, als Ruthi und er sich getrennt hätten, und als er wieder zu Hause eingezogen sei, habe er beschlossen, sie zu behalten, in dem Wissen, dass es bloß eine Rückkehr auf Zeit sein würde. Sie ging davon aus, dass er log und immer weiter lügen würde, weil er nicht anders konnte, aber jetzt genoss sie es, die Oberhand zu haben, ja sogar so etwas wie Macht zu besitzen, und vielleicht war es das, was sie in diesen Tagen, in denen sie sich angesichts von Ronens nahendem Besuch unsagbar schwach fühlte, zu Gil drängte. Sie amüsierte sich bei dem Gedanken, dass sie ihn erpressen könnte. Von ihm verlangen, er solle überschaubare Beträge auf ihr Konto überweisen, Geld, von dem sie wusste, dass er es hatte, damit sie seiner Frau und den Töchtern nicht reinen Wein einschenkte. Wenn sie fünftausend Dollar verlangte und nicht gleich fünfzigtausend, würde er sicher der Versuchung erliegen und ihr das Geld überweisen, denn das war kein Betrag, für den man seine Ehe aufs Spiel setzte, wenn einem etwas daran lag. Und vielleicht besser noch: Sie könnte Gil, wenn Ronen da war, zwingen, so zu tun, als seien sie ein Paar; ihn bitten, bei ihr in der Wohnung zu sein, wenn Ronen zum ersten Mal zu Besuch kam, und die Rolle ihres Freundes zu spielen, und später würde er sie in seinem roten Kia Sportage in den Moschaw fahren, um Eran von dort abzuholen.

Der sonderbare Zufall – dass Gils Frau Ruth hieß, wie Ronens deutsche Frau – fiel ihr erst auf dem Nachhauseweg vom Hotel auf. Die eine Ruth, die Deutsche, hatte Ornas Familie zerstört, als sie Ronen auf der Tour in Nepal traf, sich in ihn verliebte, ihn ihr wegnahm und mit ihm eine neue Familie gründete. Und Orna würde, wenn nichts dazwischenkam, gezwungen sein, diese Frau nun zum ersten Mal zu treffen, nachdem sie sie bisher nur auf Fotos und zweimal auf Skype gesehen hatte, wie sie schnell hinter Ronen aus dem Bild huschte. Gegenüber der anderen Ruth, Gils Ruth, spielte hingegen sie, Orna, die Rolle der »Zerstörerin«, allerdings lagen die Dinge da ganz anders, weil diese Ehe offenbar schon lange vorher am Ende gewesen war und sie außerdem gewiss nicht vorhatte, mit Gil eine neue Familie zu gründen.

Er rief sie am Abend nach ihrem Hotelbesuch an, aber sie ging nicht ran, sodass er am nächsten Tag erneut anrief.

»Ich habe mich gefreut, dich gestern zu sehen, Orna, obwohl ich verstehe, dass du noch immer böse auf mich bist«, sagte er, und sie antwortete in einem Ton, von dem sie nicht einmal gewusst hatte, dass sie dazu fähig war: »Gil, du und ich, wir müssen uns nichts mehr vormachen. Wir treffen uns und gut. Bis wir auch das leid sind und es bleiben lassen. Aber du musst mich nicht anrufen, okay? Und auch nicht nett sein. Die Phase des Werbens haben wir hinter uns.«

Als Ronen endlich eintraf, am Abend des Versöhnungstages, erwartete Eran ihn schon am Fenster.

Es war spät, schon fast zweiundzwanzig Uhr, aber die beiden hatten das Wiedersehen nicht aufschieben wollen. Ronen kam mit dem Pick-up, den sein Vater für die Arbeit nutzte, und Eran sah ihn aussteigen, rannte zur abgeschlossenen Wohnungstür und öffnete sie, verharrte dann aber auf der Schwelle und lief ihm nicht auf der Treppe entgegen. Das Licht im Treppenhaus ging an, und Orna erhob sich von ihrem Platz am Arbeitstisch, auf dem zwei Lehrbücher und der Laptop lagen, der aufgeklappt blieb. Sie stellte sich hinter Eran und wusste nicht, was sie mit sich anfangen sollte.

Ronen nahm Eran in die Arme und warf ihn in die Luft. Und zu ihr wahrte er einen offensichtlichen Sicherheits- oder Höflichkeitsabstand. Sie umarmten sich nicht, gaben sich keine Küsschen und schüttelten sich selbstverständlich auch nicht die Hand. Sie standen in einigem Abstand voneinander, sie mit den Händen in den Hosentaschen und er Erans kleine Hand umfassend, als wären sie gerade von einem langen gemeinsamen Ausflug zurückgekehrt. Er sagte: »Schön, dich zu sehen, Orna, du siehst phantastisch aus«, und sie erwiderte: »Danke.« Er wirkte älter, als sie ihn in Erinnerung hatte, sein schwarzes Haar war ein bisschen mehr ergraut, und mit einem Mal schien er auch kleiner, vielleicht nicht nur, weil er tatsächlich ein, zwei Zentimeter kleiner war als sie, sondern mindestens zehn Zentimeter kleiner als Gil.

Eran gab Ronens Hand nicht frei. Er nahm ihn mit auf einen Rundgang durch die Wohnung, damit sein Papa sah, was sich verändert hatte, obwohl außer ein paar winzigen Details, die nur Eran auffielen, so gut wie alles unverändert geblieben war, und Ronen schritt durch die Wohnung, die er selbst vor zwölf Jahren mit ihr gekauft hatte – die Wohnung, die ihm inzwischen nicht mehr gehörte, weil Orna ihm seinen Teil mit Hilfe ihrer Mutter im Rahmen der Scheidungsvereinbarung abgekauft hatte –, und nahm alles in Augenschein, als sähe er es zum ersten Mal.

Alles in der Wohnung war mal seins gewesen, und jetzt nicht mehr.

An dem mit blauem Linoleum beschichteten Esstisch in der Küche hatte er mehr als zehn Jahre lang jeden Morgen Kaffee getrunken. Auf dem grünen Sofa im Wohnzimmer hatte er jeden Abend gesessen. Vor dem alten Spiegel im Badezimmer, das sie nicht renoviert hatten, hatte er sich zweimal am Tag die Zähne geputzt. Auch sie war mal sein gewesen, und jetzt war sie es nicht mehr. Nur Eran gehörte noch immer ihm, genau wie früher, so viel war klar. Eran war das einzige, was Ronen aus seinem alten Zuhause in seine neue Familie und sein neues Leben mitnehmen wollte.

Orna fragte, ob er Kaffee wolle, und er sagte: »Nein, danke. Ich trinke keinen Kaffee mehr. Nur etwas heißes Wasser, wenn das geht.« Sie goss ihm heißes Wasser aus dem Wasserkocher in einen neuen Becher, keinen der Becher, aus denen er früher getrunken hatte, damit er nicht dachte, sie versuche, Erinnerungen bei ihm zu wecken, und als sie ihm den Becher in Erans Zimmer brachte, sah sie sie nebeneinander auf dem Bett sitzen, und Eran zeigte ihm die Drohne, die er von seiner Oma zum Geburtstag bekommen hatte, und ein paar Automodelle, die Freunde aus seiner Klasse ihm geschenkt hatten. Sie stellte den Becher mit dem heißen Wasser auf den Boden zu seinen Füßen und verließ den Raum, um ihnen etwas Privatsphäre zu lassen und auch, weil es zu weh tat, und während die beiden in Erans Zimmer blieben, wusste sie nicht, wohin mit sich.

Sophie schickte ihr eine Nachricht: »Ist er schon da?«, und sie bejahte.

»Schaffst du das? Oder möchtest du, dass ich komme?«

»Noch halte ich mich. Mal sehen, wie es hinterher ist.«

Als sie aus dem Kinderzimmer kamen, abermals Hand in Hand, schlug Ronen ihnen beiden vor, Eran ins Bett zu bringen, aber Eran sagte, er sei noch gar nicht müde. Worauf Ronen ihn bat: »Kannst du dann in deinem Zimmer einen Augenblick auf mich warten? Ich möchte mit Mama reden.« Sie nahmen nebeneinander auf dem Sofa im Wohnzimmer Platz, vor dem aufgeklappten Laptop, und nicht am Esstisch, wie sie es früher bei ernsten Gesprächen gemacht hatten, wie etwa dem, bei dem er ihr zum ersten Mal von Ruth erzählt hatte.

»Auf der letzten Reise ist etwas mit mir passiert, Orna. Etwas, das ich nicht erklären kann und von dem ich nie gedacht hätte, dass es passieren würde, aber es ist passiert.«

Jetzt sagte Ronen: »Danke, dass ich so spät noch kommen durfte. Und überhaupt danke, dass du Eran und mir das alles ermöglichst. Ich weiß das sehr zu schätzen, Orna. Und ich weiß, das ist alles andere als selbstverständlich. Ich habe in den letzten Monaten eine sehr schwere Krise durchgemacht, und deshalb war ich auch auf Tauchstation. Ich war nicht mehr sicher, dass ich das Richtige getan hatte oder am richtigen Ort war; habe daran gedacht zurückzukehren, aber ich wollte euch nicht verrückt machen, weder dich noch Eran, und am Ende hat sich alles für uns dort eingerenkt. Es geht mir gut jetzt, und ich möchte wieder Teil von Ran-Rans Leben sein, so viel es geht.«

Sie wahrte die Fassung. Alle Schreie waren schon getan, alle Verwünschungen ausgestoßen, alle Tränen geflossen. Alles war vorüber.

Und Eran stand in der Tür seines Zimmers und lauschte.

Da es in den Moschaw mehr als zwei Stunden Fahrt waren, hatte sie gedacht, Ronen würde sie bitten, bei ihnen übernachten zu dürfen, aber er sagte: »Ich möchte morgen wiederkommen, vielleicht am frühen Nachmittag, wenn euch das passt, und dann, wenn du einverstanden bist, mit Ruth und den Kindern auf einen Sprung vorbeischauen, damit Ran-Ran sie mal trifft. Und wenn alles gut geht, würde ich mich freuen, wenn er seine Ferien bei uns im Moschaw verbringt, wie wir es besprochen haben. Wäre das okay für dich? Die Kinder sind ganz heiß darauf, ihn zu treffen, und ich denke, das wird nett für ihn.«

Sie sagte: »Komm, lass uns mit morgen anfangen und schauen, wie es läuft, in Ordnung? Noch haben wir ja gar nicht mit ihm über den Moschaw gesprochen, oder?« Ronen nickte und sagte: »Selbstverständlich nicht.«

Danach schwiegen sie. Orna richtete ihren Blick starr auf seine auf dem Sofa untergeschlagenen Beine, und er suchte nach ihren Augen. In ihrem Rücken erklang Erans Stimme: »Mama, Papa, darf ich reinkommen?«

10

Ruth war großgewachsen und stattlich, mit weißen, muskulösen Beinen und kräftigen Händen und Füßen. Blond. Nicht wirklich schön, aber sie hatte eine unübersehbare Ausstrahlung, etwas Bäuerliches, Bodenständiges, vielleicht Mütterliches, obgleich Mütter in Israel anders aussahen. Ihr Schwangerschaftsbauch war groß und mächtig. Man konnte verstehen, was Ronen an ihr anzog, vielleicht weniger aber, warum es sie zu ihm zog, auch wenn er ein paar Jahre jünger war als sie. Sie konnte sich nicht für einen Moment vorstellen, wie Ruth nackt durch die Zimmer ihres Hauses in Nepal lief. Von allen Besuchern interessierte sich Eran am allerwenigsten für sie. Sie betrat die Wohnung als Letzte, nach Ronen, der als Erster hereinkam, und den vier Kindern. Zwei von ihnen waren schon fast junge Männer, vielleicht sechzehn und vierzehn Jahre alt. Kurt und Thomas. Und dann gab es noch einen kleinen Jungen, Peter, der keine vier war und immerzu an Ruth hing, und das Mädchen, das Orna bei dem letzten Skype-Telefonat gesehen hatte und das jetzt älter auf sie wirkte, vielleicht in Erans Alter, ein neugieriger, aufgeweckter Wirbelwind voller Energie, im Vergleich zu den anderen weniger schüchtern. Erans Blick begleitete das Mädchen, als sie ins Wohnzimmer gestürmt kam und sich umsah wie auf der Suche nach etwas, von dem sie wusste, dass es sich hier befand.

Zu Smalltalk würde es zwischen ihnen nicht kommen.

Ihrem natürlichen Impuls zum Trotz, eine gute Gastgeberin und freundlich zu sein, forderte Orna Ruth nicht auf, Platz zu nehmen, und bot ihr nichts zu trinken an. Auch Ronen tat es nicht, vielleicht, weil dies nicht mehr sein Zuhause war, und so blieb Ruth in der einen Ecke des Wohnzimmers stehen, mit dem kleinen Peter, der an ihrem Knie klebte. Sie wollte nicht dort sein, das war schwerlich zu übersehen. Und ganz offensichtlich wollten es auch die älteren Söhne nicht. Als Ronen ihr Eran vorstellte, lächelte Ruth, reichte ihm die Hand und sagte: »Hello Eran, very nice to meet you«, versuchte aber darüber hinaus nicht, seine Aufmerksamkeit zu gewinnen oder mit ihm zu sprechen, ganz zu schweigen davon, ihn für sich einzunehmen. Sie folgte ihm nur mit dem Blick, solange er im Wohnzimmer war, als wüsste sie, das war nicht der Zeitpunkt, sich mit ihm anzufreunden, aber als machte sie sich schon bereit für die Tage, in denen dem nichts mehr im Wege stehen würde. Ronen ging mit Eran und Julia in Erans Zimmer, damit Eran ihr seine Spielsachen zeigen konnte, rief dann nach Ruth, sie solle auch kommen, und Ruth nahm den kleinen Peter mit. Vielleicht sprach sie dort mit Eran oder spielte mit ihm, aber das sah Orna nicht.

Obwohl sie sich für den Besuch gewappnet hatte, wusste sie jetzt nicht, wie sie ihn überstehen sollte. Vielleicht wäre es tatsächlich besser gewesen, sie hätten Eran gleich mitgenommen. Sie waren verlegen und auf der Hut, offenbar verstanden sie die Bedeutung ihres Besuchs für sie und bewegten sich bis auf Julia kaum in der Wohnung. Und dennoch, weil sie zu fünft waren, oder vielmehr zu sechst, Ronen mitgerechnet, und sich – wenn auch flüsternd – unterhielten, und zwar nur auf Deutsch, war ihre Präsenz in der Wohnung raumgreifender und gewaltsamer, als Orna es sich in ihren beängstigendsten Vorstellungen ausgemalt hatte. Diese Präsenz eroberte ihr Zuhause, besetzte es, machte sich die Wohnung zu eigen und ließ Orna den Wunsch verspüren zu verschwinden, aber wohin? Sie wollte sich nicht in ihr Schlafzimmer zurückziehen und dort einschließen, das wäre zu offensichtlich und zu entwürdigend gewesen, also rief sie aus dem Wohnzimmer nach Eran, um sich seinem Zimmer, das man ihr schon weggenommen hatte, nicht nähern zu müssen, rief ein paarmal nach ihm, ehe er antwortete und kam. Sie sagte, sie gehe für eine halbe Stunde einkaufen, und dass er in der Zwischenzeit bei Papa bleiben solle – bei Papa und seiner Familie, hätte sie fast gesagt –, und Eran nickte und wirkte vollkommen gleichgültig, als verstünde er nicht, warum sie sich die Mühe machte, ihm das zu sagen. Sie informierte auch Ronen, der sie fragte, ob alles in Ordnung sei mit ihr, und dann verließ sie das Haus und trat auf die Straße, auf der sie nichts zu tun hatte. Ein paar Minuten lang lief sie ziellos umher und setzte sich dann auf eine Bank.

Selbst ihre Mutter hätte ein Trost sein können, aber die war bereits auf ihrer Pauschalreise durch Kroatien und Slowenien und weigerte sich wie die meisten über Siebzigjährigen, einen Flatrate-Mobilvertrag abzuschließen, sie hatte Orna wissen lassen, dass sie nur an den Abenden erreichbar war, wenn es in den Hotels, in denen sie übernachteten, WLAN gab. Orna hatte ihr gegenüber angedeutet, dass sie nicht wusste, wie sie klarkommen sollte während der Tage, in denen Ronen und seine Familie bei ihr sein und dann Eran mit in den Moschaw nehmen würden, aber die Pauschalreise ihrer Mutter war im Voraus bezahlt und ließ sich nicht mehr stornieren, und ohnehin wäre sie keine Hilfe gewesen, eher im Gegenteil. Sie klappte ihr Handy auf und wieder zu. Eine Gruppe junger Mädchen, von denen sie aus der Entfernung meinte, es seien Schülerinnen von ihr, brüllte etwas vom Ende der Straße und verschwand dann in einem der Hauseingänge. Sie stellte sich vor, wie Kurt und Thomas den Kühlschrank in der Küche aufmachten und etwas zu essen suchten, dabei wusste sie, das würde nicht passieren. Sie waren zu gut erzogen, und selbst wenn sie auf den Gedanken kämen, würde Ruth ihnen das niemals erlauben. Ein paar Minuten danach rief Ronen an, sagte, ihm sei nicht wohl bei dem Gedanken, dass sie die Wohnung ihretwegen habe verlassen müssen, und fragte, ob sie Eran auf einen Ausflug nach Tel Aviv mitnehmen und mit ihm dort zu Abend essen könnten. Sie bat ihn an den Apparat, fragte ihn, ob er mit ihnen fahren wolle, und Eran sagte ja, worauf sie nochmals Ronen verlangte, der fragte, ob sie ihren Schlüssel mitgenommen habe und ob die Tür abgeschlossen werden solle, und dann versprach, sie würden innerhalb von fünf Minuten aufbrechen. Sie fragte, wie sie denn hinfahren würden, und er sagte, er sei extra mit dem Pick-up gekommen, damit alle reinpassten. Wenn das in Ordnung für sie sei, würden sie Eran gegen neun oder zehn zurückbringen, oder vielmehr wann immer sie wünsche.

Als sie in die Wohnung zurückkam, waren sie schon nicht mehr da, und obwohl sie keinerlei Unordnung hinterlassen hatten, war ihr, als hielten sie sich noch immer dort auf. Halbvolle Wassergläser standen in der Spüle, auf dem Sofa im Wohnzimmer lag ein roter Gummiball von Eran, die Wände sprachen Deutsch, und sie hatte keinen Platz, sich zwischen all dem zu bewegen, fand keine Luft zum Atmen. Sie wollte Ronen anrufen und ihn fragen, neben wem Eran im Auto saß. Wahrscheinlich hatten sie ihn zwischen dem hübschen Mädchen und Ruth platziert. Sie hatte einige Stunden totzuschlagen, also rief sie Gil an und bat ihn, zu ihr nach Hause zu kommen. Er fragte: »Bist du sicher? Ist Eran denn nicht da?« Und sie erwiderte: »Komm jetzt, er ist bis um neun nicht da. Um neun kommt er wieder.«

Er sagte, er müsse schauen, er rufe in ein paar Minuten zurück, und als er schließlich anrief, sagte er, er werde nicht kommen.

Erst am nächsten Tag brach sie in Tränen aus, in der Praxis des Psychologen. Er hatte um ein gemeinsames Treffen mit ihr und Ronen gebeten, bevor Ronen Eran mit in den Moschaw nahm, und er überraschte sie mit dem, was er Ronen über sie sagte, und auch ganz allgemein mit seinem Auftreten gegenüber Ronen. Es war das erste Mal, dass sie das Gefühl hatte, er ergreife für sie Partei, und dass er nicht nur verstand, was mit Eran geschah, sondern auch, was sie durchmachte. In den ersten zehn Minuten des Treffens hielt er Ronen eine regelrechte Standpauke. Sagte, Eran habe seinetwegen ein sehr schweres Jahr gehabt, nicht nur wegen der Trennung, sondern weil Ronen sich ihm entzogen hatte, und dass Ronen begreifen müsse, dass man sich von einer Lebensgefährtin scheiden lassen könne, aber nicht von den eigenen Kindern, und dass ihm im Verlauf dieses Jahres erhebliche Zweifel an Ronens elterlicher Verantwortung gekommen seien. »Erans Glück ist, dass er eine Mutter wie Orna hat, die es geschafft hat, trotz aller Trauer und persönlicher Verletztheit auch Erans Krise zu meistern, und die trotz der Versuchung, das Kind im Kampf gegen den Expartner zu instrumentalisieren – eine Versuchung, der ich schon viele Eltern habe erliegen sehen –, Eran geschützt und ihm die Hoffnung bewahrt hat, sein Vater werde eines Tages wieder einen Platz in seinem Leben einnehmen wollen. Die meisten Mütter, die ich kenne, hätten sich anders verhalten, ich hoffe, Ihnen ist das klar.«

Ronen sah sie an. Sagte, ihm sei das absolut klar. Und dass niemand besser wisse als er, was für eine phantastische Mutter sie Eran sei.

Wie in den ersten Wochen, nachdem er ihr von Ruth erzählt und sie um die Scheidung gebeten hatte, überkam sie ein starkes Verlangen, ihn zu schlagen, ihre Hände um seinen Hals zu legen, ihre Fingernägel in sein Fleisch zu bohren und zuzudrücken, aber stattdessen brach sie in Tränen aus, die sich nicht stillen ließen, und bat, für einen Moment rausgehen zu dürfen.

Als sie zurückkam, redeten sie bereits über die Fahrt in den Moschaw. Ronen beschrieb gerade das Haus, das sie gemietet hatten, gleich neben dem Haus seiner Eltern und dem seines Bruders und seiner Familie. Eran solle in einem Zimmer mit den beiden Kleinen schlafen, Julia und Peter, aber wenn er wolle, könne er auch bei seinen Großeltern übernachten, in dem Zimmer, das er kenne und in dem er früher schon oft geschlafen habe, und er, Ronen, könne auch dort bei ihm schlafen. Allzu viele Pläne hätten sie nicht, außer Zeit mit Eran zu verbringen. Vielleicht würden sie mal einen Tagesausflug zur Bergfeste Masada und ans Tote Meer machen und einen Tag nach Jerusalem fahren, aber diese Ausflüge könnten sie auch nach den Laubhüttenfest-Ferien unternehmen, wenn Eran wieder bei Orna wäre.

Erans Psychologe schaute sie an und fragte: »Ist das für Sie akzeptabel, Orna?« Und sie antwortete: »Wir haben darüber doch schon gesprochen, und deshalb sind wir ja hier, oder? Sie sind dafür und denken, auch Eran wird es wollen, also okay. Aber fragen Sie mich nicht, ob das für mich akzeptabel ist, weil ich darauf nicht antworten möchte.«

Am nächsten Tag sollte der Psychologe Eran treffen und ihn fragen, was er von diesen Ferienplänen halte, und dann würden sie endgültig entscheiden. Doch als sei die Entscheidung bereits getroffen, gab er Ronen am Ende des Gesprächs seine Telefonnummer und bot ihm an, er könne ihn bei jeder Frage oder Schwierigkeit anrufen. »Wichtig ist, dass wir alle Eran vor der Fahrt klarmachen, dass er weder umzieht noch die Familie wechselt, sondern einfach ein paar Tage mit seinem Papa verbringen und dessen neue Familie kennenlernen wird, die von jetzt an auch für Eran eine neue Familie ist, selbst wenn er sie nur selten sehen wird.« Dann wandte er sich an Ronen und sagte: »Ich hoffe, Sie begreifen, dass es nicht einfach für Sie werden wird, denn Eran ist ein sehr sensibles Kind, und obwohl er Sie liebt und sehr feinfühlig ist, wird er Sie auf die Probe stellen, auf seine Art. Vor allem jetzt, da Sie – zum ersten Mal, aus seiner Sicht – nicht nur sein Vater sind, sondern auch der von vier weiteren Kindern.«

Als sie aufgestanden und schon an der Tür waren, bat der Psychologe Orna, noch einen Moment zu bleiben, und Ronen sagte, er werde draußen warten.

»Sind Sie sicher, dass Sie das aushalten können?«, fragte der Psychologe, und Orna hätte beinahe schon wieder geweint, als sie sagte: »Ich weiß nicht. Wir werden sehen, oder?«

Zum ersten Mal, seit Eran bei ihm in Therapie ging, trat der Psychologe näher zu ihr und legte ihr eine Hand auf die Schulter. Fragte, ob sie vorhabe, die ganze Zeit zu Hause zu bleiben, wenn Eran bei Ronen wäre, und sie antwortete, darüber habe sie noch nicht nachgedacht, aber sie denke schon, worauf er meinte, vielleicht sollte auch sie ein bisschen Urlaub machen, irgendwohin fahren, um Abstand zu gewinnen und nicht ständig zu grübeln. Für einen Moment schien es Orna sogar, als würde er ihr gleich vorschlagen, mit ihm wegzufahren, aber das tat er nicht.

»Und vielleicht sollten auch Sie mal eine Therapie ausprobieren? Oder haben Sie schon irgendwas in die Richtung unternommen? Ich wüsste da eine hervorragende Kollegin«, fügte er hinzu, nachdem er ihre Schulter losgelassen hatte und etwas von ihr abgerückt war. Und als sie sagte: »Hinterher vielleicht. Kommen Sie, lassen Sie uns erst mal das hier überstehen«, versicherte er: »Alles wird gut werden, Orna. Na klar werden wir das überstehen.«

11

Nachts, wenn sie im Hotel angekommen war und Internet hatte, schickte ihre Mutter ihr Bilder aus Slowenien und Kroatien. Seen mit Segelbooten, grün bewaldete Berge, belebte Plätze in malerischen Städten. Nahaufnahmen von lokalen Gerichten, in handbemalten Schüsseln auf bestickten Stofftischdecken serviert. Die Häuser auf den Bildern waren rot, blau und gelb wie im Märchen.

Ihre Wohnung fühlte sich seit dem Besuch von Ronen und Ruth wie nach einem Einbruch an, und sie verhielt sich anders in ihr. Als wären die Räume seither weniger ihr Zuhause. Vielleicht auch deshalb lud Orna Gil abermals ein, zu ihr zu kommen, an dem Abend, als Ronen und seine neue Familie Eran zu einer Vorführung des Circus Milano im HaYarkon-Park mitnahmen, und ein weiteres Mal spät nachts, als Eran schon in seinem Zimmer schlief. Sie schloss die Kinderzimmertür, warnte Gil, keinen Lärm zu machen, und war selbst sorgsam darauf bedacht, aber vielleicht hoffte sie insgeheim, Eran würde doch aufwachen und Ronen dann erzählen, er habe in Mamas Schlafzimmer einen anderen Mann gesehen.

Aber das geschah nicht.

Gil kam und wirkte wie ein geprügelter Hund, lief eine Weile nur hinter ihr her. Reagierte nicht, als sie stichelte:

»Na, was hast du Ruthi erzählt, wo du heute Abend bist?«, oder: »Wie geht's Noa und Hadas? Sind sie heute nicht in die Wohnung gekommen, um wie immer bei dir zu Abend zu essen?«

Ihr war nicht klar, ob Gil ihren Einladungen aus Angst oder aus Mitleid Folge leistete. Sein Unbehagen war mit Händen zu greifen, er sprach kaum, und es gab Augenblicke, in denen er ihr wirklich leidtat. Sie hatten Sex im Schlafzimmer, das früher Ronens und ihres gewesen war, im selben Bett, und auch das brauchte sie offenbar. Wie von außen beobachtete sie sich selbst, als sie miteinander schliefen, er lag auf dem Rücken und sie saß auf ihm und bewegte sich fast gewaltsam, und das weckte in ihr sowohl Selbstekel als auch den Wunsch weiterzumachen, wie um jemanden zu provozieren oder zu verletzen, der sich gar nicht im Zimmer befand. Ihr war klar, Gil wäre lieber nicht zu ihr gekommen und wollte diese Beziehung nicht mehr, aber er hütete sich, Schluss zu machen, aus Angst, sie könnte ihn vor seiner Frau und den Töchtern bloßstellen. Oder vielleicht hatte er auch Schuldgefühle. Sie benutzte ihn jetzt, und obwohl er dasselbe zuvor mit ihr gemacht hatte, fühlte sie sich schlecht dabei und wusste, sie würde nicht allzu lange so weitermachen können. Sie bat ihn, nachdem sie miteinander geschlafen hatten, nicht zu duschen, weil das Badezimmer eine gemeinsame Wand mit Erans Zimmer hatte und das Geräusch ihn aufwecken würde, und sie wusste, das machte Gil wahnsinnig. Als er das zweite Mal in ihre Wohnung kam, zeigte er mehr Interesse an den Räumlichkeiten, schaute sich um, betrachtete die Fotos, die am Kühlschrank hingen, die Kunstgegenstände aus Südamerika im Wohnzimmer, warf einen Blick durch die Sonnenblenden, blieb in ihrer Computerecke stehen, und dieses Interesse ließ sie zweifeln, ob sie ihn nicht vielleicht doch hätte näher an sich heranlassen sollen.

Er versuchte auch, mit ihr zu reden, fragte: »Möchtest du mir nicht erzählen, was mit dir los ist? Ich habe den Eindruck, etwas stimmt nicht hundertprozentig mit dir«, und sie lachte spöttisch und erwiderte: »Du meinst abgesehen davon, dass ich mit einem verheirateten Mann schlafe, der mich ein halbes Jahr lang angelogen hat?« Gils Blick verschattete sich, und es tat ihr fast leid, dass sie ihm so geantwortet hatte und dass sie ihm nicht noch eine Chance gab, ja ihm im Grunde genommen nie eine echte gegeben hatte, denn er hatte ja recht, sie war von Anfang an nicht bereit gewesen, ihn als Teil ihres Leben zu akzeptieren, aber sie fing sich sofort wieder und rief sich in Erinnerung, dass sie vom ersten Treffen an, auf dem Platz des Habima-Theaters, irgendwann Anfang April, nicht den Hauch einer Chance gehabt hatten, weil er in einem fort gelogen hatte. Als er fragte: »Wie lange willst du noch so weitermachen?«, fragte sie zurück: »Wie, so?« Und er antwortete: »So, mit dieser Wut und Verbitterung. Wozu bestellst du mich her?« Sie sah ihn an und lächelte. »Die interessantere Frage lautet doch wohl, wie lange du noch weitergelogen hättest, oder? Ich meine, wenn ich nicht dahintergekommen wäre. Und was meinst du, wird es nicht langsam Zeit, deiner Frau zu erzählen, dass wir unsere Liaison haben wiederaufleben lassen?« Sie hatte das nicht wirklich vor, und wäre sie gefragt worden, warum sie das zu ihm sagte, was sie damit zu erreichen hoffte, hätte sie keine Antwort gehabt. Nur eine

Handvoll Menschen hatte von der Verbindung zwischen ihnen gewusst, und niemand wusste, dass sie sie wiederaufgenommen hatten, ja nicht einmal ihrer Mutter hatte sie vor, davon zu erzählen. Als Sophie sie irgendwann gefragt hatte: »Hast du eigentlich noch mal was von dem miesen Rechtsanwalt gehört?«, hatte Orna geantwortet: »Komplette Funkstille. Und das ist auch gut so.«

Anstatt selbst einen Koffer zu packen, um zu verreisen, packt sie Erans Koffer. Kleidung für fünf Tage, das meiste davon sommerlich, weil eine späte Hitzewelle angekündigt ist, aber auch eine lange Hose und ein langärmliges Sweatshirt, weil es an den Abenden unvermutet kühl werden kann. Der Herbst ist da, aber noch hat es nicht geregnet. Badehose und Schwimmbrille für den Fall, dass sie ans Tote Meer fahren oder zum Pool des Moschaws gehen, was bestimmt passieren wird. Zwei Bücher, ein Bildband über die Geschichte der Luftfahrt und *Captain Underpants*, und seine drei Lieblingsmodellautos. In dem Haus, das Ronen und Ruth gemietet haben, gibt es jede Menge Spielsachen, sodass man nicht allzu viel mitnehmen muss. Sie fragt Eran, ob auch sein Notizbuch mit soll, und er sagt, muss nicht, ändert dann seine Meinung, vielleicht weil er ihre Enttäuschung spürt. Sie sagt ihm unzählige Male, dass sie ihn vermissen wird, und wenn er jeden Tag alles, was sie machen, in sein Heft schreibe, könnten sie das nach seiner Rückkehr gemeinsam lesen, aber nur, wenn er wolle. Und sie schlägt ihm vor, sie könne ja auch so ein Tagebuch führen in der Zeit, in der er nicht zu Hause ist. Sollte sie das wirklich tun, denkt sie bei sich, würde sie es »Das Heft der Sehnsucht« nennen.

Gegen Abend fährt sie mit ihm ans Meer, das hat sie den Sommer über viel zu selten getan. Sie holt seine Badehose, die schon eingepackt ist, wieder aus dem Koffer, und sie fahren zum Tel-Baruch-Strand in Tel Aviv. Klettern in dem Abschnitt, in dem Baden verboten ist, auf den Felsen herum und sammeln in einem blauen Eimer mit ein bisschen Sand und Wasser Muscheln, besondere Steine und Meeresschnecken. Stellen unter den Felsen zwei Einmachgläser mit Mehl auf, um winzige Fischchen zu fangen. Dann, als die Sonne untergeht, breiten sie auf dem sich allmählich leerenden Strand ihr Handtuch aus und waten in das warme Wasser. Das Meer ist dunkel, funkelt. Der orangegelbe Horizont wird rot wie Blut. Die Strömung ist stark und zieht sie in Richtung der Buhne, sie umschlingen sich im Wasser, werden durch die Strömung getrennt und arbeiten sich wieder zueinander vor. Als sie aus dem Wasser kommen, lässt ein kühler Wind sie beide zittern, und sie sagt zu Eran: »Siehst du, wenn man die richtigen Sachen macht, kann es in Israel auch bei dieser Bruthitze bitterkalt sein«, und wickelt ihn in das orangefarbene Handtuch. Sie setzen sich in den Sand, um Weintrauben zu essen, und schauen aufs Meer, die Flugzeuge, die vom nahen Flughafen Sdeh Dov starten, begeistern Eran, und sie spürt, dass dieser Abend alles ist, was sie braucht, alles, was sich von diesem Leben erhoffen lässt, aber sie weiß auch, dass die Angst sich immer tiefer in sie eingraben wird und dass dieser Abend den Zweck hat, dass Eran sie nicht vergisst. Ihm etwas Besonderes von ihr mitgeben soll, das ihn in den Tagen bei Ronen begleiten und überzeugen wird, nicht bei seiner neuen Familie zu bleiben.

Am nächsten Tag, als Ronen morgens um elf kommt, ist Eran bereits das reinste Nervenbündel. Er freut sich nur, das sieht sie, und ist überhaupt nicht ängstlich. Ronen ist ganz sachlich. Er kommt allein nach oben in die Wohnung, nimmt Erans Koffer und bringt ihn als Erstes ins Auto. Fragt, ob Eran daran gedacht hat, eine Zahnbürste einzupacken. Alle »Bist-du-sicher-dass-du-klarkommst«-Gespräche haben schon in den Tagen zuvor stattgefunden, und jetzt sagt er kein Wort zu Orna. Wartet im Wohnzimmer, während sie sich im Kinderzimmer von Eran verabschiedet; ihn immer wieder daran erinnert, dass er sie jederzeit anrufen kann, dass sie ihn abholen kommt, wenn er sich nicht wohl fühlt, und dass er, sollte er Schwierigkeiten mit den Kindern kriegen wegen der deutschen Sprache oder aus anderen Gründen, ja seinen Papa hat und auch Oma und Opa, die nicht weit weg sind, und dass sie ihn liebhat und hier auf ihn warten wird. Eran ist ungeduldig, brennt darauf, zu seinem neuen Abenteuer aufzubrechen, sein ganzer Körper ist gespannt wie eine Feder, und in dem Augenblick, in dem sie ihre Umarmung löst, befreit er sich aus ihren Armen und rennt ins Wohnzimmer, zu Ronen. Sie sieht ihnen nicht vom Fenster aus zu, als sie in den Wagen steigen.

Und für die Sekunde danach hat sie nicht den geringsten Plan.

Der Hass schlägt um sich.

Sie wischt die Wohnung, geht in den Supermarkt, macht unterwegs im Einkaufszentrum halt, um Schmerztabletten im Drogeriemarkt zu kaufen und im Buchladen nebenan die Fortsetzung des Romans, den sie im Sommer zu lesen begonnen und vor ein paar Tagen beendet hat. *1Q84* von Haruki Murakami, Buch 3. Zu Hause hockt sie ein bisschen vor dem Computer und legt sich um drei mit dem Buch ins Bett. Wie viele Jahre ist sie schon nicht mehr so ein paar Tage allein gewesen? Das letzte Mal, als Eran drei war und Ronen ihn mit auf einen zweitägigen Ausflug an den See Genezareth genommen hat, aber damals hatte sie einen Berg von Klausuren zu korrigieren. Einen Moment lang genießt sie diese friedliche Stille im Bett, mitten am Nachmittag. Genießt das staubgraue Licht, das durchs Fenster in das dunkle Zimmer fällt, und auch die ersten Seiten des Buches. Sophie hat ihr eine Liste mit Fernsehserien gemacht, die sie sich im Bett liegend ansehen kann, aber noch liest sie lieber. Ihre Augen klappen immer wieder zu und wieder auf, eine wohlige Müdigkeit lockert die Muskeln ihrer Beine, aber sehr bald wandern ihre Gedanken gen Süden, in den Moschaw.

Ruth empfängt Eran an der Haustür. Umarmt ihn. Zeigt ihm das Bett, in dem er fünf Nächte schlafen wird. Hilft ihm, den Koffer, den Orna gepackt hat, zu leeren und seine Sachen in den Kleiderschrank zu räumen. Berührt sein Heft.

Julia, die blonde Kleine, barfüßig und wild, ohne Hemd, wartet neben ihnen, bis sie fertig sind mit Auspacken, damit sie Eran mit in den Garten nehmen kann. In den letzten Nächten hat Orna zweimal von ihr geträumt, und in beiden Träumen ging sie Hand in Hand mit Eran.

Die Angst, dass er sich in sie verliebt, in sie alle. Dass er mit ihnen nach Nepal fahren will.

Der Hass auf Ronen, der Ruth von hinten umarmt,

während sie Eran und Julia betrachten, die durch den Garten toben.

Sie steht auf, um einen Kaffee zu trinken. Ruft Sophie an, die nicht mehr weiß, was sie in den Ferien mit den Kindern noch machen soll, und die ihr vorschlägt, am Schabbat auf einen Ausflug zur Jordanquelle Banias mitzukommen, mit Freunden von Itzik von der Arbeit.

Sie ruft Gil zweimal an, und die Tatsache, dass er nicht rangeht, obwohl sein Handy an ist, steigert ihre Wut. Am Ende nimmt er ab und sagt, er sei in Bukarest, geschäftlich. Sie sagt: »Bist du sicher, dass du in Bukarest bist? Und wenn ich jetzt mal schnell bei dir und Ruthi vorbeischaue, bist du ganz sicher, dass du nicht dort sein wirst?« Doch darauf antwortet er nicht einmal.

Und plötzlich sagt sie: »Ronen ist im Land. Mein Exmann. Er ist zu Besuch gekommen, und ich glaube, er will mir Eran wegnehmen. Er hat ihn mit in die Ferien genommen, und ich will nicht mehr leben.« Gil sagt: »Das tut mir leid zu hören. Kann ich dir mit irgendwas helfen?« Und sie lacht. Erinnert sich, dass sie mit dem Gedanken gespielt hatte, ihn zu erpressen, damit er sich als ihr Lebensgefährte ausgibt. Vielleicht hätte sie das tatsächlich tun sollen? Hätte von ihm verlangen sollen, zu kommen und bei ihr zu sein, als Ronen mit Ruth in ihrer Wohnung war? Aber sie weiß, das ist ausgemachter Unsinn und dass sie sich nicht besser gefühlt hätte, wenn er da gewesen wäre, vielleicht sogar im Gegenteil, und dass dieser Gedanke letztlich nur Ausdruck des Wunsches ist, jemanden zu haben, so wie Ronen jemanden hat, und ihm nicht alleine begegnen zu müssen.

»Ich schau bei dir vorbei, sobald ich zurück bin, Orna, was sagst du? Erzähl mir, was er vorhat, und wir werden sehen, was sich machen lässt, in Ordnung?«, fragt Gil und meint dann noch: »Ich muss Schluss machen, ich stecke hier gerade zwischen zwei Meetings.«

Später am Abend, als das Telefon klingelt, ist sie sicher, es sind wieder Ronen und Eran, obwohl sie erst zwei Stunden zuvor mit ihnen gesprochen hat, als Eran frisch geduscht auf dem Weg ins Bett war. Enttäuscht stellt sie fest, dass es nicht sie sind, sondern Gil, und dass Eran es offenbar geschafft hat einzuschlafen ohne sie und die von ihr vorgelesene Gutenachtgeschichte. Gil sagt: »Ich habe ein wenig nachgedacht, und mir ist eine tolle Idee gekommen. Vielleicht möchtest du morgen oder übermorgen herkommen? Mach ein bisschen Urlaub, bis Eran zurückkommt. Ich buche meinen Rückflug um, und dann glaubst du mir auch, dass ich in Bukarest bin, oder?«

Er schlägt vor, einen Flug für sie zu buchen und auch zu bezahlen. Ihr ein Zimmer in dem Hotel, in dem er wohnt, zu reservieren, wenn sie nicht mit ihm in einem Zimmer schlafen möchte, oder in einem anderen Hotel, wenn ihr das lieber ist. Er würde sie vom Flughafen abholen und eine Stadtrundfahrt mit ihr machen, sie könnten zusammen etwas unternehmen, aber wenn sie es vorziehe, könne sie auch alleine die Stadt erkunden, und einen Moment lang denkt sie ernsthaft über sein Angebot nach. Bukarest, warum eigentlich nicht?

Aber es kommt nicht in Frage, allein schon wegen der Möglichkeit, dass Eran früher als geplant wieder nach Hause will. Gerade jetzt muss sie immer für ihn erreichbar und in seiner Nähe sein. Außerdem sollte sie die Beziehung zu Gil möglichst bald beenden, und mit ihm nach Rumänien zu fahren wäre genau das Gegenteil. Sie muss an die Nacht im Gästehaus der schottischen Kirche in Jerusalem denken, an die wenigen Momente, in denen sie gemeint hatte, es könnte etwas daraus werden, und die vielen Stunden, in denen ihr bereits klar war, dass nicht, obwohl sie da noch nicht wusste, dass er verheiratet war. Damals hatte er zu ihr gesagt: »Du sagst noch immer nicht, was du denkst«, und sie hatte gefragt: »Worüber?«

»Über uns. Über mich. Über das, was zwischen uns passiert oder passieren kann.«

Doch jetzt sagt sie: »Und was genau soll ich den Leuten sagen?« Und Gil antwortet: »Sag, was du möchtest. Du meintest doch, du hättest niemandem erzählt, dass wir uns noch treffen, oder? Also sag, du machst alleine einen Städtetrip. Oder klingt das für dich nicht glaubwürdig?«

In der Nacht träumt Orna abermals von dem blonden Mädchen, aber diesmal ist Eran nicht dabei. Am Morgen hat sie keine vollständige Erinnerung an den Traum, nur, dass das Mädchen allein in den Pool gestiegen ist und dass sich Orna im Traum gefragt hat, ob es schwimmen kann, weil die Strömung in dem Schwimmbecken sehr stark und tückisch ist, und danach hat das Mädchen sie von ganz nahem angeschaut, mit großen Augen, und etwas auf Deutsch gesagt, das Orna nicht verstand. Vielleicht hat es sie vor irgendetwas warnen wollen.

Eine Stunde, nachdem sie aufgewacht ist, ruft, genau wie Ronen versprochen hat, Eran an, um ihr zu sagen, dass er gut geschlafen und zum Frühstück French Toast mit Ahornsirup gegessen hat und dass sie gleich zu einem Ausflug in die Wüste aufbrechen, und Orna hört seiner Stimme an, dass er glücklich ist.

Und er will bereits wissen, ob er vielleicht länger als nur fünf Tage bei Papa bleiben kann.

12

Gil wartete nicht am Flughafen auf sie. Sie hatte ihr Telefon nach der Landung eingeschaltet, noch im Flugzeug, und eine SMS von einer Nummer, die sie nicht kannte, erhalten: »Habe geschäftlich noch in der Stadt zu tun. Nimm ein Taxi zum Hotel, und ich rufe dich an, sobald wir hier fertig sind. Wenn du kein rumänisches Geld hast, kannst du fürs Erste was am Flughafen umtauschen.« Auch Eran hatte ihr eine Nachricht geschickt, von Ronens Telefon: »Liebe Mama, gute Fart und schöne Reise. Wir geen zu Opa und Oma.«

Draußen vor der Ankunftshalle rauchten alle, und auch im Taxi roch es nach Zigaretten. Obwohl sie eine Jeansjacke mitgenommen hatte, war ihr kalt. Der Taxifahrer sah arabisch aus, schaute sie die ganze Fahrt über nicht an, versuchte auch nicht, mit ihr zu reden, und wenn sie an einer Ampel standen, tippte er auf seinem Smartphone herum, das an der Frontscheibe befestigt war. Sie kamen an Autowerkstätten vorbei und sahen Rudel streunender Hunde, von denen es, wie sie vor der Reise gelesen hatte, sehr viele in Bukarest gab. Sie musste an die nächtlichen Fahrten vom Flughafen ins Hotel denken, mit Anfang zwanzig, als sie Stewardess gewesen war, vor allem an eine, in Kiew, mit zwei anderen Stewardessen und einem sturzbetrunkenen

Fahrer, der unterwegs jede rote Ampel überfuhr, mit hundert Stundenkilometern durch die Stadt raste und sich weigerte, sie rauszulassen. Die trostlose Landschaft, die durch das Taxifenster zu sehen war, kam ihr nicht bekannt vor, obwohl sie diesen Weg vom Flughafen ins Stadtzentrum von Bukarest in der Vergangenheit schon mehrfach zurückgelegt hatte, vor mehr als einem Jahrzehnt. Vielleicht hatten sie damals eine andere Strecke genommen. Natürlich fragte sie sich, was sie hier tat. Malte sich aus, dass der Fahrer sie in einem verlassenen Industriegebiet absetzen würde, umzingelt von Hunden, und danach, da waren sie schon im Stadtzentrum, dass im Hotel keine Reservierung auf ihren Namen vorläge und es kein freies Zimmer mehr gäbe. Aber das Taxi fuhr weiter durch eine Gegend, die ihr jetzt schon bekannter vorkam, vielleicht, weil sie sich tatsächlich vage erinnerte, oder auch nur, weil es dort aussah wie in jeder anderen europäischen Stadt, eine saubere Straße mit Läden von Zara, Nike und Starbucks und Scharen von Touristen, und schließlich hielt der Fahrer vor einem Hotel in einem Gebäude mit Pariser Flair. Hotel Trianon, drei Sterne. Sie meinte, noch niemals dort gewesen zu sein.

Die Rezeptionistin, die ein blaues Glasauge hatte und die exzellent Englisch sprach, fand die Reservierung sofort und sagte: »Sie bleiben zwei Nächte bei uns, nicht wahr?« Dann bat sie sie um ihre Kreditkarte, also war das Zimmer wohl reserviert, aber nicht im voraus bezahlt worden, was Orna freute, da sie bereits auf dem Flug entschieden hatte, nicht zuzulassen, dass Gil auch nur irgendetwas bezahlte. Danach gab ihr die Frau an der Rezeption die Schlüsselkarte für ihr Zimmer und unterstrich mit blauem Kugelschreiber auf der kleinen Einsteckhülle, in die sie die Chipkarte schob, den aufgedruckten Namen des hoteleigenen WLAN-Netzes, das dazugehörige Passwort sowie die Frühstückszeiten. Als sie die Rezeptionistin fragte, in welchem Zimmer Gil Chamtzani denn wohne, suchte die Hotelangestellte seinen Namen im Computer und fand ihn nicht. »Wann sollte er denn eintreffen?«, fragte sie, und Orna sagte: »Ich glaube, er ist schon einige Tage hier.« Doch sein Name blieb im Reservierungsprogramm des Hotels unauffindbar, sowohl als sie ihn unter CH suchten, als auch unter H, und Orna sagte: »Egal, anscheinend habe ich mich geirrt.« Sie nahm an, dass er in einem anderen Hotel abgestiegen war, vielleicht seinem Stammhotel, wo er nicht mit ihr zusammen gesehen werden wollte, und mit einem Mal hoffte sie, sie würde es schaffen, ihn während ihres gesamten Aufenthalts hier nicht zu sehen.

Das Hotelzimmer war weitaus eleganter, als sie gedacht hatte. Ein breites Doppelbett mit purpurfarbenem Überwurf auf cremefarbenem Bettzeug. Blauer, penibel sauberer Teppichboden im ganzen Raum und ein antiker oder zumindest antik wirkender Sekretär aus dunklem Holz. Zwei Leseleuchten über dem Bett und eine Lichtschiene an der Decke tauchten das Zimmer in weiches, goldenes Licht. Sie zog die blauen Vorhänge beiseite und sah aus dem Fenster auf eine ruhige Straße, die Kowaleczko hieß. Legte ihren kleinen Koffer auf das Bett und öffnete ihn, wie sie es immer als erstes getan hatte, wenn sie ein Hotelzimmer bezog, und kehrte dann zum Fenster zurück und betrachtete die Bäume entlang der Straße.

Als sie sich mit dem Hotel-WLAN verband, wartete auf WhatsApp eine Nachricht von Sophie auf sie: »Schick mal Bilder!« Sie war unschlüssig, ob sie das Zimmer fotografieren sollte. Die Lügen, die sie allen vor ihrer Abreise hatte erzählen müssen: Sophie, Eran und ihrer Mutter, die am nächsten Tag von ihrer Rundreise durch Slowenien und Kroatien zurückkehren sollte. Sie hatte behauptet, sie habe ein Supersparangebot für drei Tage gefunden, aber keinem gesagt, dass Gil dort sein und sie ihn treffen würde, und auch nicht, dass er das Flugticket für sie gekauft hatte. Sie fahre allein, um den Kopf freizubekommen und auszuruhen, vor allem aber, um aus der leeren Wohnung wegzukommen und weg von allem, was mit Ronen und Eran zu tun hatte. Sophie fand das eine hervorragende Entscheidung. Und bedauerte nur, dass sie nicht mitkommen könne, weil Itzik sich bei ihrem Ausflug zur Baniasquelle einen Muskelfaserriss zugezogen hatte und nicht mit den Kindern allein bleiben konnte. Orna schickte ihr über WhatsApp ein Bild von dem Zimmer und eines von der stillen Straße, eingerahmt von dem Fenster und den aufgezogenen blauen Vorhängen, und Sophie schickte ihr als Antwort postwendend ein Bild von einem Stapel schmutzigen Geschirrs in der Spüle.

Vielleicht hatte sie ja trotz allem das Richtige getan.

Sie würde nicht auf Gil warten, ja würde sogar alles unternehmen, um ihn nicht zu sehen. Die Tatsache, dass er ihr das Flugticket gekauft hatte, ließ sich verdrängen, oder sie betrachtete das Ticket als eine Art Entschädigung oder würde ihm einfach das Geld zurückgeben, wenn sie wieder in Israel wären. Sie hatte gesehen, der Flug war nicht gerade billig gewesen, etwas über 450 Euro, dennoch würde sie ihm, entschied sie, den vollen Betrag zurückzahlen, und das befreite sie. Sie erinnerte sich, dass sie sich früher in fremden oder so gut wie unbekannten Städten immer mit geschlossenen Augen und ohne Stadtplan zurechtgefunden hatte. Ihr Orientierungssinn, der, wie sie damals dachte, auf einem natürlichen Hingezogensein zum Schönen basierte und durch Dutzende Kurzaufenthalte in Städten auf der ganzen Welt verfeinert worden war, hatte sie an jedem Ort, an den es sie verschlug, stets zu den attraktivsten Straßen, den verwunschensten Plätzen und den angenehmsten Cafés geführt. Jetzt, mit Google Maps und den touristischen Smartphone-Anwendungen für Bukarest, wäre es noch viel einfacher, aber sie beschloss, die Apps nicht zu benutzen, und verließ das Hotel ohne konkretes Ziel, wandte sich nach rechts und bald darauf abermals nach rechts und fand sich auf einer der Hauptstraßen wieder, von der sie spürte, dass sie ihr folgen musste, und nach drei oder vier Minuten sah sie, sie hatte recht gehabt, denn sie war schon fast in der Altstadt angelangt.

Es war erst fünf, aber der Himmel war wolkenverhangen und dunkel, als senkte sich bereits die Nacht herab. Sie hatte Bukarest dreckiger in Erinnerung, ärmer, und war überrascht, als sie auf ihrem Weg Hotels entdeckte mit mondän anmutenden Casinos und Schildern auf Hebräisch, die die Gäste ersuchten, ihre Pässe am Eingang abzugeben. Anfangs machte sie keine Fotos, weil sie es vorzog, mit den Augen, der Erinnerung zu fotografieren, oder vielmehr Dinge mit der Seele festzuhalten, wie Ronen immer gesagt hatte, aber als sie an diesen Satz von ihm denken musste, holte sie ihr Smartphone hervor und machte

Bilder, um sie Eran zu zeigen, wenn sie zurück wäre. Und wie bei den Over-Night-Stops der Vergangenheit hielt sie, nicht mehr unbedingt aus Sparsamkeit, nach Street Food Ausschau statt nach überteuerten Restaurants, möglichst einfach, authentisch und lecker, und fand einen Stand, der Teigröllchen mit einer Füllung aus weichem Käse verkaufte, eine rumänische Variante von Börek oder georgischen Chinkali.

Um acht wollte sie wieder auf ihrem Zimmer sein, um mit Eran zu skypen, ehe er ins Bett ging. In einem Souvenirladen in der Altstadt hatte sie ihm ein traditionelles Holzschwert, eine bunte Flöte und ein weißes Shirt mit Dracula-Aufdruck gekauft, von dem sie noch nicht sicher war, ob sie es ihm geben würde, da es ein bisschen gruselig war. Als sie sich dem Hotel näherte, bemerkte sie plötzlich Gil, der draußen auf sie wartete. Er wirkte angespannt, stand dort in einem grauen Anzug, den sie ihn zu Hause noch nie hatte tragen sehen, und sah sich um. »Du steckst voller Überraschungen, auch im Ausland«, sagte sie. Er antwortete, es tue ihm leid, dass seine Meetings so viel länger gedauert hätten als gedacht, aber er freue sich, dass sie das Hotel gefunden habe, und fragte, wie das Zimmer sei.

»Das Zimmer ist sehr hübsch«, sagte sie. »Bist du am Ende doch nicht in diesem Hotel?«

Auf einmal hatte sie das Gefühl, dass diese Reise damit für sie endete, dass sie aber trotz allem nicht umsonst gewesen war, als sei alles, was sie gebraucht hatte, der Flug gewesen, das Beziehen des Hotelzimmers und der kurze Streifzug durch die Straßen Bukarests, um sich zu beweisen, dass ihr Orientierungssinn noch funktionierte, dass sie noch immer ihren Weg fand und jetzt bereit war, mit dem nächsten Flug nach Hause zurückzukehren, ohne die Nacht dort zu verbringen, genau wie früher.

Gil sagte, er sei noch nie in diesem Hotel gewesen, aber ein rumänischer Freund habe es ihm empfohlen. Ein Rechtsanwalt. Bisher sei er immer in einem anderen Hotel abgestiegen, am anderen Ende der Stadt und näher bei den Ministerien gelegen, wo die meisten seiner Arbeitstreffen stattfänden. Er habe von ihr hören wollen, ob das Zimmer in Ordnung sei, bevor er sich selbst dort eins nahm, das heißt, genau genommen, ob sie überhaupt wolle, dass er sich ein eigenes Zimmer nahm, oder ob sie lieber ein gemeinsames Zimmer hätte. Worauf sie sagte: »Wie hältst du es denn sonst so mit den anderen Mädels, die du herbringst?« Nur, um sich sogleich über sich selbst zu ärgern, dass sie ihm Gelegenheit bot, ihr die Laune zu verderben.

Gil lächelte diesmal nicht. Sie sagte, sie würde es vorziehen, wenn er sich ein eigenes Zimmer nähme, und dass sie ihm das Geld für das Flugticket zurückzahlen wolle. Die ganze Geschichte mit dem Hotel am anderen Ende der Stadt war absurd, und inzwischen glaubte sie ihm auch seine Erklärung nicht mehr, was er in Bukarest zu tun hatte, sie wusste ja eigentlich nicht das Geringste über seine Arbeit, dachte sie, und dass er bestimmt irgendetwas mit den Spielcasinos mit den hebräischen Schildern zu tun hatte, die sie in der Stadt gesehen hatte. Warum musste ein Rechtsanwalt überhaupt so oft nach Bukarest fliegen, um Israelis rumänische Pässe zu besorgen? Wie auch immer, sie hatte keine Kraft mehr für dieses Versteckspiel und seine Lügen, sie wollte nur noch nach oben auf ihr Zimmer und mit Eran sprechen und hatte bei sich auch schon entschieden, dass sie Gil nicht mehr treffen würde.

Als Gil fragte, ob sie noch etwas essen gehen wolle, sagte sie, sie müsse jetzt auf ihr Zimmer, telefonieren, und auch er müsse ja bestimmt seine Frau anrufen. Vielleicht könne man sich später treffen. Wir werden sehen, sagte sie, mal schauen, wie müde ich bin, obwohl sie da schon wusste, dass sie nur noch ins Bett gehen und einschlafen wollte. Als sie die Tür zur Lobby aufdrückte und sah, dass er keine Anstalten machte, ihr zu folgen, fragte sie ihn: »Was ist denn, hast du Angst, dass man uns zusammen reinkommen sieht? Sie kennen dich hier doch gar nicht, oder?« Und er erwiderte: »Orna, es reicht langsam, ja? Ich bin gleich da. Ein Kurier muss jeden Augenblick kommen und mir noch ein paar Dokumente vorbeibringen.« Aber ihr schien, als habe er verstanden, dass sie das Interesse verloren hatte, und warte jetzt einfach, bis sie im Hotel verschwand, um sich dann aus ihrem Leben zu verabschieden. Schließlich hatte er nicht einmal einen Koffer dabei. Und sie wusste, sobald sie zurück in Israel wären, würde sie auch die Kraft haben, dieses kranke Verhältnis ein für alle Mal zu beenden.

Sie empfand weder Kränkung noch echte Wut angesichts seiner Lügen, obgleich sie ihn zuvor aufgezogen hatte, ja nicht einmal Selbstekel. Vielleicht war da nur ein wenig Angst, weil sie inzwischen begriff, dass sie sehr viel weniger über ihn wusste, als sie gedacht hatte. Aber sie fühlte sich auf einmal ganz befreit, nicht nur, aber auch von Gil, war sich nun sicherer, dass sie alleine klarkommen und mit dem fertig werden würde, was das Leben ihr bescherte. Und selbst wenn Eran ausdrücklich darum bitten sollte, länger bei Ronen zu bleiben oder mit ihm und seiner neuen Familie nach Nepal zu fliegen und dort zu leben, würde sie damit umgehen können.

Sie würde Eran einfach nein sagen.

Du kannst nicht nach Nepal ziehen, weil du mein Sohn bist und sich niemand besser um dich kümmern kann als ich. Weil ich nicht auf dich verzichten werde und auch du weißt, dass du nicht auf mich verzichten kannst, und selbst wenn du das jetzt vielleicht noch nicht weißt, dann wirst du es verstehen, wenn du ein bisschen älter bist.

Sie rief Eran gleich an, als sie auf ihrem Zimmer war, und Ronen, der dran war, sagte: »Du siehst toll aus, Orna. Geht's dir gut? Wie ist Bukarest?« Und sie antwortete: »Stürmisch. Wie geht's Eran?«

Er war noch unter der Dusche, weil sie gerade erst vom Pool zurückgekommen waren, und Ronen sagte, er sei jeden Augenblick fertig, und obwohl sie nicht danach fragte, wusste sie in jenem Moment mit Gewissheit, das er zusammen mit Julia duschte und dass Ruth ihnen beiden beim Abbrausen half. Und wenige Augenblicke später erschienen sie tatsächlich in trauter Eintracht auf dem Bildschirm: Julia, in orangefarbenem Slip und ohne Oberteil, baute sich als Erste vor der Kamera des Laptops auf, und Eran kam hinterhergestürzt, in ein weißes Handtuch gewickelt und das braune, glatte Haar tropfnass.

Sie bat Ronen, sie mit Eran allein zu lassen, und er nahm Julia an der Hand und verließ den Raum. Sie fragte Eran: »Wie geht es dir, mein Schatz? Ich vermisse dich so sehr.« Und er antwortete: »Gut, Mama. Wo bist du?«

Sie erzählte ihm noch einmal, sie sei mit einer Boeing 737

mit zwei Triebwerken in die Hauptstadt eines Landes geflogen, das Rumänien heiße, und dass sie jetzt in ihrem Hotelzimmer sei, nachdem sie zuvor einen Ausflug in die Stadt gemacht, lecker zu Abend gegessen und Geschenke für ihn gekauft habe. Sie fragte: »Willst du mal mein Zimmer sehen?«, aber Eran wollte die Geschenke sehen, und als sie das Holzschwert und das T-Shirt aus der schwarzen Plastiktüte holte und ihm die Sachen präsentierte, wirkte er nicht enttäuscht. Sie fragte: »Ran-Ran, bist du immer noch gerne bei Papa?« Er sagte, »Ja. Hast du schon entschieden, ob ich länger als fünf Tage bleiben kann?«

»Ja, ich habe mich dagegen entschieden, mein Spatz. Ich vermisse dich zu sehr, und länger als fünf Tage ohne dich halte ich nicht aus. Aber Papa kommt uns noch oft besuchen, bevor sie wieder fahren.«

So war es immer zwischen ihnen.

Kurze Gespräche ohne viele Worte.

Was von Bedeutung war, war alles andere, das Reden mit den Augen oder dem Körper, der sich entfernt und wieder nähert, wie an jenem Abend, bevor er gefahren war, in der abendlichen Dünung, die sie auseinandergerissen und dann wieder zueinander hin getrieben hatte. Eran nickte, und sie sah, er war nicht böse über ihr Nein. Vielleicht freute es ihn sogar. »Du willst mir nichts mehr über deinen Tag erzählen, stimmt's? Du hast jetzt keine Kraft mehr dazu, oder?« Und Eran sagte: »Es war toll im Pool. Und jetzt gehen wir Schnitzel essen.«

»Schreibst du auch in dein Heft, wie du mir versprochen hast? Damit du mir alles vorlesen kannst, wenn wir uns wiedersehen?«

Sie hatte noch kein Wort geschrieben.

Am Ende bat sie ihn, er solle ihr einen Flugkuss durch den Computer schicken, den sie auffing, und dann drückte er auf die Taste, die sie vom Bildschirm verschwinden ließ.

Gil klopfte um vier Minuten vor neun an ihre Zimmertür. Sie war noch angezogen, obwohl sie sich da schon sicher war, dass sie nicht mit ihm essen, sondern duschen, ihren Pyjama anziehen und schlafen gehen würde. Er hatte sie zuvor acht- oder neunmal angerufen, und sie hatte die Gespräche weggedrückt und gehofft, er würde aufgeben, aber diese vielen Versuche und dass er auch nach zehnmaligem Klingeln nicht auflegte, zerrten an ihren Nerven, offenbar wollte er auf das Abendessen nicht verzichten.

Sie öffnete die Tür, ohne zu wissen, dass es Gil war, und er trat ein und presste ihr sofort seine weiche Hand auf den Mund. Drückte die Tür hinter sich ins Schloss und stieß Orna, noch ehe sie überhaupt begriffen hatte, was passierte, mit großer Kraft zum Bett, einer Kraft, die sie bis dahin noch nie an ihm wahrgenommen hatte. Er warf sie aufs Bett, sodass ihr Gesicht ins Kopfkissen gedrückt und ihr Mund davon verschlossen wurde, riss ihr dann die Arme auf den Rücken und presste sein Knie auf ihre Handflächen. Sie spürte, dass er ihre Handgelenke mit einem Stück Stoff aneinanderfesselte, und als ihre Hände geknebelt waren, knotete er ein weiteres Handtuch um ihren Mund.

Orna wehrte sich mit ihren Beinen, ihrem Rücken, versuchte, ihn abzuwerfen, mit den Hacken nach ihm zu treten, aber er rammte sein Knie tiefer in ihr Kreuz, bis sie meinte, ihre Wirbelsäule bräche gleich, und presste ihr

Gesicht immer weiter ins Kopfkissen, bis sie keine Luft mehr bekam. In den Sekunden, ehe sie das Bewusstsein verlor, dachte sie, er wolle ihr weh tun, denn es konnte ja nicht sein, dass er sie umzubringen versuchte, auch wenn es danach aussah. Der Schmerz in ihrem Rücken war unmenschlich. Sie schrie: »Was tust du da, Gil?!«, aber ihre Stimme war nicht zu hören.

Als sie wieder zu Bewusstsein kam, waren ihre Hände noch immer gefesselt und ihr Mund geknebelt, und sie lag in derselben Haltung auf dem Bett. Ihr Rücken schmerzte. Sie wusste nicht, wie viel Zeit vergangen war, aber im Zimmer war es fast vollkommen dunkel, als läge sie schon seit Stunden so da. War es mitten in der Nacht? Gil bemerkte, dass sie sich bewegte, und drehte sich um zu ihr, und sie sah, dass er neben ihr auf dem Bett saß und ihr Telefon in der Hand hatte. Der Fernseher warf bunte Lichtsequenzen in das schwarze Zimmer.

Sie verstand noch immer nicht, was er wollte, als er leise zu ihr sagte: »Was ist der Code deines Telefons?« Als habe er vergessen, dass er ihr ein Handtuch um den Mund geknotet hatte. Doch als sie versuchte, sich auf ihre Arme und ihren schmerzenden Rücken zu drehen, kippte er sie erneut auf den Bauch und sagte: »Zeig es mir bitte mit den Fingern an.«

Und das war alles, was er sagte.

Auch danach, in den darauffolgenden Minuten, sagte er kein Wort und gab keinen Ton von sich, machte nur an ihrem Telefon irgendetwas, was sie nicht sehen konnte, aber im Schein des Displays sah sie, dass er Gummihandschuhe trug. Und begriff, dass er tatsächlich vorhatte, sie umzubringen. Dass er offenbar auf ihrem Telefon alle Nachrichten, die er ihr geschickt hatte, löschte, als wäre der Mord selbst bereits geschehen und ihm bliebe nur noch, die Spuren zu verwischen. Aber noch war sie am Leben, versuchte, sich auf dem Bett zu bewegen, sich davon hinunterfallen zu lassen, bis er von seinem Platz hochkam und ihr erneut sein Knie ins Kreuz drückte, während er weiter an ihrem Telefon hantierte.

Das sind nicht meine letzten Augenblicke, dachte sie, das ist nicht das Ende, sie dachte, ich werde Eran nicht wiedersehen, und fragte sich, hat er mich nur deswegen nach Rumänien kommen lassen? War das alles geplant, und er kommt ungeschoren davon? Er würde nur gefasst werden, wenn es ihr gelänge, am Leben zu bleiben, dachte sie, sie hatte niemandem erzählt, dass sie noch Kontakt hatten, schon seit Monaten mit niemandem mehr über ihn gesprochen, und niemand wusste, dass sie hierher geflogen war, um ihn zu treffen. Aber er hatte ja das Flugticket für sie gekauft, das musste irgendwo vermerkt sein, und auch das Hotelzimmer reserviert, es sei denn, er hatte alles im Voraus geplant und unter falschem Namen gemacht. Sie erinnerte sich, dass sie, wie immer, die Vorhänge im Zimmer offen gelassen hatte, damit sie hinaussehen konnte, sah aber jetzt, dass er die Vorhänge zugezogen hatte. Und dachte an die Rezeptionistin mit dem Glasauge, die einige Stunden zuvor für sie in der Reservierungsliste des Hotels nach dem Namen »Gil Chamtzani« gesucht hatte. Würde sie sich auch morgen noch an seinen Namen erinnern? Aber morgen war ja nicht das Ende.

Und dann, bei einem ihrer Versuche, sich herumzuwälzen und aus dem Bett fallen zu lassen, sah Orna das weiße Kabel und begriff.

Niemand würde ihn fassen.

Es war ein weißes Verlängerungskabel mit einer Dreifachsteckdose am Ende. Das andere Ende war zu einer Schlinge geknotet, und sie begriff, dass er sie mit diesem Kabel töten würde. Und ihren Mord so inszenieren, als hätte sie sich selbst umgebracht. Ihr die Schlinge um den Hals legen, sie zuziehen und das Verlängerungskabel an der Gardinenstange oder einem anderen Ort unter der Zimmerdecke befestigen. Und dann verschwinden. Im Schutz der Dunkelheit das Zimmer verlassen und in seines zurückkehren, sofern er sich denn tatsächlich hier eines genommen hatte, oder einfach aus dem Hotel schlüpfen, wenn er woanders abgestiegen war. Und dann nach Israel zurückfliegen, ohne irgendetwas zu wissen von einer Frau, die er niemals getroffen hatte und die sich in einem Hotelzimmer in Bukarest umgebracht hatte, eine Frau, nach deren Mörder niemand fahnden würde, da die rumänische Polizei zum Schluss kommen musste, es sei Selbstmord gewesen, und auch ihre Familienangehörigen würden glauben, es sei durchaus möglich, dass sie sich das Leben genommen habe, wegen des Kummers über Ronen und Eran. Was Ronen ohnehin zupasskäme, denn Eran würde von jetzt an nur ihm gehören, und niemand würde ihm Steine in den Weg legen, wenn er ihn mit nach Nepal nehmen wollte. Schickte Gil jetzt gerade Abschiedsbotschaften von ihrem Telefon? Schrieb vielleicht in ihrem Namen einen Abschiedsbrief an Eran? Eran Eran Eran, nur Eran.

Sie hörte nicht auf zu reden, obwohl niemand sie hörte.

Und Gil sagte noch immer nichts.

Er stand auf und legte ihr Telefon auf den Sekretär, näherte sich ihr dann und drückte ihren Kopf abermals in das Kopfkissen. Gleich würde sie wieder keine Luft mehr kriegen. Sie wollte nur an Eran denken, Eran, Eran, Eran, hatte aber ihn und die Tochter von Ruth und Ronen vor Augen, Julia, die sie anschaute wie vor Wochen vom Computerbildschirm, nur mit einem orangefarbenen Schlüpfer bekleidet. Unmöglich, dass das das Ende war. Niemand würde ihn jemals fassen.

Aber ich habe mir nicht das Leben genommen, niemals hätte ich dich verlassen, sagte sie.

Irgendjemand weiß das bestimmt. Irgendjemand. Das ist nicht mein Abschiedsbrief. Das weißt du. Du. Du. Du.

Vielleicht ist das doch noch nicht das Ende.

Wie kann ich sterben, und Erans Körper ist so weit weg?

Zwei

1

Nachum starb am fünfundzwanzigsten Dezember, am Geburtstag von Gottes Sohn.

Vier Tage zuvor war er mitten in der Nacht aufgewacht und hatte keine Luft mehr gekriegt. Ein Rettungswagen hatte ihn ins Krankenhaus gebracht, und von dem Moment an wurde Emilia nicht mehr gebraucht. Krankenschwestern und Ärzte kümmerten sich jetzt um ihn. Seine Kinder kamen ins Krankenhaus und saßen vor dem Zimmer, in dem er lag, und Emilia entnahm ihrem Gesichtsausdruck und einigen Worten, die sie auf Hebräisch miteinander wechselten, dass er sterben würde.

Sie saß neben ihnen auf dem Flur, fühlte sich aber unbehaglich. Fuhr mit dem Aufzug nach unten in den Eingangsbereich und trat hinaus auf den Platz vor dem Krankenhaus, in die kalte und klare Luft. Als sie zurückkam, fragte sie eine Krankenschwester, die Russisch sprach, ob sie seine Pflegerin sei, und meinte, sie müsse sich eine neue Arbeit suchen. Die Ärzte hätten Nachum in Narkose versetzt und ihn an eine Beatmungsmaschine angeschlossen, doch er würde nicht mehr als zwei, drei Tage durchhalten. Alle Systeme versagten den Dienst.

»Wie alt war er?«, fragte die Schwester, als wäre Nachum bereits im Himmel, und Emilia sagte: »Vierundachtzig.«

»Und wie viele Jahre haben Sie ihn gepflegt?«

Zwei Jahre.

Von dem Tag an, als sie nach Israel gekommen war.

Im ersten Jahr hatte er noch mit Hilfe eines Rollators gehen können, hatte auch gesprochen und das Heft mit den Buchstaben und Wörtern für sie gemacht, um die hebräische Sprache zu lernen, aber in den letzten Monaten hatte er nicht mehr geredet und war nicht mehr gelaufen, und sie hatte ihn im Rollstuhl mit dem Fahrstuhl nach unten gebracht, damit er nicht den ganzen Tag im Haus blieb. Er hatte im Rollstuhl in der Sonne gesessen, die Augen geschlossen, ein oder zwei Stunden lang, je nachdem wie das Wetter war. Den Kopf auf die Brust gesunken, als sei er eingeschlafen. Manchmal hatte er plötzlich die Augen aufgerissen und sich panisch umgesehen, vielleicht vor Angst, ganz allein zu sein, bis er Emilia neben sich gesehen und sich beruhigt hatte. Die Sonne hatte sein Gesicht strahlen lassen. Und Emilia hatte neben ihm auf der Bank unter dem Baum gesessen.

Sie wusste nicht viel über ihn, nur das, was Esther, seine Frau, ihr erzählt hatte: Dass er Kinderarzt war, dass er in Österreich geboren war, in Linz, und vor vier Jahren einen ersten Schlaganfall erlitten hatte, im Alter von achtzig, und bis dahin ganz gesund gewesen war. Vor dem Schlaganfall hatte er gerne mit seinen Enkelinnen gespielt, aber immer bedauert, keine Enkelsöhne zu haben. Nachdem er aufgehört hatte, als Arzt zu arbeiten, hatte er versucht, ein Buch über die Behandlung von Kinderkrankheiten zu schreiben, und er hatte gern Holzspielzeug gebaut, von kleinen Motoren angetrieben, eine Lokomotive etwa oder ein Karussell.

Beiden Hobbys konnte er schon nicht mehr nachgehen, als Emilia angefangen hatte, ihn zu pflegen.

Am Mittag schlug die älteste Tochter vor, ihre Mutter solle nach Hause gehen und sich ausruhen, es mache keinen Sinn, dass sie die ganze Zeit im Krankenhaus bliebe, und sie bat Emilia, ihre Mutter zu begleiten.

Emilia bot an, etwas zu kochen, aber Esther wollte nichts essen, und sonst hatte Emilia nichts zu tun. Sie war in ihrem Zimmer, dem Zimmer, das sie in ein paar Tagen würde aufgeben müssen. Ein fast leerer Raum, Wände, deren Weiß nach Auffrischung verlangte, ein schmales Bett, ein Kleiderschrank, ein kleiner Fernseher auf einem niedrigen Tischchen, ein altes Transistorradio.

Bei der Beerdigung, die auf dem Friedhof in Petach Tikwa stattfand, trat niemand zu ihr.

Die vier Kinder von Nachum und Esther waren so generös, wie sie es immer gewesen waren, seit sie bei ihnen zu arbeiten begonnen hatte. Sie teilten ihr mit, sie könne in dem kleinen Zimmer bleiben, bis sie eine neue Arbeitsstelle und Bleibe gefunden habe. Emilia schlug vor, sie könne ihnen während der siebentägigen Trauerwoche helfen, könne kochen, Essen auftragen, Geschirr spülen, am Ende des Tages das Wohnzimmer und die Toilette putzen, aber sie lehnten ab. Sagten, sie sei keine Dienerin und dass ihre Aufgabe einzig und allein gewesen sei, ihren Vater zu pflegen, außerdem würden in der Trauerwoche ohnehin alle Verwandten helfen. Gäste brachten Tabletts mit Gebäck und Kuchen, und es gab Verwandte, die erschienen mit Töpfen voll Suppe oder Schmorgerichten. Frauen wuschen das Geschirr in der Küche ab. Emilia hatte sonst keinen Grund, dort zu sein, also kehrte sie nur noch zum Übernachten in das kleine Zimmer zurück, da sie noch keine andere Bleibe hatte. Sie verließ das Haus um halb acht, nachdem sie mit Esther gefrühstückt hatte und noch ehe die ersten Trauergäste kamen, und kehrte nachts um zehn oder elf zurück, wenn alle gegangen waren und die Wohnung ganz im Dunkeln lag. Sie begann, nach einer neuen Arbeit zu suchen, sowohl über die Personalvermittlungsfirma, die sie nach Israel geholt hatte, als auch in Annoncen der russischsprachigen Zeitungen und über die wenigen anderen Pflegerinnen, die sie hier kennengelernt hatte. Und sie versuchte, mit Hilfe des Buchstaben- und Vokabelheftes, das Nachum für sie gemacht hatte, wieder mit dem Hebräischlernen anzufangen, aber wie bei allen vorherigen Versuchen hatte sie das Gefühl, schon an der Hürde der absonderlichen Buchstaben zu scheitern, ausgerechnet jetzt, da dies so wichtig für sie war.

Noch bis vor einigen Monaten hatte sie gehofft, das Hebräische würde tatsächlich in ihr wachsen wie ein Baum, mit den Buchstaben als Stamm und den Vokabeln als Blättern oder Früchten, aber jetzt spürte sie, dass die Hoffnung schwand, als sei sie mit Nachum gestorben oder bliebe in dem kleinen Zimmer zurück, das sie schon bald verlassen würde.

Nachums Angehörige setzten für Emilia ein kurzes Empfehlungsschreiben auf Hebräisch auf und erzählten ihr auf Englisch, was darin stand: Dass sie eine fleißige und vertrauenswürdige Kraft sei, die den Vater mit der Hingabe einer Krankenschwester gepflegt habe oder einer Mutter für ihr Kind. Ein Mann, der zu der Trauerwoche kam, hörte, dass sie voll des Lobes über sie sprachen, und ließ fragen, ob Emilia wohl bereit wäre, in die Nähe von Haifa zu ziehen, um die Mutter von jemand anderem zu pflegen, aber am Ende stellte sich heraus, dass für diese Arbeit sehr gute Hebräischkenntnisse erforderlich waren.

Emilia saß auf der Bank unter dem Baum, auf der sie mit Nachum gesessen hatte, und versuchte zu begreifen, ob sie nach Riga würde zurückkehren müssen. Die Tage waren kühl, und das erinnerte sie an Dinge, die sie vergessen geglaubt hatte. Der Gedanke, bei einer anderen Familie einziehen zu müssen, ängstigte sie. Aber zwei Tage nach Ende der Trauerwoche teilte ihr eine Mitarbeiterin namens Nurit von der Personalvermittlungsfirma mit, sie hätten eine neue Stelle bei einer alten Dame in einem Seniorenheim in Bat Yam für sie gefunden. Es sei eine Teilzeitstelle, drei Tage die Woche, ohne Logis. Und da Nurit sagte, Emilia werde sich selbst eine Unterkunft suchen müssen, bis sich herausgestellt hätte, ob daraus eine Vollzeitstelle würde und sie im Seniorenheim schlafen könnte, begann sie, noch ehe sie sich im Klaren darüber war, ob sie in Israel bleiben musste oder wollte, nach einem Zimmer in Bat Yam zu suchen.

Als Emilia ihre beiden Koffer gepackt hatte und sich von ihr verabschiedete, fragte Esther, was in der Wohnung, die sie gemietet hatte, alles vorhanden sei. Sagte, Emilia könne aus dem kleinen Zimmer mitnehmen, was sie brauche, auch den kleinen Fernseher und das Transistorradio. Emilia schwankte, ob sie Fernsehgerät und Radio mitnehmen sollte, lehnte dann aber ab. Esther fragte: »Hast du denn dort was zum Kochen? Küchengerätschaften?« Aber

Emilia wollte nur den Becher mitnehmen, aus dem sie am Morgen ihren Kaffee getrunken hatte. Esther bat sie, nicht ganz aus ihrem Leben zu verschwinden: »Vielleicht weißt du es nicht, Emilia, aber nicht nur Nachum, auch ich fühle mich dir verbunden«, sagte sie, und Emilia versprach, sie zu besuchen.

Danach nahm sie den Aufzug, mit dem sie Nachum im Rollstuhl immer nach unten gefahren hatte, und passierte die Bank, auf der sie neben ihm gesessen hatte, und den Baum, der sie beide vor Sonne und Regen geschützt hatte.

Sie war sicher, es war das letzte Mal, dass sie die beiden sah.

2

Fast einen Monat später rief Esther sie an.

Ein Dienstag, Anfang Februar. Sie rief morgens an, als Emilia im Seniorenheim in Bat Yam bei Adina war, ihrer neuen alten Frau. Emilia ging ran und sagte flüsternd, sie könne jetzt nicht reden und würde Esther später zurückrufen. Als Adina sich zum Mittagsschlaf hingelegt hatte, ging Emilia auf den Balkon. Esthers Stimme machte sie froh. Esther fragte auf Hebräisch: »Wie geht es dir, Emilia?« Emilia war schon in Begriff, sich zu entschuldigen, dass sie keinen Kontakt gehalten hatte, aber Esther kam ihr zuvor und sagte: »Wo steckst du denn, Emilia? Du hattest doch gesagt, du würdest nicht einfach verschwinden. Arbeitest du viel? Hast du keine Zeit, zu Besuch zu kommen? Du weißt ja nicht, wie schwer es zu Hause für mich ist ohne Nachum.«

Esthers Stimme brachte Emilia wieder das kleine Zimmer vor Augen, das sie verlassen hatte, mit dem Jugendbett, auf dem sie zwei Jahre lang geschlafen hatte, und den gräulichen Wänden. Auf Englisch sagte sie zu Esther: »Am Donnerstag habe ich einen freien Tag und kann dich besuchen kommen. Wirst du zu Hause sein?« Und Esther antwortete auf Hebräisch: »Ich bin jeden Tag zu Hause. Nur heute gehe ich vielleicht noch zum Friseur. Aber ruf mich an, bevor du kommst, damit ich mich vorbereiten kann.« Ihrer Stimme hörte man an, dass sie das Gespräch noch nicht beenden wollte, und sie sagte zu Emilia: »Aber erzähl mir schon mal, wie es dir geht. Bist du zufrieden dort? Behandelt man dich gut?«

Am Donnerstag ging sie Esther besuchen, wie versprochen.

Auf der Bank vor dem Haus saß unter dem Baum eine junge Frau mit Kinderwagen. Emilia erinnerte sich an sie: die Nachbarin aus dem Erdgeschoss, die Frau des großgewachsenen Mannes, der ihr geholfen hatte, Nachums Rollstuhl in den Aufzug zu bekommen, als einmal eines der Räder blockiert war. Als Emilia das Haus verlassen hatte, war sie schwanger gewesen und hatte einen riesigen Bauch gehabt. Die Nachbarin grüßte Emilia mit einem Lächeln, vielleicht erinnerte auch sie sich an sie, wenngleich sie nie ein Wort gewechselt hatten.

Obwohl es schon halb zwölf war und Emilia um zehn angerufen hatte, um sie an ihren Besuch zu erinnern, öffnete ihr Esther im braunen Nachthemd die Tür. Ihr graues Haar war strubbelig, als hätte sie sich seit Nachums Tod nicht mehr gekämmt. Sie umarmten sich, und Esther fragte sofort: »Was ist denn, Emilia, warum hast du so abgenommen?«

Auf dem Tisch im Wohnzimmer stand ein Tablett und darauf ein Teller mit mondsichelförmigen Plätzchen und gekauftem Marmorkuchen. Nachums Rollstuhl war nicht mehr zu sehen, und die Sonnenblenden zum Hof hin waren allesamt geschlossen. Aber in der ganzen Wohnung hing noch immer derselbe Geruch, der in den ersten Wochen so fremd gewesen und jetzt zu einem Geruch von Zuhause geworden war: eine Mischung aus dem Geruch von Nachums Körper und Medikamenten und Esthers Cremes, den alten Wänden und dem zum Teil schadhaften Holz der Küchenschränke. Esther fragte Emilia, ob sie ihr einen Kaffee oder einen Tee machen solle, und als Emilia die Getränke für sie beide selbst aufgießen wollte, sagte Esther: »Kommt gar nicht in Frage, du bleibst schön sitzen. Heut bist du der Gast.« Sie ging in die Küche, und Emilia blieb allein zurück und wusste nicht, wie sie Gast in einer Wohnung sein sollte, die bis vor einem Monat noch ihr Zuhause und auch ihr Arbeitsplatz gewesen war.

Als Esther mit den Tassen zurückkam, fing sie gleich an zu reden. Und redete, als hätte sie schon seit Wochen mit niemandem mehr gesprochen. Sie erzählte, sie gehe noch immer dreimal die Woche ins Schwimmbad, aber da ihr zum Schwimmen die Kraft fehle, mache sie nur Wassergymnastik, und dass die Kinder zu Besuch kämen, aber selten, dass sie das Gefühl habe, sich noch immer von der Trauerwoche erholen zu müssen und von all den Gästen. Manche Freunde der Kinder seien oft erst in den Abendstunden gekommen und manchmal bis spät nachts nicht aus dem Haus zu kriegen gewesen, obwohl sie es doch gewohnt sei, früh schlafen zu gehen.

Sie sah, dass Emilia sich keine Plätzchen nahm, und fragte erneut, warum sie so abgenommen und ob sie das Essen ganz aufgegeben habe, und noch ehe Emilia antworten konnte, fügte sie hinzu: »Mir tut so leid, dass du weg bist, Emilia. Wenn es nach mir gegangen wäre, hätte ich dich behalten, aber ich bin noch rüstig, was soll man machen. Vielleicht, falls du noch im Land bist, wenn ich hinfällig werde, kommst du wieder zu mir. Du bleibst doch hier, oder? Du gehst nicht zurück nach Hause?«

Emilia sagte, sie gehe nicht zurück, obwohl die Gedanken an eine Rückkehr nach Riga in letzter Zeit häufiger geworden waren.

Als sie zu Esther sagte, die Wohnung wirke aufgeräumter, sagte diese: »Weißt du, warum? Weil ich angefangen habe, seine Sachen wegzugeben. Nach und nach, weil ich keine Kraft habe. Als Erstes die Bücher. Jeden Tag lege ich zwei, drei ins Treppenhaus, und die Nachbarn nehmen sie oder bringen sie für mich runter in den Müll. Heute habe ich die alte Stereoanlage rausgestellt, die er hatte, erinnerst du dich? Hast du sie draußen nicht gesehen?«

Sie schlug Emilia nicht vor, in das kleine Zimmer zu schauen, das ihres gewesen war, und Emilia bat nicht darum. Nachum erwähnten sie, abgesehen von dem Gespräch über seine Sachen, so gut wie gar nicht. Esther fragte, wie Emilia auf der neuen Arbeitsstelle zurechtkomme, aber Emilia erzählte ihr nichts, um sie nicht zu betrüben und sich nicht zu beklagen. Sie wechselte das Thema und erzählte Esther, sie suche nach einem zusätzlichen Job, um die Miete zu finanzieren, und Esther fragte: »Möchtest du, dass ich bei den alten Leuten hier im Viertel oder im Schwimmbad mal nachfrage? Wie viele Tage hast du denn zur Verfügung?« Emilia sagte, sie habe zwei Tage, die Sonn- und Donnerstage, und auch die Wochenenden, wenn es sein müsse. Sie könne früh morgens anfangen, sobald die Busse von Bat Yam führen, und bis in die Abendstunden arbeiten. Sie erzählte Esther, eine Pflegerin, die sie im Speisesaal des Seniorenheims kennengelernt habe, habe ihr vorgeschlagen, an ihren freien Tagen doch Treppenhäuser, Wohnungen oder Büroräume zu putzen, und die ganze Zeit, während sie mit Esther redete, hielt sie nach Nachum Ausschau, als wäre es möglich, dass er immer noch da war, oder als fiele es ihr schwer zu glauben, dass er fort war. Sie erzählte Esther nicht, dass sie Nachum sah, wenn sie allein in ihrer Wohnung in Bat Yam oder im Altenheim war, und dass ihr schien, als wolle er ihr etwas sagen und könne nicht. Das erste Mal, dass sie ihn gesehen hatte, war es für einen Sekundenbruchteil gewesen, inmitten all der Alten im Speisesaal, und sein Gesicht hatte ihr Angst gemacht – seine Augen lagen tief in den Höhlen, und seine Haut war fast durchsichtig –, aber seither hatte sie sich an seine Todesblässe gewöhnt, und er ängstigte sie nicht mehr.

»Warum willst du Treppenhäuser putzen, Emilia?«, fragte Esther. »Ich finde nicht, dass das eine gute Idee ist. Wäre es nicht besser, du kümmerst dich um noch jemanden? Du machst das so gut. Und darfst du das überhaupt?« Emilia antwortete, die Pflegerin vom Speisesaal habe gesagt, das lohne sich, weil man in bar abrechnen könne, ohne Genehmigung und ohne die Personalagentur, die sie hergebracht hatte, zu informieren. Und wenn man keine Schwierigkeiten wolle, könne man auch zu einem Rechtsanwalt gehen, um zu klären, wie sich die Arbeitserlaubnis, die sie ihr von der Innenbehörde ausgestellt hatten, so ändern ließ, dass alles legal wäre. Esther sagte: »Weißt du was, warum fragst du nicht Gil um Rat? Du weißt doch, er ist Rechtsanwalt, nicht? Ich bin fast sicher, dass er auch mit solchen Sachen zu tun hat. Du erinnerst dich doch an Gil, oder? Er wird sich freuen, dir zu helfen. Und ich werde beruhigter sein, wenn du das alles nach Vorschrift machst, denn andernfalls könnten sie dich ausweisen. Weißt du, was sie jetzt hier gerade machen, mit den Schwarzen?«

Esther ging ins Schlafzimmer und kam mit ihrem Mobiltelefon zurück, um ihn auf der Stelle anzurufen, aber Gil antwortete nicht, und Esther sagte: »Gut, er geht nie ran, wenn ich anrufe«, und schrieb Emilia seine Telefonnummer auf ein Blatt Papier. Danach schlug sie Emilia vor, doch noch zum Mittagessen zu bleiben, und bestand darauf, auch wenn Emilia zuerst dankend ablehnte, denn sie sah, dass ihr Besuch Esther ermüdete, weil sie die meiste Zeit Englisch sprechen musste.

Sie aßen in der Küche, an dem Tisch, an dem sie jeden Morgen Kaffee getrunken hatten. Und während des Essens sprachen sie fast nicht mehr. Emilia fragte Esther, wer denn jetzt für sie koche, und Esther antwortete, sie habe wieder begonnen, selbst ein bisschen zu kochen, und fragte, ob die Suppe etwa nicht schmecke. Auch versicherte sie Emilia mehrfach: »Sobald ich etwas von einer Arbeit bei uns höre, sage ich dir Bescheid.« Und mindestens zweimal fügte sie hinzu: »Und vergiss nicht, Gil anzurufen. Ich bin sicher, zu dir wird er nett sein.«

Bevor sie sich verabschiedeten, bat sie Emilia eindringlich, sie wieder einmal zu besuchen, aber Emilia spürte, dass Esther diesmal nicht wieder anrufen würde.

3

Was Emilia vor Esther zu verbergen suchte und auch vor anderen erfolgreich zu verheimlichen meinte, war, dass sie immer tiefer sank. Dass sie eine Hand brauchte, die ihr hingestreckt wurde und sie vor dem Ertrinken rettete. Oder zumindest ein Zeichen, dass eine solche Hilfe bald kommen würde.

Die Arbeit in dem Seniorenstift in Bat Yam war völlig anders als die mit Nachum.

Die Einrichtung bestand aus zwei hohen Türmen wie zwei von Alten und Pflegern bevölkerte Bienenstöcke, direkt am Strand. Emilia war nicht allein. Sie traf Pfleger und Pflegerinnen aus der Ukraine, aus Bulgarien, Thailand, Kolumbien, Rumänien, Polen, aus Moldawien und von den Philippinen. Sie traf sie im Fahrstuhl, auf den mit himmelblauem Teppichboden ausgelegten Fluren, in der Lobby, im Speisesaal, der noch nicht renoviert und dunkel und muffig war, und im Hof des Heims. Hier und dort entspannen sich Gespräche. Ein Teil der Pflegerinnen lebte in der Einrichtung mit den Heimbewohnern und ein Teil wie sie in gemieteten Zimmern. In kleinen Gruppen oder allein. Einige hatten Familie und Kinder hier im Land, einige in ihren Heimatländern. Hauptthema bei den kurzen Gesprächen war das Geld. Alle waren auf der Suche nach zusätzlichen Einnahmequellen. Viele hatten zwei Jobs. Emilia wurde gefragt: »Wie lange bist du schon hier?«, »Welche Firma hat dich hergebracht?«, »Wie lange hast du vor zu bleiben?« Wieder und wieder. Die Fragen, die sie sich selbst stellte, waren viel verzweifelter.

Adina, die alte Dame, die sie nun pflegte, war 92. Und sprach sehr wenig Englisch. Sie konnte nur einige Standardanweisungen wie »come«, »go outside« oder »cleaning«, verstand allerdings mehr. Sie hatte eine Tochter, Chava, die ungefähr sechzig war, und den Bildern nach, die gerahmt auf einem Bord in ihrem Zimmer standen, noch einen Sohn, der gestorben war. Und fünf Enkel, von denen einer in der Armee war.

Am ersten Tag ihrer neuen Arbeit hatte Chava Emilia gesagt, ihre Mutter sei nicht mehr ganz klar im Kopf. Es gäbe Tage, da wisse sie, was mit ihr los sei, und Tage, an denen habe sie keine Ahnung. Bis vor zwei Jahren sei sie noch ohne Pflege ausgekommen und vollkommen selbständig gewesen, und in den letzten zwei Jahren sei eine israelische Frau zweimal die Woche gekommen, um sauberzumachen, die Wäsche und die Einkäufe zu besorgen. Doch jetzt gehe es bergab. Adina müsse den Großteil des Tages beaufsichtigt werden. Man könne sie nicht länger als die zwei oder drei Stunden allein lassen, die sie vor dem Fernseher verbrachte. Also würde sie, Chava, an den Sonn- und Donnerstagen und am Wochenende kommen, und die restlichen Tage würde Emilia übernehmen. Sollte die zuständige Sozialarbeiterin feststellen, Adina sei ein Vollpflegefall, könnten sie Emilia in Vollzeit anstellen, obwohl auch die Möglichkeit bestünde, Adina dann auf die

Pflegestation verlegen zu lassen. Doch wenn Emilia bleiben wolle, müsse sie ihr Hebräisch verbessern, denn andernfalls würde es schwer für sie sein, vierundzwanzig Stunden am Tag mit Adina zu verbringen, obschon das Heimpersonal mehrheitlich auch Englisch sprach und ihr helfen konnte.

Chava war weniger großzügig als Nachums Kinder. Dafür misstrauischer. Und auch ihr Verhältnis zu Adina war nicht schön. Ihre Bewegungen und ihr Gesichtsausdruck hatten etwas Rabiates, wenn sie Adina berührte, ihr half, aufzustehen oder auf dem alten Sofa in dem winzigen Wohnzimmer Platz zu nehmen, genauso wie der Ton, in dem sie Emilia anwies, was mit ihrer Mutter zu tun war und wie.

Die eigentliche Arbeit erlernt Emilia schnell. Sie begleitet Adina zum Speisesaal und legt ihr ein hartgekochtes, gepelltes Ei auf den Teller, eine Scheibe Weißbrot, etwas Gemüse und einen Löffel Hüttenkäse, und nach der Mahlzeit drehen sie eine Runde durch die Lobby und über den Hof. Wenn es nicht regnet, machen sie einen Abstecher zur Strandpromenade, die direkt vor dem Heim liegt. Adina will immer möglichst weit weg vom Gebäude sitzen, um Gespräche mit den anderen Alten zu vermeiden, und betrachtet dann die Passanten mit konzentriertem Blick, als halte sie nach jemandem Ausschau. Danach bringt Emilia Adina auf ihr Zimmer im siebten Stock und unternimmt Besorgungen. Geht für sie Medikamente kaufen oder, falls nötig, etwas zu essen, räumt auf und putzt das Zimmer. Erledigt die Wäsche. Sie kommunizieren mit Hilfe des wenigen Hebräisch, über das Emilia verfügt, und des bisschen Englisch, das Adina spricht, vor allem aber wortlos und durch Handbewegungen. Und die meiste Zeit ist Adina gereizt und wütend. Erhebt die Stimme. Sagt Dinge, von denen Emilia denkt, es ist gut, dass sie sie nicht versteht.

Nach dem Mittagessen, das sie mit allen gemeinsam im Speisesaal einnehmen, ruht sich Adina auf ihrem Zimmer aus und schläft in der Regel etwas. Am Nachmittag gehen sie zu Vorträgen im Kultursaal des Altenheims oder zum Kartenspielen in den Luftschutzkeller, oder sie bleiben auf dem Zimmer, und Adina schaut fern, und nach dem Abendessen hilft Emilia ihr beim Duschen.

Sie verlässt das Heim nach acht, wenn Adina so gut wie eingeschlafen ist. Über ihrem Bett ist ein Notfallknopf angebracht, und im Seniorenstift gibt es nachts einen Bereitschaftsdienst, der sich damit alarmieren lässt. Emilia schließt die Tür des Zimmers mit dem Schlüssel ab, den Chava ihr gegeben hat. Und kaum jemals antwortet Adina auf ihren Gruß, wenn sie morgens kommt oder abends geht.

Obwohl er im letzten Jahr nicht mehr sprechen konnte, war es mit Nachum anders gewesen. Insbesondere in den Momenten, in denen er jäh die Augen aufschlug, mit furchtsamem Blick nach Emilia Ausschau hielt und sie dann überrascht ansah, sich beruhigte und die Augen wieder schloss. Mit Adina ist alles das genaue Gegenteil. Emilia weiß, dass Adina sie nicht dahaben will, und dass jede andere Pflegerin ihre Arbeit besser machen könnte als sie. Sie sagt sich, das kann nicht der Grund sein, dass sie hier ist, so weit entfernt von dem Ort, an dem sie geboren ist, es muss noch einen anderen Grund geben, etwas, das sie noch nicht verstanden hat und noch finden muss, und dass sie, sollte sie es nicht finden, nach Riga zurückkehren muss, obschon auch dort niemand auf sie wartet.

Aber noch gibt Emilia nicht auf. Jeder Tag beginnt mit der Hoffnung, dass sich etwas Gutes ereignen wird.

Nachts hat sie Mühe einzuschlafen, weil das Zimmer, das sie gemietet hat, an einer Hauptstraße liegt und der Verkehrslärm die ganze Nacht zu hören ist, und auch wegen der Kälte. Sie weiß, dass sie womöglich schon bald wieder in ein anderes Bett umziehen muss, in Adinas Seniorenstift, kauft aber trotzdem in einem Haushaltswarenladen an der Balfour-Straße Teller, die ihr gefallen, eine Pfanne, zwei bunte Handtücher und eine Decke, und investiert viel Zeit in eine Grundreinigung des Zimmers, das vor Emilia von drei georgischen Bauarbeitern bewohnt wurde, die nie saubergemacht haben. Abends kehrt sie zu Fuß in die Wohnung zurück, ein Spaziergang von zehn Minuten. Macht im Supermarkt halt, um sich Tomaten, Gurken und Zitronen zu kaufen, ein paar Äpfel und ein, zwei Flaschen Mineralwasser, da das Wasser aus dem Hahn in der Wohnung trüb ist. Das ist alles, was sie zu Hause isst. Brot kauft sie keines mehr. In der Wohnung gibt es keinen Spiegel, und Emilia beschließt, dass sie keinen braucht, aber im Spiegel des Fahrstuhls im Altenheim sieht sie sehr wohl, dass sie Gewicht verliert.

Abends macht sie sich ein Glas sehr süßen Tee, wie ihre Mutter ihn früher immer gemacht hat, und dann überkommt sie Sehnsucht nach Riga, oder genau genommen nicht nach Riga, sondern nach der Wohnung, in der sie aufgewachsen ist. Sehnsucht nach den Stunden, in denen sie allein in der Wohnung ihrer Eltern darauf wartete, dass ihr Vater von der Arbeit zurückkehrte, immer vor ihrer Mutter, die erst abends heimkam. Den Esstisch deckte sie immer mit zwei Tellern ein, einen für ihren Vater und einen für sich selbst, und daneben Messer, Gabel und Löffel, und in die Mitte des Tisches stellte sie in einem braunen Korb den halben Laib Brot, der vom Frühstück übrig geblieben war. Die tiefen Teller waren mit Booten und schwarzen und gelben Enten verziert. Emilia durfte den Gasherd nicht anschalten, weshalb ihr Vater das Essen warmmachte, wenn er zur Mittagspause von der Arbeit kam. Nach dem Essen räumte Emilia das Geschirr ab und wusch es unter kaltem Wasser in der Küchenspüle ab.

In der Etage über ihrem Zimmer in Bat Yam wohnt ein älteres Ehepaar, und da die Fenster bei Emilia offen stehen, um die Kühle und den Geruch des Abends einzulassen, hört sie den Mann seine Frau auf Hebräisch anbrüllen und die Frau antworten. Die meiste Zeit hat sie das Gefühl, klug gehandelt zu haben, dass sie den Fernseher und das Transistorradio aus der Wohnung von Nachum und Esther nicht mitgenommen hat, denn dieses Zimmer gleicht in ihren Augen mehr und mehr einer Art Höhle, einem Ort, an dem sie sich bereitmachen muss. Es ist nur vierzehn Quadratmeter groß, und rätselhaft bleibt, wie die Georgier, die vor ihr dort wohnten, drei Matratzen hineinbekommen haben. Aber gerade weil Emilia weder Fernsehen noch Radio hat, können Geräusche, die sie zufällig im Bus oder aus Adinas Fernsehgerät hört, sie erschaudern lassen, genauso wie Stimmen, die durch das offene Fenster hereinwehen, da jede von ihnen eine Mitteilung sein könnte, die Emilia hören muss. Eine Stimme, die ihr den Weg weisen möchte. Ein Zeichen.

Womöglich ist es sogar schon erfolgt.

Vielleicht, als eine philippinische Pflegerin namens Jennifer am Mitteilungsbrett neben den Aufzügen einen Flyer aufhängte, der die Gläubigen zur Messe am Aschermittwoch, zum Auftakt der vierzigtägigen Fastenzeit, einlud.

Emilia sah die Philippinin die Broschüre aufhängen und fragte sie, in welcher Sprache die Messe abgehalten werde, und die Philippinin sagte, auf Englisch. Zu der Messe konnte sie nicht gehen, weil sie am Mittwoch im Altenheim sein musste, aber sie begriff, dass sie möglicherweise mit ihrer Entscheidung, auf Fernseher und Radio zu verzichten, und mit ihren neuen Essgewohnheiten ohne es zu wissen schon längst mit dem Fasten begonnen hatte.

An ihrem 46. Geburtstag, der Ende Januar war und an den niemand außer ihr dachte, besuchte sie zum ersten Mal die Kirche, deren Adresse sie von dem Flyer der Philippinin abgeschrieben hatte. Sie fuhr mit dem Bus nach Jaffa, stellte dann aber fest, dass sie auch zu Fuß die Küste hätte entlanggehen können, weil ihre Mietwohnung kaum drei Kilometer entfernt lag. Und auch das war ein Zeichen.

Außer dem allgemein Bekannten wusste sie nicht allzu viel darüber, was man in einer Kirche machen muss. Sie bekreuzigte sich weder, noch kniete sie vor der Marmorstatue des Gottessohns nieder, als sie zum ersten Mal den großen Kirchenraum betrat. In ihrer Kindheit war Emilia nicht oft in die Kirche gegangen, weil ihr Vater nicht an den Gottessohn geglaubt hatte, und ihre Mutter, die allem Anschein nach an ihn glaubte, war nur selten und für gewöhnlich ohne Emilia gegangen, um den Vater nicht zu verärgern. Aber im Bus auf dem Weg nach Jaffa fiel Emilia ein Kirchenbesuch wieder ein, als Jugendliche, in der Petrikirche in der Altstadt von Riga mit ihrer Tante Stefka, der älteren Schwester ihrer Mutter. Stefka war gekommen, um bei ihnen zu wohnen und Emilias kranke Mutter zu pflegen, und sie und Emilia sollten gemeinsam für die Genesung der Mutter beten, aber Emilia bat nicht nur um ihre Genesung, sondern auch darum, dass ihre Mutter nicht mehr so leiden müsse, und als ihre Mutter keine Woche später starb, fühlte sie sich schuldig an ihrem Tod und erzählte niemandem von ihrem heimlichen Gebet.

Die Messe, die gefeiert wurde, als Emilia die Kirche in Jaffa betrat, war auf Polnisch, und Emilia setzte sich in eine der hinteren Holzbänke und lauschte dem Gebet, ohne viel zu verstehen. Die Stimme des Priesters hallte durch das Kirchenschiff wie Musik.

Bevor sie die Kirche verließ, kaufte sie eine Kerze und entzündete sie an der Flamme einer der anderen Kerzen, die gleich neben dem Taufbecken brannten, und als sie ihre Kerze zu den anderen steckte und den Geruch des verbrennenden Wachses einsog, dachte sie an Nachum und Esther und auch an ihre Mutter und ihren Vater, der nur wenige Wochen vor seinem plötzlichen Tod angefangen hatte, mit ihr über den Gottessohn zu reden.

Seither geht sie jeden Sonntag in die Kirche in Jaffa, immer zur gleichen Messe in einer Sprache, die sie nicht versteht. Sie findet heraus, dass auch die Kirche in Jaffa nach dem Heiligen Petrus benannt ist, genau wie die uralte Kirche in Riga, ja sie fängt sogar an, die Gesichter der betenden Männer und Frauen wiederzuerkennen. Und sie meint, dass auch der junge Priester ihr Gesicht wiedererkennt. Jeden Sonntag erlaubt sie sich, ihm ein bisschen näher zu kommen, eine Bank weiter vorn zu sitzen und ihre Lippen unter seinem Blick zu bewegen.

Ihn anzusprechen wagt sie noch nicht, obschon sie dies will und weiß, sie wird es tun.

Die meisten Worte der Messe versteht sie nicht, obwohl einige davon ähnlich klingen wie Worte in ihrer Sprache, aber je mehr Tage vergehen, desto stärker beginnt sie zu spüren, dass ER sie vielleicht nicht mit einer Sprache aus Worten und Buchstaben anleitet, sondern mit einer anderen Sprache, einer Sprache der Dinge, der Ereignisse und Begebenheiten, für die es kein Heft gibt, mit dem man sie lernen könnte. Nein, um sie zu verstehen, muss man alle Fenster öffnen und die Dinge hereinlassen.

Und genau das versucht sie zu tun.

Nach dem Besuch bei Esther fährt sie mit dem Bus zurück nach Bat Yam und steigt an der Balfour-Straße aus, geht in den Haushaltswarenladen und kauft sich eine bestickte Decke für den Esstisch, ein Abtropfgestell aus Plastik zum Geschirrtrocknen und ein Körbchen für Backwaren oder Obst. An jenem Abend holt sie aus ihrer Hosentasche den Zettel mit Gils Telefonnummer, die Esther ihr aufgeschrieben hat, und ruft ihn an, denn sie muss eine zweite Arbeitsstelle finden und mehr Geld verdienen.

In ihrem Heft, in das sie Wörter und kurze Sätze überträgt, die sie auf Schildern auf Hebräisch sieht und auswendig zu lernen versucht, tauchen auch der Name der Straße, in der sich die Kirche befindet, und die Namen der beiden Straßen auf, die von der Bushaltestelle dorthin führen, außerdem Emilias Name selbst, auf Hebräisch, mit Bleistift gezeichnet, als bestünde er nicht aus Buchstaben, sondern aus kleinen Zeichnungen.

Sie besucht den Friedhof, auf dem Nachums Leiche begraben liegt, und überträgt die Inschrift auf dem Grabstein in ihr Heft.

»Unser Großvater, Vater und mein geliebter Gatte.«

»Salz der Erde, Pionier und Kinderarzt.«

»Möge seine Seele eingebunden sein in das Bündel des Lebens.«

Als Emilia den großen Blumenstrauß, den sie am Eingang des Friedhofs gekauft hat, auf seiner Grabplatte verstreut, sieht sie Nachum ganz in der Nähe, zwischen den anderen Gräbern, wie er sie mit immer schwärzer werdenden Augen anschaut.

4

Ein erstes Treffen mit Gil. Sonntag, Ende Februar. Noch im Winter.

Ein paar Tage zuvor sind die schlechten Nachrichten gekommen. Als Emilia die Tür zu Adinas Zimmer im Seniorenheim aufschließt, stellt sie fest, dass ihre Tochter Chava da ist und Ordnung in den Schränken macht. Chava fragt Emilia, ob Nurit von der Personalvermittlungsfirma schon mit ihr gesprochen habe, und als Emilia verneint, berichtet sie, die Sozialhilfe habe endlich eine Vollzeitpflegerin für Adina genehmigt, weshalb Emilia zum 1. März in das Seniorenstift umziehen könne.

Sie nimmt Emilia mit in Adinas Schlafzimmer. Der Schrank steht offen, auf dem Bett türmen sich Kleidungsstücke und verwaschene Handtücher zu hohen Stapeln, und Chava fragt sie, ob ihr eine Schublade und drei Schrankböden genügen. Sie sagt, Adina habe genug Bettzeug und Decken auch für sie, aber wenn es noch etwas gäbe, was Emilia brauche, könne sie eine Liste machen. Sie, Chava, werde dann nachschauen, was sie noch zu Hause habe, und was fehle, werde sie besorgen.

Adina sitzt auf dem Sofa in dem winzigen Wohnzimmer, und obwohl sie nicht alles von ihrem Gespräch versteht, sind ihr die Vorbereitungen, die ihre Tochter trifft, offensichtlich klar. Sie kreischt Chava auf Hebräisch an, dass sie nicht will, dass Emilia bei ihr wohnt, dass sie sie nicht braucht, dass sie ihr Geld stiehlt, und Emilia ist schockiert, obwohl Chava sie auf Englisch bittet, ihre Mutter einfach zu ignorieren. »Verstehst du, was sie sagt?«, fragt Chava. »Sie denkt, alle bestehlen sie. Vor allem ich, mein Mann und die Kinder. Als wenn sie irgendwas übrig gelassen hätte, das sich stehlen ließe. Ihr ganzes Leben lang hat sie immer nur Geld zum Fenster rausgeworfen. Und jetzt hat sie keins mehr, und ich muss für sie aufkommen.«

Obwohl sie jetzt eigentlich keine juristische Auskunft mehr benötigte, sagte Emilia das Treffen, das sie zuvor mit Gil vereinbart hatte, nicht ab.

Außerdem war der Sonntag nach wie vor ihr freier Tag.

Sie wachte früh auf, draußen war es noch dunkel. Trank am offenen Fenster in der Küche im Schein der Neonröhre an der Decke Kaffee. Es blieben ihr nicht mehr viele solche Morgen. In dem Körbchen, das sie in dem Haushaltswarenladen erstanden und auf die bestickte Decke in die Mitte des Tischs gestellt hatte, lagen Zitronen und Äpfel. Für einen kurzen Moment setzte der Autoverkehr aus, und Emilia hörte, wie eine Frau auf Absätzen schnell die Straße entlanglief. Sie sagte sich, was passiert war, war gut, ihr Verdienst würde steigen und sie müsste keine Miete mehr bezahlen. Ohnehin hätte sie nicht mehr lange in dieser Wohnung bleiben können, das Geld reichte ja nicht. Dennoch spürte sie, dass der Umzug ins Seniorenheim ihr noch schwerer fallen würde, als die Wohnung von Nachum und Esther zu verlassen.

Der Bus der Linie 42 brachte sie von der Balfour-Straße in Bat Yam nach Ramat-Gan. Da sie am Anfang der Strecke einstieg, fand sie einen Sitzplatz in einer der hinteren Reihen, an einer beschlagenen Fensterscheibe. Sie trug ihre graue Jeans, ein graues Shirt und die ausladende Sonnenbrille. Da sie so stark abgenommen hatte, hingen die Kleidungsstücke schlaff an ihrem Körper, aber sie konnte sich sich selbst nicht in anderen Sachen vorstellen und hatte auch kein Geld, etwas zu kaufen, was ihrer jetzigen Größe entsprach. In der Plastiktüte, die sie bei sich trug, waren ein längliches schwarzes Portemonnaie und ein in die Jahre gekommenes Mobiltelefon.

Emilia hält die Plastiktüte auf ihren Knien umklammert.

Auf dem Platz neben ihr wechseln die Fahrgäste alle paar Stationen, und der Bus füllt sich. Diejenigen, die keinen Sitzplatz gefunden haben, stehen dicht gedrängt und suchen nach einer Möglichkeit, sich festzuhalten. Ihre nassen Jacken und Mäntel berühren einander. An einer der Haltestellen steigt der junge Priester aus Jaffa ein, der die Messe auf Polnisch hält. Emilia ist überrascht, ihn außerhalb der Kirchenräume zu sehen. Seine Anwesenheit im Bus wirkt fremd, befremdlich, als sollte er nicht dort sein oder als sei er nur ihretwegen da. Und er sieht im Bus vollkommen anders aus. Sein Kollar schaut unter einem blauen Pullover und einer schwarzen Windjacke hervor, und über der Schulter trägt er einen ledernen Rucksack, wie ein Student.

Der Priester bemerkt Emilia nicht, da sie von der dicht gedrängten Menge der Fahrgäste verborgen wird. Auch sie kann ihn nur sehen, wenn jemand seinen Platz verlässt oder aussteigt und das Meer der Fahrgäste sich teilt. Sein

Gesicht, das ihr einen Moment vor Augen steht und dann wieder verschwindet, weckt bei Emilia Ergriffenheit. Und da ihn niemand sitzen lässt, erhebt sie sich von ihrem Platz, lässt aber die Plastiktüte auf der Sitzfläche zurück und bahnt sich durch die Fahrgäste einen Weg zu ihm. Sie stellt sich nicht vor, als sie ihn auf Englisch anspricht und fragt, ob er sitzen möchte, und er schaut sie überrascht an, lächelt ihr zu und sagt, er steige schon an der nächsten Haltestelle wieder aus. Sie kehrt zu ihrem Platz zurück und steigt ein paar Stationen später aus, an der Ecke Bialik- und Aba-Hillel-Straße.

Gil hatte noch zu tun, und sie wartete in einem Sessel gegenüber seiner Sekretärin auf ihn.

Zwei kleinwüchsige Männer, die für Emilia wie Zwillinge aussahen, kamen irgendwann aus seinem Zimmer, aber sie wartete weiter, bis die Sekretärin meinte, sie könne jetzt eintreten, und sie zu ihm führte. Die weiche, wächserne und teigige Hand, die Gil ihr reichte, als sie eintrat, erinnerte sie sofort an Nachums Hände, die sie jeden Morgen und jeden Abend gewaschen und deren Fingernägel sie einmal in der Woche oder alle zwei Wochen geschnitten hatte. Auch seine grünen Augen waren Nachums, sahen sie aber nicht mit jener Unverwandtheit an, mit der Nachum in ihre Augen geschaut hatte, wenn er verstört aufgewacht war oder sie sein Gesicht gewaschen hatte.

Er trug Anzug und verströmte einen Geruch nach Aftershave, das auf seinen glattrasierten Wangen glänzte. Zu Beginn des Treffens wirkte er noch fahrig oder beschäftigt. Auf Hebräisch sagte er zu Emilia: »So, jetzt bin ich bei Ihnen. Meine Mutter hat mir gesagt, Sie waren bei ihr und möchten sich mit mir beraten.« Emilia verstand, was er sagte, antwortete aber auf Englisch. Im Grunde genommen brauchte sie ja jetzt nichts mehr von ihm, weil sie schon bald in Vollzeit im Seniorenheim arbeiten würde, aber als er sie ebenfalls auf Englisch fragte: »Also wie kann ich Ihnen helfen?«, log sie und wiederholte, was noch gestimmt hatte, als sie es Esther erzählt hatte: Sie arbeite Teilzeit, und das Einkommen reiche ihr nicht, weshalb sie jetzt anfangen wolle, an ihren freien Tagen Wohnungen oder Büros zu putzen. Sie wisse nicht, ob sie das einfach so und ohne Genehmigung tun solle oder ob es sich für sie lohnen würde, ihre Arbeitserlaubnis ändern zu lassen, falls das überhaupt möglich sei. Esther habe vorgeschlagen, sich bei ihm Rat zu holen, und nur deshalb habe sie angerufen. Es tat ihr leid, dass sie Gil nicht die Wahrheit sagte, aber sie tröstete sich damit, dass es keine komplette Lüge war, sondern noch gestimmt hatte, als sie ihn anrief.

Alles, was sie zu diesem Zeitpunkt über Gil wusste, war, dass er der jüngste Sohn von Nachum und Esther war. Einige Jahre jünger als seine Schwestern und etliche Jahre jünger als sein älterer Bruder. Von allen vieren war er derjenige, der Nachum und Esther am seltensten besuchen kam, und das nicht nur, weil er vielbeschäftigt und oft im Ausland war. Das zumindest verstand sie aus Dingen, die Esther manchmal sagte. Sie hatte angedeutet, dass er die Eltern seiner Frau sehr viel öfter besuchte, weil sie reich waren und Gil und seiner Frau eine Menge Geld gaben, und einmal hatte Emilia Esther zu Nachum sagen hören, dass »Gil schon gewusst hat, wen er wegen des Geldes heiraten soll, aber das hat ihm nicht geholfen, glücklich im Leben zu werden«. Emilia hatte ihn nur selten gesehen. Um Geldangelegenheiten und ihren Lohn kümmerte sich Seev, der älteste Sohn.

Sein Büro war klein und machte nicht allzu viel her.

Auf dem Boden graue Auslegeware, und das Mobiliar abgenutzt. Nicht nur seine Hände und die Farbe seiner Augen erinnerten Emilia an seinen Vater Nachum, sondern auch etwas an der sanften Gemächlichkeit seiner Bewegungen.

Die Frau, mit der er verheiratet war, hieß Ruthi, auch sie hatte Emilia nur wenige Male getroffen, und er hatte zwei Töchter, Hadas und Noa, die Nachum und Esther ohne ihn besuchen kamen, gemeinsam oder jede für sich. Während der Trauerwoche hatte Esther alte Fotoalben herausgeholt, und am Schabbat, als keine Besucher in der Wohnung waren, hatte sie Emilia Bilder von Gil als Kind und Jugendlichem gezeigt. Als er sie um ihren Pass bat und die Unterlagen, die sie von der Personalvermittlungsfirma bekommen hatte, und diese durchsah, überlegte Emilia, dass das kleine Zimmer, in dem sie zwei Jahre lang geschlafen hatte, möglicherweise früher sein Kinderzimmer gewesen war.

Gil hob den Kopf von den Unterlagen und schaute Emilia an.

Sagte auf Englisch zu ihr, das sei zwar nicht genau das Fachgebiet, in dem er jetzt tätig sei, aber bis vor einigen Jahren habe er mit einer Personalvermittlungsagentur und ausländischen Arbeitskräften zu tun gehabt. Seiner Ansicht nach sei es schwierig bis unmöglich, ihre Arbeitserlaubnis ändern zu lassen, zumal ohne einen offiziellen Antrag von der Personalvermittlungsfirma, über die sie nach Israel gekommen war.

»Möchten Sie, dass ich mich an die wende und sie bitte, einen Antrag zu stellen?«, fragte er, und Emilia beeilte sich, zu verneinen.

»Ohne Genehmigung zu arbeiten, kann ich Ihnen naturgemäß nicht raten, als Rechtsanwalt«, fügte er hinzu. »Aber es kann sein, dass das am einfachsten wäre. Alle machen das so. Auch die israelischen Putzkräfte. Aber geben Sie mir ein paar Tage, und ich hole zwei, drei Erkundigungen ein und melde mich bei Ihnen, in Ordnung?«

Emilia nickte, machte aber keine Anstalten zu gehen. Sie wollte nicht, dass er sich an die Firma wandte, die sie ins Land geholt hatte, ihr war wichtig, dass er das verstand, und er sagte, das verstehe er. Er fragte nach, wie man ihren Familiennamen ausspreche, und als sie zweimal »Nudjews« wiederholte, weil Gil Mühe hatte, den Namen richtig auszusprechen, dachte sie, dass sie ihren Familiennamen schon lange nicht mehr gesagt hatte, als wäre Emilia der einzige Name, der ihr noch geblieben war, E-mi-li-a, und auch der verschwand zusehends, weil Adina sie nicht mit ihrem Namen ansprach, wie es Nachum und Esther getan hatten. Und jetzt war, dank ihm, für einen Moment ihr Name wieder zu ihr zurückgekehrt. Als er wissen wollte, ob sie Verwandte in Israel habe, verneinte Emilia, und Gil wechselte ins Hebräische und fragte: »Aber in Lettland? Gibt es Familie in Lettland?«

Sie schüttelte den Kopf.

»Auch in Lettland nicht? Keine Kinder in Lettland?«

Sie hatte keine Kinder. Und jetzt auch keine Eltern mehr.

Sie wollte ihm sagen, ihr Vater und ihre Mutter seien der letzte Rest an Familie gewesen, den sie gehabt hatte, aber das stimmte auch wieder nicht, weil es ja noch Stefka und deren zwei Söhne gab, die beide auch schon Kinder hatten. Und genau in dem Augenblick erwähnte Gil Nachum. Er sagte: »Ich weiß, wie verbunden mein Vater Ihnen gewesen ist. Sind Sie schon viele Jahre Pflegerin? Und haben Sie auch schon, bevor Sie nach Israel gekommen sind, als Pflegerin gearbeitet?« Emilia verneinte und erzählte, weil er sie ja gefragt hatte, was sie zuvor gemacht hatte, in Riga habe sie in einem Haushaltswarengeschäft gearbeitet. Danach holte sie das schwarze Portemonnaie aus der Plastiktüte, aber Gil bedeutete ihr mit einer Handbewegung, es wieder einzustecken. »Sie müssen mir nichts zahlen, Gott bewahre«, sagte er. »Noch gibt es keinen Grund dafür. Wenn es so weit ist, sage ich Ihnen Bescheid. Und ich werde versuchen zu tun, was ich kann, um zu helfen.«

An jenem Abend ging Emilia zu Fuß nach Jaffa. Die Messe auf Polnisch begann um sechs, und sie war zu früh da und saß noch eine Weile auf dem Platz vor der Kirche, mit Blick aufs Meer.

Sie dachte an den Priester im Bus, am Morgen. Daran, dass sie vielleicht sonntags nicht mehr zur Messe würde gehen können, wenn sie Vollzeit arbeitete und im Seniorenheim wohnte. Der Anblick des jungen Priesters unter all den Fahrgästen im Bus war in ihren Augen ein Zeichen, dass sie sich an ihn wenden und mit ihm sprechen musste, und sie beschloss, dies noch heute zu tun.

Sie wusste bereits recht genau, wann die Betenden von

ihren Plätzen auf den Holzbänken aufstanden und wann sie niederknieten. Sie dachte an das Schlafsofa in dem winzigen Wohnzimmer von Adinas Appartement im Seniorenheim und an die alten Laken, auf denen sie schlafen würde. Die Stimme des Priesters rieselte von der Decke des Kirchenschiffs und entführte Emilias Gedanken zu anderen Dingen, zum Beispiel zu Nachums Händen, die beinahe der einzige Teil seines Körpers gewesen waren, dem man keine Anzeichen des nahenden Todes oder des Alters ansah, und an ihre Ähnlichkeit mit der weichen Hand, die Gil ihr gereicht hatte, bei ihrem Treffen am Morgen. Sie dachte daran, dass auch die Hände des Gottessohnes an der Statue hinter dem Priester, im Gegensatz zum ganzen übrigen Körper, unversehrt waren. Die Hände des marmornen Gottessohnes waren weiß und schlank, mit langen, sauberen Fingern, wiesen keine Wundmale von den Nägeln auf. Und für einen Moment hatte sie Nachum wieder vor Augen, aber diesmal nur in ihrer Erinnerung. Sie sind im Badezimmer, vor dem Waschbecken. Er sitzt in seinem Rollstuhl, und sie steht neben ihm, nimmt seine Hände, legt sie ins Waschbecken und wäscht sie mit warmem Wasser und Seife, und Nachum, vielleicht, weil der Spiegel zu hoch hängt und er sich nicht sehen kann, schaut ihr ins Gesicht. Sie dachte auch an ihre Mutter, deren Krankheit Emilia als junges Mädchen erlebt hatte, sie hatte nicht gewusst, wie sie den Tod an sich herankommen lassen sollte, ohne Schrecken zu empfinden, und sie dachte an ihren Vater, der etliche Jahre danach an einem Herzinfarkt gestorben war, ohne dass Emilia Gelegenheit gehabt hätte, ihn zu pflegen.

Der Priester sagte kein Wort über ihre Begegnung am

Morgen im Bus und sie auch nicht. Sie fragte ihn auf Englisch, ob sie mit ihm sprechen könne, und der Priester bat sie zu warten, bis er sich von den Gottesdienstbesuchern verabschiedet hätte, bedeutete ihr dann, ihm zu folgen, und sie gingen in das Ankleidezimmer für die Geistlichen im Gang hinter dem Kirchenraum.

Es war ein großer, beheizter Raum. Sie nahmen auf Stühlen an einem langen Tisch mit roter Decke Platz. Der junge Priester fragte Emilia, ob sie etwas trinken wolle, und sie bejahte. Woher wusste er, dass sie solchen Durst hatte?

Wie sie befürchtet hatte, hatte Emilia Mühe zu sprechen, als sie ihm gegenübersaß. Fand nicht die richtigen Worte.

Von nahem wirkte er so jung auf sie, jünger noch, als sie gedacht hatte. Jünger sogar, als ihr Sohn oder ihre Tochter heute wären, hätte sie sie nicht wegmachen lassen. Auch seine Augen waren grün, wie die Nachums und die seines Sohnes Gil. Der Priester sah, dass es ihr schwerfiel, den Anfang zu machen, und wollte ihr behilflich sein, fragte sie nach ihrem Namen, woher sie komme und wie lange sie schon in Israel sei. Fragte, ob sie die Kirche besuche, seit sie hier lebe, und sie schüttelte den Kopf und sagte, erst seit ein paar Wochen. Als er sie fragte, warum ausgerechnet jetzt, ob etwas in ihrem Leben geschehen sei, das sie bewogen habe, die Kirche zu besuchen, geriet sie durcheinander und sagte, sie wisse es nicht, und der Priester lächelte ihr zu und sagte: »Vielleicht ist meine Frage auch nicht gut gestellt. Es braucht keinen Grund, um zu uns zu kommen.«

Er goss ihr aus einer Karaffe Wasser in ihr Glas nach, das sie schon geleert hatte, und erzählte ihr, dass auch er erst seit ein paar Wochen in Israel sei. Er heiße Tadeusz.

Sei in einer kleinen Ortschaft bei Posen geboren, in Polen, und habe in den letzten zwei Jahren in Sheffield in England gelebt und gearbeitet. An das Leben in Israel versuche er sich noch zu gewöhnen. Was er sagte, half ihr tatsächlich. Sie schaffte es, Tadeusz zu fragen: »Haben Sie darum gebeten, hierherzukommen?« Er verneinte, und als er sah, dass sie verstummte, fügte er hinzu: »Wir bitten nicht. Normalerweise. Wir können es versuchen, aber so gut wie immer gehen wir einfach dorthin, wohin wir geschickt werden. Wollten Sie herkommen?«

Emilia schüttelte den Kopf, stellte ihr Glas auf den Tisch, und plötzlich konnte sie reden. Sie erzählte ihm von Nachum, davon, dass sie, bevor sie hergekommen war, nicht gewusst hatte, wen sie pflegen würde, aber in dem Moment, in dem sie ihn sah, habe sie gespürt, dass sie nicht grundlos zu ihm geschickt worden war, sondern vielleicht als Ausgleich dafür, dass sie ihre Mutter nicht gepflegt hatte, als diese vor vielen Jahren erkrankt war, und ihren Vater auch nicht. Sie sagte, jetzt, da sie Nachum nicht mehr pflege, wisse sie nicht mehr, ob sie in Israel bleiben oder nach Riga zurückkehren solle, dass sie nach einem Grund suche, hier zu sein, und ihn nicht finde, dass es nicht die Betreuung von Adina sein könne, aber sie spüre, es sei kein Zufall, dass sie hier sei, und dann fasste sie sich ein Herz und stellte ihm die Frage, die sie ihm hatte stellen wollen, seit sie zum ersten Mal die Kirche betreten hatte: »Wie wissen wir, ob wir auf dem Weg gehen, den ER uns weist, oder ob wir einen anderen Weg nehmen sollen? Ob wir uns verlaufen haben und die Richtung ändern müssen?«

Als Tadeusz ihr zulächelte, war Emilia sicher, dass das

der Mann war, den sie am Morgen im Bus gesehen hatte. Dass dies das großherzige Lächeln war, das er ihr geschenkt hatte, als sie ihm ihren Sitzplatz anbot. Sein Gesicht war weich wie das eines Kindes und sein Haar hell und glatt, und er strich mit der Hand hindurch, während er sprach. Er sagte: »Wir wissen es nicht, Emilia. Oder zumindest die längste Zeit nicht, denke ich. Meist wissen wir es nicht, und nur manchmal haben wir kurze Augenblicke des Wissens in uns, und nach denen versuchen wir uns zu richten. Ich kenne Sie noch nicht gut genug, aber ich denke, Sie gehen auf dem Weg, den ER uns weist, weil ich glaube, dass ER uns immer leitet, anderen zu helfen – und das ist ja genau, was Sie tun.«

Auf dem Nachhauseweg macht Emilia in dem Haushaltswarenladen in der Balfour-Straße halt. Die Verkäuferin erkennt sie bereits. Sie weiß zwar nicht, dass ihr Name Emilia Nudjews ist, und auch nicht, wie alt sie ist, was sie im Leben macht und dass sie das Geld, das sie im Laden ausgibt, eigentlich nicht ausgeben dürfte, aber sie kennt bereits die ältliche, hagere Frau mit den hellen, kurzgeschnittenen Haaren, die fast immer eine zu weite graue Jeans und ein kurzärmeliges graues T-Shirt trägt, auch an kalten Tagen, eine große Sonnenbrille mit rotem Gestell aufhat und sich viel Zeit im Laden lässt. Und obwohl es keinen Sinn macht, dass Emilia noch irgendetwas kauft für die Wohnung, die sie aufgibt, erwirbt sie ein Set bemalter Untersetzer für Gläser und eine kleine Kupferglocke an einem Band, die sich ins Fenster hängen lässt.

An den Abenden, die ihr in ihrer Wohnung noch bleiben, macht sie sich ein Glas süßen Tee und schreibt in ihr Heft Wörter und Sätze auf Hebräisch ab, aus Zeitungen oder Broschüren, die sie in der Lobby des Seniorenstifts findet. Sie zeichnet wieder aus hebräischen Buchstaben den Namen »Emilia« und schreibt auch »Jaffa« und »Tadeusz« und »Der Heilige Simon-Petrus der Fischer«.

Nachum taucht manchmal in ihrem Zimmer auf und sitzt neben ihr, wenn sie mit Bleistift die Buchstaben zeichnet, und sie wagt nicht, ihn anzuschauen. Seine Haut verschwindet, und seine Augen werden immer dunkler. Sie möchte Tadeusz nach der Welt fragen, die nach dieser Welt kommt, nach dem Ort, an den ihre Mutter und ihr Vater und Nachum gegangen sind, aber noch fragt sie ihn lieber nicht, weil sie Angst hat, sie könnte ihn verschrecken. Und von Nachum wird sie dem Priester auf keinen Fall erzählen, das weiß sie.

Am Morgen stellt sie den Wecker immer früh, um die Zeit zu verlängern, die ihr alleine bleibt. Trinkt am offenen Fenster Kaffee bei winterlichem Licht.

5

Es kommt der 1. März. Emilia packt ihre Habseligkeiten erneut in zwei Koffer. Sie hat jetzt neue Haushaltsgegenstände, die sie in Zeitungspapier wickelt und zwischen den Kleidungsstücken verstaut. Im Seniorenheim räumt sie alles in einen Pappkarton, um den sie eine Frau aus Moldawien bittet, die im Speisesaal arbeitet, und stellt ihn in einer Ecke von Adinas Balkon auf den Boden, unter einen Plastikstuhl, so dass die Sachen vor Regen geschützt sind, doch schon bald wird es ohnehin nicht mehr regnen.

Adina wacht nachts oft auf, weint und schreit. Emilia erhebt sich von dem Klappsofa und geht zu ihr ins Schlafzimmer, und zu ihrer eigenen Überraschung gelingt es ihr, sie zu beruhigen. Sie streichelt ihren mageren Arm und ihr dünnes Haar, und Adina schläft wieder ein. Dies sind die guten Momente. Am Tag ist Adina dann wieder misslaunig. Flucht und versucht sogar, sie zu schlagen, wenn Emilia ihr beim Anziehen helfen will. Ihr Zustand scheint sich rapide zu verschlechtern, und manchmal erinnert sie sich nicht, wer Emilia ist.

Jetzt hat Emilia zwei Zimmer, die sie vermissen kann: das kleine Zimmer, in dem sie bei Nachum und Esther gewohnt hat und das immer mehr in Vergessenheit gerät, und das Zimmer, das sie für ein paar Wochen in Bat Yam gehabt hat, mit dem Autoverkehr unter dem offenen Fenster und den Stimmen der Nachbarn, die hereinschallten. Im Seniorenheim hat sie weder ein Zimmer noch ein Bett. Jeden Abend klappt sie das Sofa im Wohnzimmer aus, holt aus dem Bettkasten darunter Laken, Decke und Kopfkissen und verwandelt es in ein Bett für die Nacht. Jeden Morgen zieht sie das Bettzeug ab, verstaut es in dem Kasten und klappt das Bett wieder zum Sofa ein.

Was ihr besonders zu schaffen macht, ist, dass sie im Altenheim keine Momente der Stille hat. Und ohne Stille hört sie nichts, vermag nicht zu verstehen, wohin ER sie leitet, und verliert sich. Sie steht früh auf, aber sobald sie den Wasserhahn aufdreht, um sich das Gesicht zu waschen, erwacht Adina. Abends hört sie Adinas Atemzüge aus dem Schlafzimmer. Ihre Unruhe wird immer stärker. Auch der Versuch, dem zu entfliehen, misslingt. Unter den Pflegerinnen und Pflegern im Seniorenheim gibt es in den Abendstunden ein reges Gemeinschaftsleben, und wenn Emilia die Wohnung verlässt, trifft sie auf dem Gang oder im Fahrstuhl stets jemanden oder gerät an ein Grüppchen von Pflegerinnen, die im Hof des Altenheims sitzen und sie drängen, sich zu ihnen zu gesellen. Das andere, worunter sie leidet, ist der Geruch. Der Geruch des Altenheims, der so anders ist als der Geruch des Alters bei ihrem Vater oder in der Wohnung von Nachum und Esther. Das ist jetzt der Geruch, der ihr Leben umgibt und ihr das Atmen schwer macht.

Nur an den Sonntagen wird Emilia daran erinnert, dass sie noch immer sucht. Chava gewährt ihr widerwillig vier freie Stunden, und Emilia geht zu Fuß nach Jaffa, ist da lange, bevor die Messe beginnt, und wartet in der ersten

Bank auf Tadeusz. Wenn er den Kirchenraum betritt, sieht er als Erstes Emilia. Und nach der Andacht lädt er sie ein in das Priesterzimmer. Er nimmt wahr, dass ihre seelische Not wächst, aber wenn er sie fragt, ob sie denn auch isst, bejaht sie. Sie verbirgt ihre Notlage nicht vor ihm, gibt ihr aber in den Gesprächen mit ihm andere Namen. Sie fragt ihn nach der Suche, dem Nichtverstehen, und Tadeusz sagt, es gebe im Leben unverständliche Phasen, Wochen oder Monate oder sogar Jahre, in denen es nichts als sinnloses Leid zu geben scheine, und oft werde erst hinterher klar, dass dies Zeiten der Vorbereitung gewesen seien, des Reifens.

Emilia sagt, das wisse sie, aber wenn sie im Seniorenheim sei, gelinge es ihr nicht zu glauben, und Tadeusz erwidert, gerade weil es dort am schwersten für sie sei, müsse sie im Moment dort sein. Er erinnert sie an die vierzig Tage, die der Sohn Gottes ohne Brot in der Wüste verbrachte, und an die Versuchungen, mit denen der Teufel ihn dort lockte, und nach diesen Tagen erst begann er, die frohe Botschaft zu verkünden. Um sie aufzumuntern, fragt er Emilia, in welcher Sprache sie am liebsten liest, und verspricht, ihr beim nächsten Treffen das Neue Testament mitzubringen, aber er fragt sie auch, ob sie sich nicht am besten bei der Personalvermittlungsagentur nach einer anderen Stelle erkundigen sollte, und ob sie mit jemandem aus ihrer Familie Kontakt habe. Er ist so jung, und wenn sie sein glattes Gesicht betrachtet, denkt sie manches Mal, wenn sie einen hätte, könnte er ihr Sohn sein. Seine Gesichtshaut glänzt golden, als wäre sie mit Olivenöl gesalbt. Und trotz seines jungen Alters ist er bei dem, was er sagt, voll stiller Selbstsicherheit, und in seinem Blick ist etwas, das Emilia zu beruhigen vermag. Immer wieder sagt er ihr: »Jeder von uns befindet sich zu einem bestimmten Zweck an diesem Ort hier. Sie haben das gewusst, noch ehe Sie mich getroffen haben, und genau deshalb sind Sie zu mir gekommen und wollten mit mir sprechen. Nicht, damit ich Ihnen helfe, das Ziel zu finden, sondern damit ich Sie auf dem Weg dorthin begleite. Und wenn Sie geduldig und unverzagt sind, weiß ich, Sie werden es finden.«

Sie denkt nicht mehr an das Treffen mit Gil, bis er sie anruft, und sogar Nachum sieht sie weniger jetzt, weil sie die ganze Zeit bei Adina im Seniorenheim ist und Nachum sich ihr für gewöhnlich nur zeigt, wenn sie allein ist.

Gil ruft an einem Dienstagabend an, um kurz nach neun. Ein sonderbarer Zeitpunkt. Adina schläft schon, und Emilia ist gerade dabei, das Wohnzimmer zum Schlafen herzurichten. Sie antwortet flüsternd und schlüpft mit dem Handy hinaus auf den Etagenflur.

Gil fragt, wie es ihr geht, und entschuldigt sich, dass er so lange gebraucht hat, um zurückzurufen. Er bittet auch um Entschuldigung, dass er keine guten Neuigkeiten hat. Im ersten Augenblick erinnert sich Emilia nicht einmal, wovon er spricht. Ihr Leben hat sich so sehr verändert, seit sie in das Seniorenheim umgezogen ist, dass ihr altes Leben wie ausgelöscht ist. Gil sagt, er habe noch nicht endgültig aufgegeben, aber alles deute darauf hin, dass er es nicht schaffen werde, ihre Arbeitserlaubnis ändern zu lassen ohne eine offizielle Anfrage von Seiten der Personalvermittlungsfirma. Falls Emilia weitere Jobs annehmen wolle, müsse sie dies ohne Genehmigung tun. Sie sagt ihm nicht, dass sie das jetzt gar nicht mehr braucht, denn wie könnte sie, nachdem er sich so viel Mühe gemacht hat, ja sie fragt ihn sogar, wie viel sie ihm zahlen soll, und hofft, den Betrag aufbringen zu können, den er nennen wird.

Er sagt, sie müsse gar nichts bezahlen, weil er ja nichts erreicht habe.

Nach einem kurzen Augenblick des Schweigens sagt er, auch wenn immer noch eine geringe Aussicht bestehe, dass er das regeln könne, wolle er ihr die Unterlagen zurückgeben, die sie bei ihm gelassen habe und sicher brauche. Sie schlägt vor, sie könne in sein Büro kommen, wenn sie einen Morgen frei hat, aber er sagt, er sei in Bat Yam und könne ihr die Papiere jetzt gleich vorbeibringen, und so lügt sie weiter, vielleicht, damit er nicht herausfindet, dass sie bereits Vollzeit arbeitet und er sich umsonst bemüht hat, vielleicht aber auch aus einem anderen Grund. Sie erzählt ihm nicht, dass sie ihre Wohnung aufgegeben hat und ins Seniorenheim gezogen ist. Als er fragt, ob sie nach unten auf die Straße kommen könne, damit er keinen Parkplatz suchen muss, sagt sie ja, aber sie sei gerade nicht zu Hause und könne erst in einer halben Stunde da sein.

Das Ganze ist ein überraschendes, noch unverständliches Ereignis im gleichmäßigen, trägen Fluss der Tage und Nächte, die so wenige unvorhergesehene Zwischenfälle bieten.

Emilia zieht einen weißen Pullover über das graue T-Shirt, weil die Abende noch kühl sind. Als sie schon im Begriff ist, das Zimmer zu verlassen, wacht Adina auf und ruft nach ihr, aber Emilia gelingt es, sie schnell wieder zum Einschlafen zu bringen. Sie nimmt den Weg, den sie einige

Wochen regelmäßig gegangen ist, vom Seniorenheim zu der Wohnung, die ihre Wohnung war. Der Lebensmittelladen, wo sie Obst, Gemüse und Mineralwasser gekauft hat, ist noch geöffnet, und die Verkäuferin raucht eine Zigarette auf dem Bürgersteig vor dem Laden, aber das Haushaltswarengeschäft hat schon geschlossen. Die Sonnenblenden vor dem Küchenfenster, an dem Emilia so gerne gesessen hat, sind zugeklappt, und die Wohnung dunkel, offenbar, weil sie noch nicht weitervermietet ist, aber die Wohnung darüber ist hell erleuchtet und vertraute Stimmen dringen heraus. Emilia erinnert sich. Der Mann und seine Frau streiten noch immer. Das alles ist noch nicht lange her, aber durch den Sog der schlimmen Tage im Seniorenheim in den Tiefen der Erinnerung versunken.

Ihr Telefon klingelt, und im selben Augenblick hält ein großer Wagen vor ihr.

Emilia macht einen Schritt auf die Straße, tritt zum Fenster auf der Fahrerseite, und Gil reicht ihr seine weiche Hand. Die Dokumente liegen auf der Aktentasche neben ihm auf dem Beifahrersitz. Er entschuldigt sich noch einmal, dass er es nicht geschafft hat, die Sache mit ihrer Arbeitserlaubnis zu regeln, wiederholt, noch habe er nicht aufgegeben, und fragt Emilia dann, ob sie in letzter Zeit mit seiner Mutter Esther gesprochen habe. Emilia fühlt sich schuldig, dass sie nicht mit ihr gesprochen hat, und sie fragt Gil, wie es ihr gehe, worauf er anfängt zu erzählen, seine Mutter mache eine nicht gerade einfache Zeit durch, um dann innezuhalten, weil sein Wagen mitten auf der Straße abgestellt ist. Er fragt Emilia, ob sie nicht einen Kaffee trinken wolle, und sie steigt in den Wagen und setzt sich, nachdem er die Papiere und die Aktentasche auf einen der Sitze nach hinten geworfen hat, neben ihn auf den Vordersitz.

Emilia muss eigentlich zurück ins Seniorenheim, weil sie Adina nicht so lange allein lassen darf.

Gil beugt sich zu ihr und streckt seinen Arm unter ihre Beine, um ihr zu zeigen, wie sie den Sitz nach hinten schieben kann. Er fragt, ob sie ein Café in der Nähe kenne, aber sie ist noch in keinem Café gewesen, seit sie nach Israel gekommen ist. Während der kurzen Fahrt erzählt ihr Gil weiter von Esther, die das Haus so gut wie nicht mehr verlässt und zuletzt an einer Grippe gelitten hat, die sich dann auch noch zur Lungenentzündung auswuchs, und Emilia ist sicher, er will sie bitten, ihre Arbeit im Altenheim aufzugeben und die Pflege seiner Mutter zu übernehmen.

Im Café an der Strandpromenade ist niemand außer ihnen. Emilia bestellt bei der Kellnerin einen Kaffee und muss an den Morgen denken, an dem sie zu Gils Büro in Ramat-Gan gefahren ist und im Bus Tadeusz gesehen hat. Sie versucht, der Freude in ihrem Inneren nicht zu früh freien Lauf zu lassen, aber das ist nicht leicht. Gil sieht sie mit Nachums Augen an, und auch seine langsamen Bewegungen und die Art, wie er auf dem Stuhl sitzt, gehören zu seinem Vater, und Emilia ist sich bereits ganz sicher, dass er sie fragen wird, ob sie bereit wäre, Esther zu pflegen, denn ihr Sitzen dort kann keinen anderen Zweck haben. In ihrer Phantasie kehrt sie zurück in das kleine Zimmer, legt ihre Koffer unter das schmale Bett, aber wenige Augenblicke später wird ihr klar, dass der Zweck des Gesprächs ein anderer ist.

Als Emilia ihn fragt, wie es seinen Töchtern und seiner

Frau geht, schweigt Gil. Ist vielleicht unschlüssig, was er ihr sagen kann, der ältlichen Frau, die einmal die Pflegerin seines Vaters gewesen ist, mit der er aber bis zu diesem Abend nicht mehr als zwei oder drei Sätze gewechselt hat. Dann, als hätte er sich durchgerungen, beginnt er und sagt, auch er mache gerade keine leichte Zeit durch.

Er bittet sie, Esther nichts davon zu erzählen, sollte sie sie treffen, und gesteht Emilia dann, seine Frau und er ließen sich scheiden.

Das sei schon lange geplant, aber erst aufgeschoben worden wegen Nachums Zustand – und dann wegen seines Todes. Jetzt hätten sie entschieden, es mache keinen Sinn, noch länger zu warten. »Ich weiß nicht, ob Sie schon einmal verheiratet waren«, sagt er zu Emilia. »Aber wenn ja, werden Sie das sicher verstehen. Wir sind an einem Punkt angelangt, an dem es nicht mehr weitergehen kann.« Er hat eine Wohnung gemietet, unweit des Hauses, in dem sie wohnen, und muss diese herrichten für sich und für die beiden Töchter, die ihre Woche zwischen den beiden Orten aufteilen werden. Als er Emilia fragt, ob sie jemanden kenne, der in der Wohnung gründlich saubermachen und für Ordnung sorgen könne, schlägt sie sich selbst vor, denn sie ist sicher, dass es das ist, was er möchte, und ist überrascht, als er sagt, das habe er nicht im Sinn gehabt, sondern gedacht, sie kenne bestimmt Frauen, die einen zusätzlichen Job suchten.

Emilia zwingt sich, nicht enttäuscht zu sein. Sie bleibt dabei, dass sie sich freuen würde, seine Wohnung zu putzen, aber dass sie nur an den Sonntagen könne. Sie denkt, wenn Chava einwilligt, dass sie früher aus dem Altenheim wegkommt, hätte sie genug Zeit, bei Gil zu arbeiten, bevor sie zur Kirche geht.

»Am allerwichtigsten ist, dass Sie meiner Mutter nichts davon erzählen, wenn Sie mit ihr sprechen, denn das ist das Letzte, was sie im Augenblick hören sollte. Wir wollen ihr nicht noch mehr Kummer bereiten, auch so ist es jetzt sehr schwer für sie«, fügt er hinzu.

Emilia sagt Gil, sie müsse gehen, noch immer ohne preiszugeben, dass sie in das Altenheim zurückmuss, in dem sie jetzt wohnt. Sie fahren zusammen in seinem Wagen, der vor dem Haus in der Balfour-Straße hält und sie absetzt, und Emilia verschwindet im Treppenhaus und wartet, bis Gil weggefahren ist, ehe sie wieder auf die dunkle Straße tritt und eilig zu Fuß zum Seniorenheim zurückkehrt.

Auf dem Weg dorthin erhält sie eine erste SMS von ihm. Er schreibt ihr auf Englisch: »Danke für alles, Emilia. Ich habe mich gefreut, dass wir uns getroffen haben. Und bei nochmaligem Nachdenken, ich würde mich freuen, wenn Sie am Sonntag kommen.«

6

Sonntag, gegen zwölf Uhr mittags, der erste Besuch in Gils Wohnung.

Emilia wartet in der Balfour-Straße auf ihn, vor dem Haus, von dem er denkt, sie würde darin noch wohnen. Der Gedanke, dass sie heute seine Wohnung putzen soll, hat ihr keine Freude bereitet, als sie am Morgen aufgewacht ist, und die Enttäuschung, dass er sie nicht gebeten hat, Esther zu pflegen, wie sie für einen Moment dachte, nagt noch immer an ihr. Aber er holt sie mit dem Wagen ab und ist zuvorkommend und aufmerksam, sagt, er freue sich, sie zu sehen, und fragt nach ihrem Befinden, was eine große Abwechslung ist zu dem trüben Morgen mit Adina und Chava, die erschien, um Emilia abzulösen, und mit Worten und Blicken deutlich machte, dass sie alles andere als glücklich darüber ist, dass Emilia sich jeden Sonntag freinimmt. Es ist das zweite Mal, dass Emilia in Gils Wagen sitzt, und die Nähe zu ihm in dem geschlossenen Raum bringt ihr Nachum zurück.

Gil erzählt, er habe Esther am Wochenende besucht und ihr gesagt, dass er Emilia getroffen hat. Esther lasse sie ganz herzlich grüßen und sende ihr Küsse. Sie freue sich, dass sie in Kontakt miteinander stünden. Er erzählt, er habe seine Mutter ermutigt, öfter aus dem Haus zu gehen, und sie habe ihm versprochen, wieder mit dem Schwimmen anzufangen. Er sagt, seine Mutter vermisse Emilia, und fragt sie, ob sie nicht die Gegend vermisse, in der sie zwei Jahre lang gewohnt hat, und Emilia sagt ja. Er habe Esther nichts von der Wohnung erzählt, die Emilia saubermachen wird, da seine Mutter nichts von der Scheidung weiß und er vorerst auch nicht vorhabe, ihr davon zu erzählen. Und er bittet Emilia auch nicht, Esther zu besuchen oder sie anzurufen, um sich nach ihrem Befinden zu erkundigen. Als er den Wagen auf dem Bürgersteig abstellt, öffnet Emilia ihren Sicherheitsgurt, weil sie denkt, sie seien da, aber Gil sagt: »Noch nicht. Warten Sie einen Moment. Ich muss für Sie ein paar Sachen kaufen. Bin sofort wieder da.« In der Plastiktüte, die er in der Hand hält, als er wieder in den Wagen steigt, sind flüssiger Allzweckreiniger für die Böden, WC-Reiniger, Putzlappen, Gummihandschuhe und Nylonschnüre, die Emilia später auf seine Bitte hin zwischen zwei rostige Streben spannen wird, die aus der Hauswand unter dem Badezimmerfenster ragen, um dort Wäsche aufzuhängen. Während der Fahrt sagt er zu Emilia: »Mir ist nicht wohl dabei, dass am Ende Sie das machen. Sind Sie sicher, dass Sie Ihren freien Tag so verbringen möchten?« Aber Emilia will es sich nicht anders überlegen, und als sie zum ersten Mal seine Wohnung betreten, weiß sie, sie hat sich nicht geirrt.

Sie liebt sie vom ersten Augenblick an.

Gil öffnet die Tür, macht Licht im Wohnzimmer und sagt auf Hebräisch: »Also, hier ist es.« Während er mit Emilia einen Rundgang durch die Räume macht, erzählt er, die Wohnung sei mehrere Monate unbewohnt gewesen und dass er vor nicht einmal zwei Wochen begonnen habe, darin zu übernachten. Zum Teil habe er noch gar keine Zeit gehabt, die Sachen, die die Vormieter hinterlassen hätten, zu entsorgen. Außer Bad, Toilette und sein Schlafzimmer einmal eher schlecht als recht durchzuputzen, habe er in der Wohnung noch nicht viel geschafft, wegen der vielen Stunden im Büro und einer Auslandsreise, aber auch, weil er nicht wisse, wie man die Wohnung von jemand anderem zum eigenen Zuhause mache. Die Wohnung hat zwei kleine Räume mit jeweils einem schmalen Jugendbett, einem hellen Schreibtisch und einem zweitürigen Kleiderschrank in derselben Farbe, und Gil sagt, das würden die Zimmer von Noa und Hadas werden, wenn sie dreimal die Woche zu ihm zum Übernachten kämen. Das große Schlafzimmer sieht tatsächlich so aus, als hätte dort schon jemand geschlafen – das breite Bett ist mit einem blauen Laken bespannt, und auf der Bettdecke liegen drei Kissen verstreut –, und im Wohnzimmer steht ein Sofa mit einem Couchtisch davor, und an der Wand hängt ein Fernseher. Die Wände in sämtlichen andern Zimmern der Wohnung sind nackt.

»Es wirkt noch nicht wie ein Zuhause, aber es kann eins werden, denken Sie nicht auch?«, meint er zu ihr, als sie ins Wohnzimmer zurückkehren, und dann verschwindet er in einem der anderen Räume, und Emilia bleibt allein zurück. Als er zurückkommt, hält er einen Wischmopp und einen großen Eimer in der Hand und fragt Emilia, wie viel Zeit sie denkt, dass sie brauchen wird.

Emilia geht von einem Raum zum anderen und öffnet Sonnenblenden und Fenster, um Luft und Licht hereinzulassen, nachdem er gegangen ist. Die Luft ist zugleich kühl und mild und das Licht strahlend klar. Die Sonne scheint frühlingshaft. Endlich ist sie allein nach so langer Zeit.

Im Bad zieht sie Jeans und T-Shirt aus und die Trainingshose und das rote Sweatshirt an, die sie in einer Plastiktüte mitgebracht hat. Die Sachen hat sie zuletzt angehabt, als sie die Einzimmerwohnung in Bat Yam sauber und bewohnbar gemacht hat, deren Geruch noch in den Kleidungsstücken hängt. Und seine Wohnung spült weitere Erinnerungen hoch. Sie erinnert sie an die Wohnung ihrer Eltern, nachdem sie sie ausgeräumt und für den Musiklehrer hergerichtet hatte, der sie nach dem Tod ihres Vaters mieten sollte. Die beiden schmalen Räume mit den Jugendbetten erinnern Emilia an das Zimmer, das sie in der Wohnung von Nachum und Esther bewohnt hat, und auch an das Jugendzimmer in der Wohnung ihrer Eltern, obgleich dieses kein Fenster hatte. Sie denkt über Noa und Hadas nach, die sie bewohnen werden, darüber, dass sie dann Zimmer in zwei verschiedenen Zuhause haben, und versucht sich vorzustellen, wie die Räume wohl aussehen werden, wenn die Mädchen sie mit ihren Sachen gefüllt und an die Wände Bilder und einen Spiegel gehängt haben. Schon lange hat sie kein Zimmer eines jungen Mädchens mehr gesehen. Hat sich nur in Zimmern von Menschen aufgehalten, in die schleichend der Tod kroch, oder in leeren Räumen, in denen kein Leben mehr war.

Obwohl ihr Gil das nicht aufgetragen hat, öffnet sie die Schränke in den Zimmern der Mädchen und stellt fest, sie sind leer. Sie macht sie gründlich sauber, erst mit einem Staubtuch und dann mit einem feuchten Lappen, den sie über einer gelben Wasserschüssel auswringt, die sie im Abstellschrank auf dem Balkon gefunden hat. In die Zimmer der Mädchen investiert sie die meiste Zeit, als wären es ihre eigenen oder würden es eines Tages sein. Danach nimmt sie sich das große Schlafzimmer vor, schüttelt die Decke und die Kissen aus und legt sie zum Lüften über die Fensterbank mit Blick in einen kleinen Innenhof, in dem Emilia zum ersten Mal an diesem Tag, für den Bruchteil einer Sekunde, Nachum zu sehen meint, der unter dem ausladenden Blattwerk eines der Bäume sitzt, genau so, wie sie immer nebeneinander gesessen haben, als er noch am Leben war. Der alte Kleiderschrank, der eine ganze Wand einnimmt, erinnert sie an den Schrank, der im Schlafzimmer ihrer Eltern stand, wegen seines durchdringenden Geruchs nach Mottenkugeln, als sie ihn aufmacht, und wegen der Böden aus dünnem hellem Holz. Ein paar Hemden liegen gefaltet darin, über einem Bügel hängen zwei Hosen, und in einer der Schubladen liegen mehrere Unterhosen und Sockenpaare. In der untersten Schublade, die für Schuhe gedacht ist, findet Emilia eine Tüte mit Hunderten ausländischen Münzen, zwei Füllfederhalter, eine Aktenmappe und mehrere uralt wirkende Notizbücher, und auch drei Zeitungen, zwei davon auf Hebräisch und eine in einer anderen Sprache, und sie weiß nicht, ob die Dinge Gil gehören oder von den Vormietern in der Wohnung vergessen worden sind. Als sie alles aus der Schublade räumt, um darin den Staub wegzuwischen, entdeckt sie, dass auf allen drei Zeitungen das Bild einer Frau zu sehen ist, in ihrem

Alter oder ein wenig jünger, und sie legt sie zusammen mit den Füllfederhaltern, den Notizbüchern und der Tüte mit den Münzen auf den Fußboden neben die Schlafzimmertür, um sie wegzuwerfen, sollte sich herausstellen, dass die Sachen nicht ihm gehören.

Ihr Telefon piept in der Küche, und sie sieht, dass Gil ihr eine SMS geschickt hat: »Wenn Sie möchten, dass ich früher komme, um Sie abzuholen, sagen Sie mir Bescheid? Ich hab's nicht weit.« Dann meint sie, die Eingangstür ins Schloss fallen zu hören, und geht ins Wohnzimmer, aber niemand kommt herein, und sie denkt, dass möglicherweise in einer anderen Wohnung eine Tür zugezogen wurde. Da der Abend naht, der Himmel sich bedeckt hat und es nach Regen aussieht, schließt sie die Sonnenblenden und Fenster, als sie gegen halb fünf den Boden in allen Zimmern fertig gewischt hat. Nur in Gils Schlafzimmer lässt sie das Fenster ein wenig geöffnet, um mit dem schwächer werdenden Licht, das durch die Sonnenblenden auf das Bett fällt, noch ein wenig Luft hereinzulassen.

Die Sauberkeit der Wohnung überrascht und erfreut Gil, Emilia sieht das, als er hereinkommt.

Er wirft einen Blick in die Zimmer der Mädchen und in sein Schlafzimmer und staunt über den neuen Glanz des Fußbodens und der wenigen Möbel, und nur als er den Müll sieht, den Emilia zum Wegwerfen neben die Tür gelegt hat, und daneben auch die Sachen aus der Schublade in seinem Zimmer, verfinstert sich sein Blick für einen Moment, und sie denkt, dass sie Schränke und Schubladen nicht hätte öffnen dürfen. Sie erklärt ihm, sie habe nicht gewusst, ob die

Sachen ihm oder den Leuten gehörten, die vor ihm in der Wohnung gewohnt hätten, und er sagt, sie seien von den Vormietern, aber bringt alles zurück ins Schlafzimmer und erklärt, er werde die Sachen durchsehen und im Zweifel wegwerfen.

Dann fährt er Emilia in seinem Wagen nach Jaffa.

Unterwegs fragt er sie, ob sie Zeit gehabt habe, etwas zu Mittag zu essen, und als sie verneint, schlägt er vor, sie könnten schnell haltmachen und in einem Restaurant etwas essen, aber Emilia darf nicht zu spät kommen. Gil sagt, er könne ja beim nächsten Mal eher kommen, um sie abzuholen, und das ist seine erste Andeutung, dass er möchte, dass sie wiederkommt.

Ein Augenblick der Verlegenheit entsteht, als Gil auf dem von Touristen bevölkerten Platz vor der Kirche hält und sie fragt, wie viel er ihr zahlen soll. Emilia weiß es nicht. Er sagt: »Fünfzig Schekel die Stunde müssten reichen, oder? Ich bezahle Sie für fünf Stunden. Und bis zum nächsten Mal klären Sie, was der übliche Stundensatz ist? Oder ich kann auch versuchen, das rauszufinden.« Er reicht ihr das Bargeld in drei Hunderterscheinen und fügt hinzu: »Vor allem hoffe ich, Sie bereuen nicht, dass Sie gekommen sind.« Emilia stopft die Scheine schnell in die Hosentasche, ohne sie zu zählen und ohne ihm den Restbetrag zurückzugeben, als sei es Geld, das ihr nicht zusteht, oder als wolle sie nicht, dass jemand sieht, dass sie es genommen hat. Am Ende der Messe wird sie die Scheine, die Gil ihr gegeben hat, von der Feuchtigkeit in ihrer Hosentasche noch aneinanderklebend, in den Kollektenkorb legen, der die Runde unter den Gottesdienstbesuchern macht, und meinen, Tadeusz habe sie genau in dem Augenblick angeschaut. Er verliert kein Wort darüber, als sie sich später im Priesterzimmer gegenübersitzen und Tadeusz fragt, wie es ihr gehe und wie ihre Woche gewesen sei. Auch sie sagt ihm nichts davon, dass sie fühlt, dass ER sie möglicherweise heute zu einem Ort geführt hat, an den sie gelangen musste, dass die Zeit des Wartens und Suchens bald vorbei sein wird. Aber sie fasst Mut und erzählt Tadeusz davon, dass sie Nachum sieht, und der junge Priester schenkt ihr einen verständnisvollen Blick.

»Sie sehen ihn, weil Sie ihn vermissen, nicht wahr? Und sicher noch ein paar andere Menschen«, sagt er, und Emilia antwortet: »Ja. Aber ich sehe ihn auch, weil das ein Zeichen ist. Weil er mir etwas sagen will.« Und als sei sie über die Offenherzigkeit, die sie sich gerade erlaubt hat, selbst erschrocken, setzt sie hinzu: »Denken Sie nicht, dass das sein kann? Dass er wirklich da gewesen ist?«

Tadeusz sagt, dass sie gerne über die Welt, die nicht diese ist, sprechen können, aber nicht heute, da es sicher ein langes Gespräch werde und sie beide sich darauf vorbereiten müssten. Er fragt sie, ob sich die Situation im Seniorenheim gebessert habe, und sie bejaht, grundlos. Und dennoch, als sie dorthin, zu Adina zurückkehrt, fühlt sie sich geschützter, als hätten die Stunden, die sie in Gils Wohnung gearbeitet hat, ihr etwas Bedeutsames über ihr eigenes Leben klargemacht oder ihr einen Teil ihrer selbst zurückgegeben. Sie kann Chavas verärgerte Blicke wegen ihrer Verspätung leichter ertragen und auch eine weitere Nacht auf dem Klappsofa. Adina wacht mitten in der Nacht auf und schreit, und Emilia bleibt so lange bei ihr, bis sie sich beruhigt hat, wärmt die Fingerspitzen der alten Frau in ihrer Hand.

Bevor sie das nächste Mal in Gils Wohnung geht, holt sie den Pappkarton vom Balkon und wählt unter den Gegenständen, die sie sich in dem Haushaltswarenladen gekauft hat, die bestickte Tischdecke aus und nimmt sie mit, um sie auf dem Tisch in seiner Essecke auszubreiten.

7

Auf einen Schlag ist der Frühling da. Die vierzigtägige Fastenzeit neigt sich ihrem Ende zu.

Die Morgenstunden sind noch kühl, aber danach flutet Sonne Adinas Zimmer im Altenheim, und wenn Emilia das Bettzeug zum Lüften auf den Balkon legt, sieht sie am Strand erste Badende.

Auch die Messen ändern sich, werden strenger. Und länger. Das Schicksal des Gottessohns ist im Kirchenraum und in den Herzen immer gegenwärtiger. Bald kommt die Zeit der Kreuzigung, der Qualen und des zeitweiligen Todes, und danach die Wiederauferstehung. Tadeusz drängt Emilia, noch vor der heiligen Woche zur Beichte zu gehen, damit sie die Hostie empfangen kann, aber Emilia weigert sich, weil es Dinge gibt, die sie nicht eingestehen kann. Sie deutet Tadeusz nur an, sie spüre, dass sie Ort und Weg gefunden habe, dass ihre Suche womöglich zu Ende sei.

Gil holt sie jeden Sonntag am späten Vormittag in der Balfour-Straße ab und fährt sie zu seiner Wohnung. Unterwegs erzählt er ihr von seiner Mutter Esther und der Scheidung von seiner Frau. Er sagt, Esthers Zustand habe sich nicht gebessert, dass die Niedergeschlagenheit ihre Gesundheit beeinträchtige und dass sie in naher Zukunft eine ständige

Hilfe brauchen werde. Vor Trauer um Nachums Tod oder lauter Einsamkeit gehe sie kaum noch aus dem Haus, selbst einfache Besorgungen mache sie nicht mehr selbst. Emilia hat Mitleid mit Esther, aber sie wagt nicht, Gil zu sagen, dass sie seine Mutter pflegen möchte, weil sie noch immer hofft, dass der Vorschlag von ihm kommt. Außerdem macht es Esthers Zustand Gil unmöglich, ihr von der Trennung von seiner Frau zu erzählen, die jetzt amtlich ist. Die Scheidungsvereinbarung ist unterzeichnet und der Besitz aufgeteilt. Da seine Frau sehr viel weniger verdiene als er, habe er ihr das meiste überlassen und zahle ihr außerdem einen hohen monatlichen Betrag, damit sie anständig über die Runden komme. Auch hinsichtlich der Wohnsituation von Noa und Hadas herrsche Einigkeit. Seine Töchter sollten schon bald anfangen, bei ihm zu übernachten, wenn sie das wollten und wenn die Wohnung bereit für sie wäre. Im Augenblick schlafe er noch allein in der großen, leeren Wohnung.

Emilia sagt nicht viel bei diesen Gesprächen. Sie hört ihm zu. Und sie hört die Sprache der Dinge.

Gil erklärt ihr, die Mädchen brauchten Zeit, dass es ausgerechnet ihnen schwerer falle, sich mit der Scheidung abzufinden, als seiner Frau und ihm, aber er erzählt, an einem der Tage seien sie gekommen, um sich die Wohnung anzusehen, und hätten sie sehr gemocht. »Am Ende wird es auch für sie gut sein«, sagt er.

Von dem Augenblick an, in dem Gil sie bezieht, füllt sich die Wohnung mit Leben, obgleich er kaum etwas mitbringt. Im sauberen Kühlschrank tauchen ein Milchkarton, ein Becher Frischkäse und eine Flasche Weißwein auf, geöffnet.

Im Badezimmer eine Shampooflasche, eine Tube mit Flüssigseife, Rasierschaum und ein neuer Einwegrasierer.

Emilia räumt den Karton aus, den sie den Winter über unter dem Stuhl auf dem Balkon von Adinas Appartement gelagert hat.

Auf den Tisch in der Essecke in Gils Wohnung stellt sie den Korb, der für Gebäck oder Obst gedacht ist, und hängt das Kupferglöckchen an den Fensterrahmen im Schlafzimmer, über dem Hof mit den zwei Bäumen, in dem sie Nachum bei ihrem ersten Besuch gesehen hat. Als Gil die Gegenstände bemerkt, mit denen Emilia seine Wohnung dekoriert, bedankt er sich und möchte ihr das Geld dafür zurückgeben, aber sie weigert sich. Erklärt, sie habe sie für sich selbst gekauft und brauche sie nicht mehr, weil sie, wie es aussehe, bald gezwungen sein werde, ihre Wohnung aufzugeben und mit der alten Frau, die sie pflege, im Seniorenheim zu wohnen.

Gil fragt, ob sie denn dorthin umziehen wolle, ob sie nicht lieber in ihrer eigenen Wohnung bleiben würde, und sie sagt, selbstverständlich, aber allem Anschein nach habe sie keine andere Wahl, worauf Gil sich für ihre wirtschaftliche Situation zu interessieren beginnt und fragt, ob sie mehr Geld brauche. Noch bringt er die Möglichkeit nicht auf, dass sie wieder mit Esther zusammenwohnen oder aber in seine Wohnung ziehen könnte, aber dafür sagt er Emilia, falls sie irgendetwas benötige, solle sie nicht zögern, ihn darum zu bitten. Er fragt sie: »Müssen Sie irgendjemandem zu Hause Geld schicken?« Und sie verneint.

»Aber wenn Sie etwas brauchen, sagen Sie es mir, ja? Ich würde mich wirklich freuen, Ihnen zu helfen, Emilia.«

Emilia dankt ihm. Geld braucht sie nicht, aber seine Fürsorge ist viel wert.

Er bleibt in der Wohnung, während Emilia dort arbeitet. Oder fährt für einen dringenden Termin ins Büro, kehrt zeitig zurück und bringt für sie beide Mittagessen in Styroporverpackungen mit. Einmal Schnitzel mit Kartoffeln und Erbsen, ein andermal thailändisches Essen, dessen Schärfe Emilia nicht mag. Gil deckt den Tisch, während Emilia ihre Arbeitskleidung gegen saubere Sachen tauscht, Bluejeans und eine weiße Bluse, die sie erst neulich in der Jafet-Straße gekauft hat.

Er beobachtet Emilia. Im Seniorenheim bringt sie noch immer außer Gemüse und ein paar Kartoffeln nichts über die Lippen, aber in seiner Wohnung isst sie, wenn auch langsam, sich der Bewegungen ihres Mundes bewusst, weil er ihr dabei zuschaut. Während des Essens erzählt er, er habe begonnen, ins Fitnessstudio zu gehen und Rad zu fahren. Auch er kehrt ins Leben zurück, genau wie die Wohnung. Von Gespräch zu Gespräch redet er mehr über Nachums Tod und wie dieser ihn verändert habe. Emilia lauscht begierig seinen Worten, nicht nur, weil sie Erinnerungen an Nachum in ihr wecken, sondern auch, weil sie das Gefühl hat, er spräche über sie und den jähen Tod ihres Vaters, nicht nur über sich selbst.

Er fragt, ob er Emilia ein Glas Weißwein zum Essen einschenken darf, und beim zweiten Mal willigt sie ein. Sie ist ja fertig mit Putzen. Und weil es schon sehr lange her ist, dass sie etwas getrunken hat, zeigt der Wein sofort Wirkung. Wärme breitet sich in ihrem Körper aus, und sie spürt ihre nackten Füße auf dem kalten Boden. Sie hat Wein noch nie gemocht. Und ihre Gespräche am Tisch bringen sie durcheinander. Gil blickt auf Emilias Hals und ihr gerötetes Gesicht und sagt leise, sie rede nicht viel. Er fragt, warum. Fragt, ob sie sich einsam in Israel fühlt und ob sie Heimweh hat, und sie sagt, bei Nachum und Esther habe sie sich nicht einsam gefühlt, aber dass es jetzt schon mal vorkomme.

»Welchen Ort würden Sie als Zuhause bezeichnen? Ist Ihr Zuhause jetzt hier oder dort?«, fragt er weiter, und sie schweigt. Als er Emilia fragt, ob sie schon einmal verheiratet war, wird sie rot, nimmt noch einen Schluck Wein und verneint dann, ohne zu gestehen, was einmal, vor sehr vielen Jahren, beinahe eine Hochzeit geworden wäre, dann aber mit gebrochenem Herzen und einem toten, siebeneinhalb Monate alten Fötus endete.

Nachdem sie gegessen haben, spült Gil das Geschirr ab, und Emilia räumt den Tisch auf. Die Wohnung leuchtet im Licht der untergehenden Sonne, das durch die Sonnenblenden hereinfällt, und verströmt den Zitronenduft von Sauberkeit.

Er ist Emilia zutiefst dankbar. Sagt, ohne sie hätte er kein Zuhause für sich und für Noa und Hadas schaffen können, ja er spüre, dass sie ihm helfe, sein Leben neu zu ordnen. Mehr und mehr verstehe er, warum Nachum so an ihr gehangen habe, sagt er, und da fühlt Emilia sich schuldig, dass sie ihm verheimlicht, dass sie längst keine eigene Wohnung mehr hat und bei Adina im Altenheim schläft.

Sie sagt, er müsse ihr nicht danken. Sie glaube, nichts geschehe ohne Grund. Gil denkt auch so. Ihr Gesicht antwortet seinem Lächeln. Als seine Finger sich ihren zum ersten Mal nähern, schließt sie die Augen und bemüht sich, an Nachums Hände zu denken, die sie immer in eine Schüssel mit warmem Wasser und ein wenig Babyöl gelegt hatte, damit sie weich wurden und sie mit viel Geduld seine Fingernägel pflegen konnte.

Er lässt seine Fingerspitzen über ihre schmale Stirn, ihre Wangen und ihr Kinn gleiten und dann weiter hinab an ihren Hals wandern, und Emilia presst die Augen fester zu und weiß trotzdem, dass Nachum sie aus seinen schwarzen Augenscharten anschaut, weil sie ihn zuvor im Wohnzimmer gesehen hat. Sie will, dass Gil aufhört, weil sein Vater Nachum sie beide sieht, aber sie sagt ihm das nicht. Nachum ist jetzt fast die ganze Zeit da, mit offenem, grauem Mund. Sie denkt auch an Tadeusz' Finger, an die Olivenölfinger von Tadeusz, wenn er die Karaffe hält und ihr leeres Glas mit Wasser füllt, und an die langen, weißen Marmorfinger des Gottessohns, die sie während der Messe betrachtet.

Gils weiche und bedächtige Finger sind erst auf ihren Kleidern und dann darunter. Verharren auf jedem Punkt der Haut, spitzen ihn unter ihrer Berührung zu. Emilia will an noch mehr andere Dinge denken, als seine Finger erneut zum Hals klettern und sie zum ersten Mal den Geruch seines Mundes nahe dem ihren riecht. Sie muss Esther besuchen und sollte längst wieder bei Adina im Seniorenheim sein, denkt sie, und aus diesen beiden Pflichtgefühlen taucht vor ihren mit aller Macht zugepressten Augen mit einem Mal ihr Vater auf, als müsste sie auch ihn pflegen oder als sei ihr trotz allem doch noch die Gelegenheit gegeben, sich um ihn zu kümmern.

Als sie vor der Kirche aus Gils Wagen steigt, fragt er sie: »Sehen wir uns am nächsten Sonntag?« Aber jetzt schickt er ihr auch mitten in der Woche SMS. In der Regel spät am Abend, um neun oder halb zehn, nachdem Adina schlafen gegangen ist. Er schreibt auf Hebräisch: »Können wir uns treffen, Emilia? Ich sehne mich nach deinem Geruch und nach deinem Körper.« Und Emilia antwortet ihm jetzt manchmal ebenfalls auf Hebräisch: »Ich kann in einer halben Stunde«, weil sie Zeit braucht, um sich anzuziehen, sich zu schminken und in die Balfour-Straße zu kommen.

Emilias Zeit ist knapp.

Sie muss sich vergewissern, dass Adinas Schlaf tief genug ist, und dann duschen, um den Geruch des Altenheims loszuwerden. Sie öffnet Adinas Schmuckschatulle, die ganz unten im Kleiderschrank vergraben liegt und mit einem Schlüssel verschlossen ist, den sie in der Schublade neben ihrem Bett versteckt, und leiht sich von ihr ein Paar Ohrringe und eine ganz dünne Goldkette, ohne Anhänger. Sie hofft, die Empfangsdame unten im Foyer des Turms wird denken, sie gehe raus, um mit den anderen Pflegerinnen im Hof oder auf einer Bank auf der Promenade zu reden, und dass keine von denen sie sieht, wenn sie das Gebäude verlässt und Richtung Balfour-Straße geht, und vor allem dann nicht, wenn sie nach einer oder zwei Stunden ins Seniorenheim zurückkehrt.

Sie sitzen in dem Café, in dem sie beim ersten Mal gesessen haben, und die anderen Male bleiben sie in Gils Wagen. In der Dunkelheit, auf einem verwaisten Parkplatz mit Blick auf das Meer.

Er betastet sie manchmal begierig, kann sie aber auch

langsam berühren, von ihr abrücken, um ihr Gesicht zu betrachten, während er seine weichen Finger über ihren Körper wandern lässt, von der Stirn bis zu den Schenkeln, über den Kleidern.

Es kommt kein anderer Wagen auf den Parkplatz, und als Gil die Scheinwerfer ausschaltet, ist die Finsternis um sie herum vollkommen.

Emilia erklärt ihm, sie müsse nach Hause, weil sie am nächsten Tag ganz früh bei Adina im Seniorenheim sein müsse, und Gil sagt: »Nur noch ein paar Minuten. Es ist so ruhig hier.« Er öffnet das Fenster, um dem Meer zu lauschen, und schließt es dann wieder, weil kalter Wind hereinweht.

Danach sagt er zu ihr: »Ich spüre, es tut mir so gut, mit dir zusammen zu sein, Emilia. Fühlst du das auch? Dass das der Beginn des neuen Lebens ist, über das ich mit dir geredet habe. Und ich möchte dir auch helfen und auf dich achtgeben, damit du behütet bist und das Gefühl hast, ein Zuhause zu haben, verstehst du, was ich sagen will? Das hast du verdient, nach allem, was du mir gibst. Spürst du, dass ich mich um dich kümmere und du bei mir beschützt bist?«

8

Wenn Emilia sich manchmal fragt, was sie für Gil ist, was sie ihm gibt und was er von ihr bekommt, denkt sie, ihre Aufgabe sei, ihm zu helfen, ein Zuhause zu errichten und nach Nachums Tod und der Scheidung ein neues Leben zu beginnen. Sie glaubt, dies sei der Grund dafür, dass sie Nachum in der Wohnung sieht, als wolle er ihr signalisieren, dass sie am richtigen Ort angelangt ist. Ab und zu, vor allem wenn sie Gils Schlafzimmer aufräumt, sieht sie sich selbst morgens vor dem offenen Fenster aufwachen, mit Blick auf die Bäume und das Kupferglöckchen, das sie in den Fensterrahmen gehängt hat, aber sie fühlt, dass dieses Wunschbild sie beschämt, weshalb sie es aus ihren Gedanken vertreibt. Nicht an sich selbst darf sie denken. Aber offenbar bereitet das, was zwischen ihnen passiert, auch Gil Schuldgefühle. Immer wieder fragt er Emilia, ob das in Ordnung sei. Sagt, er würde aufhören, wenn er etwas tue, das verboten sei. Bittet sie um Verzeihung und berührt dann abermals ihr Gesicht. Er habe nicht gewusst, dass das zwischen ihnen geschehen würde. Ständig sagt er Emilia, er wolle, dass sie sich beschützt fühlt, dass sie das Gefühl hat, einen Ort zu haben, der wie ein Zuhause ist, und dass er für sie sorgen und ihr nicht weh tun will, und Emilia muss an die Tage denken, als sie nach Nachums Tod Arbeit und ein Bett gesucht hat, und an die Stunden, in denen sie in ihrer gemieteten Wohnung auf ein Zeichen wartete. An die Verzweiflung. An den Verkehr unten auf der Straße und an die Stimmen der Nachbarn, die durch das Fenster hereinwehten, und danach an den Umzug ins Altenheim, an die drei Fächer, die sie von Chava in Adinas Kleiderschrank zugewiesen bekommen hat, und an das Sofa, das sie noch immer jede Nacht in ein Bett verwandelt und mit dem alten Laken bezieht. Sie hat darauf gewartet, dass ER ihr die Richtung weist, dass ER sie in Gils Wohnung führt, aber noch weiß sie nicht, ob das nur eine Station auf dem Weg ist, den sie gehen muss. Deshalb schickt sie Gil nie von sich aus Nachrichten oder ruft ihn an, sondern lässt ihn anrufen und bestimmen, und wenn er nicht anruft, wartet sie nicht einmal darauf.

Abends, wenn Adina eingeschlafen ist, lernt Emilia mit Hilfe des Hefts, das Nachum für sie gemacht hat, weiter Hebräisch, weil sie spürt, es wird mit jedem Tag wichtiger, dass sie seine Sprache versteht. Und diesmal ist es anders, als sei die Zeit reif dafür oder als würde ihr Nachums Gegenwart helfen, und dank ihm erkennt sie die Form der Buchstaben mit Leichtigkeit, und die Wörter werden vertraut. Es gelingt ihr teilweise, Schilder auf Hebräisch zu lesen, im Seniorenheim, wenn sie mit dem Bus fährt und Nachum neben ihr sitzt, oder im Haushaltswarenladen. Wenn sie auf Begriffe stößt, die sie nicht kennt, zeichnet sie sie in ihr Vokabelheft ab und fragt manchmal Adina oder Gil oder eine der Pflegerinnen im Altenheim, die schon lange im Land sind, nach ihrer Bedeutung. Jeden Abend überträgt sie mindestens einen ganzen Satz auf Hebräisch in das Heft, aus Zeitungen und Broschüren, die sie in der Lobby des Seniorenheims findet, oder aus dem Mitteilungsblatt der Kirche, das sich jetzt immer in ihrer Plastiktüte befindet. Langsam und in Druckbuchstaben zeichnet sie die Wörter ab: »In Joppe lebte eine Jüngerin namens Tabita, das heißt übersetzt: Gazelle. Sie tat viele gute Taten und gab reichlich Almosen«, und ein Bild aus der Kindheit, in dem sie mit ihrem Vater am Küchentisch Buchstaben in ein blaues Schulheft krakelt, ersteht für einen Moment in ihrer Erinnerung und vergeht wieder, als hätte es nie existiert. Sie liest auch die Nachrichten, die Gil ihr auf Hebräisch schreibt, und schafft es sogar, ihm gelegentlich kurze, in hebräischen Buchstaben verfasste Antworten zu schicken.

Er schreibt ihr: »Ich denke viel an dich, Emilia.«

Oder: »Ich habe eine Bluse gesehen, die ich dir kaufen möchte. Magst du die Farbe Blau?«

Und dann: »Es tut mir leid, dass ich eine Weile verschwunden war, Emilia. Kannst du dich heute Abend mit mir treffen, am besten spät?«

Adina spürt, dass irgendetwas mit Emilia geschieht, und auch ihre Tochter Chava ist alarmiert. Als sie kommt, um Emilia am Sonntagmorgen abzulösen, fragt sie sie, wohin sie geht und warum sie andere Sachen trägt. Sie will von Emilia auch wissen, ob sie das Appartement abends verlässt und Adina allein lässt, und Emilia sagt, so gut wie nie, und wenn doch, dann gehe sie nur für ein paar Minuten vor die Tür, um Luft zu schnappen und andere Pflegerinnen im Hof zu treffen. Sie denkt, das Beste, was ihr jetzt passieren kann, wäre möglicherweise, dass Chava sie erwischt, wenn sie abends die Wohnung verlässt, und sie dann rauswirft, sodass sie gezwungen wäre, sich ein neues Bett und eine neue Bleibe zu suchen.

Tadeusz erzählt sie ein bisschen mehr. Er fragt, was Gil beruflich macht, wann er sich hat scheiden lassen und wie viele Kinder er hat, und Emilia erzählt ihm von seiner Trauer über den Tod seines Vaters und von seiner Wohnung, die zum Leben erwacht, von den Zimmern für seine beiden Töchter und seiner Großzügigkeit und von dem vielen Geld, das er seiner geschiedenen Frau gibt. Selbstverständlich gibt sie nicht alles, was zwischen ihnen passiert, preis, deutet aber an, sie spüre, dass die Begegnung mit Gil kein Zufall sei und dass sie eine Bedeutung für ihr Leben habe. Sie erinnert sich an ihr erstes Gespräch, in dem ihr Tadeusz gesagt hat, dass wir nicht immer wissen, ob wir auf dem Weg gehen, den ER uns weist, es aber zuweilen kurze Augenblicke der Gewissheit gebe, und sie fühlt, der junge Priester hat recht. Bei jenem Gespräch hat er ihr auch gesagt, dass der Weg, den ER uns weist, immer der sei, anderen zu helfen, und auch deshalb weiß sie, dass sie auf dem Weg ist. Tadeusz fragt, wie Gil sie behandelt und ob er sie für ihre Arbeit bezahlt. Er bekommt mit, dass Emilia große Beträge in den Kollektenkorb legt, der am Ende der Messe die Runde macht, und fragt sie, ob sie sicher sei, sich das erlauben zu können. Sie sagt ja, dennoch bittet er sie, weniger Geld in den Korb zu legen. In seinem Blick wähnt sie Misstrauen oder Kritik, und weil es ein Blick ist, der sie an Chavas Blicke erinnert, beschließt sie, von jetzt an Tadeusz weniger mitzuteilen. Auch sein Ton bei diesem Gespräch ist anders. Als er sie fragt, ob Gil immer in der Wohnung bleibt, während sie dort putzt, beschließt Emilia, weitere Gespräche mit Tadeusz zu vermeiden, weil sie sich selbst mit einem Mal in der Defensive wiederfindet, ohne sich verteidigen zu wollen. Also sagt sie, Gil bleibe nicht immer da, und dass er die meiste Zeit bei der Arbeit sei, obwohl die Wahrheit ist, dass er sich nur beim letzten Mal, als sie in seiner Wohnung arbeitet, nicht dort aufhält.

Es passiert zwei Wochen vor Ostern. Am Passionssonntag.

Gil schickt ihr am Donnerstag eine SMS, schreibt, er habe vergessen, ihr zu sagen, dass er am Sonntag auf einer Geschäftsreise sei und sie diese Woche nicht kommen muss, aber Emilia antwortet ihm, sie könne mit dem Bus kommen. Er schreibt: »Das wäre phantastisch. Und ich muss dich im Verlauf der Woche sehen. Hast du Zeit?«

Er hinterlegt ihr den Schlüssel im Sicherungskasten, und weil er gesagt hat, die Töchter würden in der folgenden Woche zum ersten Mal bei ihm übernachten, macht sie die Wohnung besonders gründlich sauber, vor allem die Küche und das Bad und auch die beiden kleinen Schlafzimmer. Die Schränke der Mädchen sind noch immer leer, aber in den übrigen Räumen der Wohnung herrscht schon mehr Leben. Sie weiß, dass er am nächsten Tag von seiner Reise zurückkehren soll, und als sie die bunten Kissen, die sie in dem Haushaltswarenladen erstanden hat, auf das Sofa legt, stellt sie sich den Moment vor, in dem er die Tür öffnet und Licht im Wohnzimmer macht. Auch der Schrank in seinem Schlafzimmer hat sich noch nicht gefüllt, und die meisten Sachen, die er dort hatte, hat er allem Anschein nach mit auf die Reise genommen. In der untersten Schublade sieht sie die Aktenmappe, die Notizbücher und die alten Zeitungen mit dem Foto der Frau, die sie schon bei ihrem ersten Besuch gefunden hat. Er hat die Sachen nicht weggeworfen, sondern zurück an ihren Platz gelegt, woraus Emilia folgert, dass sie doch ihm gehören und nicht den Mietern, die vor ihm in der Wohnung gelebt haben. Sie versucht, die Überschriften über den Bildern zu lesen, bleibt aber bereits beim dritten Wort hängen, da sie es nicht versteht: »Israelin begeht Selbstmord«, und betrachtet die identischen Aufnahmen. Sie schwankt, ob sie sich eine der Zeitungen ausleihen und in ihre Plastiktüte packen soll, damit sie mehr über die Frau lesen kann, wenn sie wieder im Seniorenheim ist. Danach hängt sie das Bettzeug zum Lüften in das Fenster, das sie liebt. Die Frau auf den Bildern macht sie neugierig, weil sie in Verbindung zu Gil steht, oder genauer gesagt, weil er eine Verbindung zu ihr hat, und das ist auch der Grund, warum sie beschließt, mehr über sie zu lesen. Sie weiß, dass es nicht seine Exfrau ist, da sie die ein paarmal gesehen hat, als sie Nachum und Esther besuchen gekommen sind. Der Gedanke, dass Gil mit der Frau auf den Fotos zu tun hat, macht Emilia für einen Moment Angst, und sie will mehr über sie wissen, untersagt sich aber diese Empfindungen. Sie ruft sich in Erinnerung, dass sie nicht für sich selbst dort ist, sondern für ihn, und überlegt, dass es vielleicht trotz allem besser ist, wenn sie sich die Zeitung nicht ausleiht, aber am Ende bleibt diese in der Tüte.

Als an der Tür die Klingel ertönt, ist Emilia überrascht, weil Gil ja noch auf Reisen ist.

Sie verharrt im Schlafzimmer, aber als es erneut klingelt, geht sie zur Tür und späht durch den Spion. Sie sieht eine junge Frau mit kurzen, dunklen Haaren. Die Frau weiß anscheinend, dass Emilia in der Wohnung ist, denn sie drückt ein weiteres Mal auf den Klingelknopf. Als Emilia ihr die Tür öffnet, entschuldigt sich die Frau für die Störung und sagt, sie wohne in der Wohnung gegenüber, habe gesehen, dass Emilia zum Putzen kommt, und wolle fragen, ob sie Zeit für eine weitere Wohnung hätte, heute oder an jedem anderen Tag.

Emilia tut so, als verstünde sie kein Hebräisch, und als die Frau auf Englisch wiederholt, was sie gesagt hat, antwortet sie ihr auf Englisch: »Ich weiß nicht. Heute nicht. Vielleicht nächste Woche.« Die junge Frau ist neugierig, und Emilia scheint, sie ist nicht nur wegen des Putzens gekommen, sondern weil sie Gils Wohnung sehen will. Und da sie nur wenige Minuten zuvor das Gesicht der Frau auf den Fotos in der Zeitung betrachtet hat, meint sie für einen Moment, es könnte die junge Frau sein, aber sie ist es nicht. Bevor sie in ihre Wohnung zurückkehrt, fragt die Nachbarin Emilia: »Wie heißen Sie?« Und sagt dann auf Englisch: »Ich bin Yael. Sehr angenehm. Und wir würden uns wirklich sehr freuen, wenn Sie auch zu uns kommen. Können Sie mir sagen, wie viel Sie nehmen die Stunde? Oder hängt das von der Größe der Wohnung ab?«

Gil kehrt am nächsten Tag spät abends von seiner Reise zurück und schreibt Emilia eine SMS: »Wann können wir uns treffen?«

Sie sitzen in seinem Wagen, blicken auf die Strandpromenade, und er sagt kein Wort zu den neuen Kissen im Wohnzimmer oder der Sauberkeit der Wohnung, übergibt

Emilia aber ein Parfüm, das er auf der Reise für sie gekauft hat, verpackt in buntes Geschenkpapier mit einer blauen Schleife. Er möchte, dass sie die Verpackung öffnet und sich mit dem Parfüm besprüht, um dann an ihrem Hals zu riechen, aber sie mag das Parfüm nicht, weil es etwas zu stark Alkoholisches hat. Er hat ihr auch ein grünes Tuch aus feiner Seide gekauft, das sie im Auto um ihre Schultern legt und das ihr sehr viel besser gefällt, als sie ihm zeigt. Er fragt sie, wie es Adina geht, und ob man schon weiß, ob und wann Emilia zu ihr ins Altenheim ziehen muss. Und er entschuldigt sich dafür, dass er an diesem Abend weniger aufmerksam und behutsam ist. Er sagt zu Emilia: »Ich habe viel an dich gedacht auf der Reise.«

Hinterher erzählt er ihr, dass ihm eine wunderbare Idee gekommen ist: In den Pessachferien hat er eine weitere Geschäftsreise, und er möchte, dass Emilia mitkommt. Niemand muss etwas davon erfahren, weder seine Töchter noch sonst irgendjemand, und sie können die Reise auch ganz kurz halten, schon zwei, drei Tage würden genügen. Er habe die ganze Zeit, als er weg war, darüber nachgedacht, und ihm sei klar, wohin sie fahren müssten.

Emilia reagiert zurückhaltend, und Gil fragt: »Wie lange hast du schon keine Ferien mehr gehabt, Emilia? Nicht bloß zwei Stunden oder so, sondern ein paar Tage richtige Ferien?«

Sie erinnert sich nicht, wann.

»Und wie lange bist du schon nicht mehr zu Hause gewesen?«, setzt er hinzu, und sie schaut ihn an, ohne zu verstehen.

Gil erklärt, seine Geschäftsreise gehe nach Bukarest, und

danach wolle er mit ihr nach Riga, und der Gedanke an die Landung auf dem Flughafen von Riga erfüllt sie sogleich mit Beklommenheit und Aufregung. Danach schlägt er Emilia zum ersten Mal vor, in ihre Wohnung zu gehen, und ist enttäuscht, als sie sich weigert. Sie hat keine andere Wahl, als ihn erneut anzulügen, ihm zu sagen, Adina sei krank und daher müsse sie heute Nacht bei ihr im Seniorenheim schlafen.

9

In einer der folgenden Nächte hat Emilia einen Traum. Sie putzt die ehemalige Wohnung ihrer Eltern, weil diese bald von einer langen Reise zurückkehren. Sie bezieht ihr Bett, spannt ein Laken darüber mit einem Muster aus grauen Störchen, die zwischen Wolken dahinfliegen, das sie aus ihrer Kindheit in Erinnerung hat, wischt Staub von vertrauten Möbelstücken und schreibt bedächtig mit Druckbuchstaben ein Schild: »Willkommen zu Hause«. Und sie macht ihnen Abendessen. Sie drei werden sich nach langer Zeit wiedersehen, und Emilia muss ihnen erzählen, dass sie schwanger ist und dass es diesmal keine Abtreibung geben wird. Während sie träumt, weiß sie, dass sie nicht mehr schwanger werden kann, aber die Logik des Traums lässt sich nicht beherrschen.

Als es an der Tür klingelt, eilt Emilia hin, um zu öffnen, weil sie sicher ist, es sind ihre Eltern, die verfrüht angekommen sind, aber an ihrer Stelle steht eine Frau in der Tür, die wie Gils Nachbarin mit den dunklen, kurzen Haaren aussieht und auch wie die Frau, die sie in den Zeitungen aus seiner Schublade gesehen hat und von der sie jetzt weiß, dass sie Orna heißt. Die Nachbarin fragt, ob Emilia ihr helfen könne, ihre Wohnung zu putzen, und Emilia ringt mit sich. Sie weiß, ihre Eltern kommen jeden Augenblick zurück und dass sie es nicht schaffen wird, in der Zeit zwei Wohnungen zu putzen, aber es fällt ihr schwer abzulehnen, weil im Blick und in der Stimme der Frau echtes Flehen ist. Sie sagt zu Emilia: »Bitte! Ich zahle Ihnen, was Sie wollen.« Im Traum befindet sich auch Nachum in der Wohnung ihrer Eltern in Riga – Emilia weiß das, weil sie seine Anwesenheit im Schlaf spürt, und als sie die Augen aufschlägt, ist er noch immer da, neben dem Klappsofa im Altenheim.

Als Emilia aufwacht, begreift sie sofort die Gründe für ihren Traum.

In den Tagen nach seiner Rückkehr hat Gil die anstehende Geschäftsreise und sein Angebot, Emilia mitzunehmen, nicht noch einmal erwähnt, und sie sagt sich, er habe es sich bestimmt anders überlegt, aber ihre Phantasie durchbricht die Schranken des gesunden Menschenverstands und prescht vorwärts. Trägt sie zurück nach Riga.

Als sie sich zum zweiten Mal in jener Woche treffen, auf sein Betreiben hin, verliert Gil kein Wort darüber, und Emilia kann nicht an sich halten und fragt wie nebenbei, wann er denn fahre, in der kommenden Woche schon oder in der darauffolgenden, wie um zu erfahren, wann sie seine Wohnung putzen soll. Er antwortet nicht.

Sie sitzen im üblichen Café und fahren danach zu dem unbeleuchteten Parkplatz an der Strandpromenade.

Gil entschuldigt sich und sagt, er wisse noch nicht, ob er seine Geschäftsreise verlängern und sie mitnehmen könne. Sie spürt, er ist unschlüssig oder hat sich vielleicht sogar schon von der Idee verabschiedet, und sie ist sicher, dass er Angst hat, sie könnte ihr Verhältnis für etwas Ernstes halten, oder sich schämt, mit ihr gesehen zu werden, obschon er sagt, seine Erwägungen hätten allein mit der Arbeit zu tun. An jenem Abend sprüht Emilia, um ihm eine Freude zu machen, das Parfüm, das Gil ihr gekauft hat, auf Hals und Handgelenke, und der intensive Geruch bleibt noch eine ganze Weile im Fahrstuhl des Seniorenheims zurück, nachdem sie diesen verlassen hat. Sie reden nicht weiter über die Reise, und Emilia versucht, nicht verletzt oder enttäuscht zu wirken, aber offenbar gelingt ihr das nicht, denn nur wenige Minuten, nachdem Gil sie in der Balfour-Straße abgesetzt hat, sie ist zu Fuß noch unterwegs zum Seniorenheim, erhält sie nacheinander mehrere Nachrichten von ihm: »Würdest du mitfahren, wenn ich dir ein Ticket kaufe?« »Also los, fahren wir.« Und zuletzt: »Kannst du abklären, ob du in den nächsten zwei Wochen ein paar Tage freinehmen kannst?«

Emilia ist sich nicht sicher, ob die Reise Wirklichkeit ist, dennoch tut sie wie geheißen und bittet um Urlaub. Chava reagiert reserviert. Sie fragt Emilia: »Weshalb brauchst du Urlaub? Du hast doch erst vor drei Monaten angefangen zu arbeiten, oder? Kannst du schon nicht mehr?« Und fügt dann hinzu, ausgerechnet jetzt und noch dazu derart kurzfristig sei es kompliziert, weil an den Tagen vor dem Fest so viel zu tun sei und sie und ihre Familie am Pessachfest selbst auch wegfahren wollten.

»Wohin willst du überhaupt verreisen?«, fragt sie, und Emilia antwortet nicht gleich. Sie erzählt Chava nicht, dass Gil bei ihrem letzten Telefonat gesagt hat, er wolle den Ort sehen, an dem sie geboren und aufgewachsen ist, und sie gefragt hat, ob es einen speziellen Ort gebe, an dem sie in

Riga übernachten, oder Menschen, denen sie ihren Besuch ankündigen wolle.

Etwas an Chavas Reaktion auf ihre Bitte ist eigenartig. Emilia spürt, dass sie große Spannung zwischen ihnen erzeugt. Am Wochenende sucht Chava sie im Heim gleich zweimal auf, unangekündigt und zu unvorhergesehenen Zeiten. Noch sagt sie weder ja noch nein, sie müsse das Ganze mit Me'ir, ihrem Mann, besprechen, aber sie fragt Emilia erneut, warum so von heute auf morgen, warum die Eile, wie viele Tage genau sie brauche und ob sie die Reise nicht auf den Sommer verschieben könne. Emilia könnte Gil fragen, ob sich die Reise verschieben lässt, aber sie will nicht, weil sie sicher ist, dass er es sich bis dahin anders überlegen wird. In den letzten Tagen hat sie den Eindruck, er sei böse auf sie. Seine Augen wirken weniger sanft, und seine Finger sind kalt und hart. Sein Blick ist misstrauisch.

Am Freitag erscheint Chava spätabends, als Adina schon lange schläft, zu einem unangemeldeten Besuch. Sie kommt mit ihrem Schlüssel herein, ohne vorher an die Tür geklopft zu haben. Emilia befindet sich im Appartement, weil Gil ihr an diesem Abend nicht geschrieben hat. Sie ist schon im Pyjama und ihr Haar noch nass nach der Dusche. Sie sitzt auf einem Plastikstuhl auf dem Balkon und blickt aufs Meer. Chava macht sich nicht einmal die Mühe zu erklären, warum sie um diese Uhrzeit kommt, und schaut im anderen Zimmer auch nicht nach ihrer Mutter, die dort schläft. Flüsternd reden sie auf dem Balkon über die Reise, und weil Emilia nicht lügen will, aber auch keine Einzelheiten preisgeben kann, sagt sie, sie wolle nach Riga fahren, weil sie dort Verwandte besuchen muss.

In ihrem Herzen weiß Emilia, dass die Möglichkeit, nach Hause zurückzukehren, sie in viel größere Aufregung versetzt, als sie sich zu begreifen erlaubt. Nicht nur wegen des Traums, den sie geträumt hat. Sie denkt daran, dass sie Adina nicht wird pflegen müssen, dass sie für eine Weile von dem Altenheim wegkommt, dass sie in einem Hotel in einem richtigen, sauber bezogenen Bett schlafen wird und nicht auf dem Sofa im winzigen Wohnzimmer. Sie plant schon, welche Kleidungsstücke sie im Koffer mitnehmen wird, und recherchiert, wie das Wetter in Bukarest werden wird, obwohl ihr Gil noch immer nicht endgültig gesagt hat, ob er fahren will oder kann, und Chava ihr den Urlaub noch nicht genehmigt hat. Sie hat eine graue Jacke mit Wollfutter, die sie in Israel noch nicht ein einziges Mal angehabt hat.

Sie hat überlegt, auf das Treffen mit Tadeusz zu verzichten, wegen seines kritischen Tons bei ihren letzten Unterredungen, aber sie kann die Aufregung nicht für sich behalten und wartet auf den Sonntag, um ihm davon zu erzählen. Sie weiß, wie sie auf die Fragen zu antworten hat, die er ihr stellen wird, und wie sie ihm erklären wird, warum sie fahren möchte, sollte er Vorbehalte äußern. Er ist der einzige Mensch, dem sie sagen könnte, mit wem sie fahren wird, weil er sowohl von Gil als auch von Nachum weiß, aber sie hat noch nicht entschieden, ob sie ihm sagen soll, dass sie zusammen fahren, oder lügen und sagen wird, sie führe allein. Sie hat noch immer Angst davor, an die Reise zu glauben, zumal Gil ihr am Wochenende keine einzige Nachricht schickt. Als am Sonntag die Zeit naht, wo er sie normalerweise mit dem Auto in der Balfour abholt, ist sie, obwohl er ihr nicht einmal angedeutet hat, er werde nicht kommen, sicher, er habe es sich anders überlegt und wisse nicht, wie er es ihr sagen soll.

Emilia betritt den Haushaltswarenladen und wartet dort auf ihn. Späht durch das Schaufenster, um zu sehen, ob er kommt. Die Verkäuferin fragt, wie es ihr geht, aber diesmal kauft Emilia nichts, obwohl in ihrem Portemonnaie nicht wenig Geld steckt. Mehr als eine halbe Stunde vergeht. Sie verlässt den Laden und erwägt, ins Seniorenheim zurückzukehren. Sie ruft Gil an, aber er antwortet nicht, also macht sie sich auf den Weg in Richtung Stadtzentrum. Es regnet, und sie wird nass, weil es am Morgen noch frühlingshaft war und sie ohne ihre Jeansjacke und ohne Regenschirm losgegangen ist. Mehrere Stunden lang fühlt sie sich so verloren wie damals, als sie gerade erst in dem Seniorenheim zu arbeiten begonnen hatte, bevor sie Gil kennenlernte, und eine Ahnung erwacht in ihr. Sie will nicht in das Appartement zurück, wo Adina und Chava auf sie warten. Ein weiteres Mal ruft sie Gil an und erhält keine Antwort. Sie ist jetzt sicher, dass er böse auf sie ist, weiß aber nicht, was sie getan haben könnte. Hat es mit der Zeitung zu tun, die sie aus seiner Schrankschublade mitgenommen hat? Hat er es bemerkt, bevor sie Gelegenheit fand, die Zeitung an ihren Platz zurückzulegen? Daraus, dass er drei Zeitungen mit ihrem Bild aufgehoben hat, schließt Emilia, dass die Frau, die Selbstmord begangen hat, Orna, ihm viel bedeutet hat, und für Momente ist sie eifersüchtig auf sie.

Als sie die Kirche betritt, mehr als eine halbe Stunde vor Beginn der Messe in polnischer Sprache, ist sie überrascht von der Menge der Besucher beim englischen Gottesdienst, der zuvor abgehalten wird, und auch von dem starken Weihrauchgeruch und der großen Anzahl brennender Kerzen neben dem Taufbecken. Es ist Palmsonntag, der den Beginn der Heiligen Woche markiert und Jesu letzten Einzug nach Jerusalem, deshalb ist die Kirche besser besucht denn je zuvor.

Als die Messe auf Englisch beendet ist und die philippinischen Gläubigen nach draußen strömen, nimmt Emilia ihren Stammplatz in der ersten Reihe ein, aber der Priester, der schließlich erscheint, um die Messe in polnischer Sprache zu feiern, ist nicht Tadeusz. Es ist ein anderer Geistlicher, den Emilia nicht kennt, etliche Jahre älter als Tadeusz, größer auch, mit stark sonnengebräunter Haut und weißem Haar. Er trägt eine Brille. Der Priester teilt der Gemeinde mit, sein Name sei Narziss, und sein sanfter Blick begegnet auch ihren Augen, aber Emilia wartet das Ende der Messe nicht ab. Sie erhebt sich von ihrem Platz und strebt dem Priesterzimmer hinter dem Altarraum zu, aber auch dort findet sie Tadeusz nicht. Als sie fragt, wo er sei, erfährt sie, Tadeusz sei nach Polen gefahren, um das Osterfest mit seiner Familie zu verbringen, und sie fühlt sich beinahe verletzt, dass er ihr nichts von der Reise gesagt hat. Wollte er ihr wohl durch seine Abwesenheit ein Zeichen oder die Billigung geben, dass sie fahren soll, wenn Gil dies will? Schließlich ist auch er nach Hause gefahren, genau wie sie es möchte.

Aber die Ahnung in jenen Stunden ist stärker.

Am Abend, als Emilia ins Seniorenheim zurückkehrt, wartet Chava auf sie. Sie sagt, sie habe mit Me'ir gesprochen, ihrem Mann, und von ihr aus könne Emilia Urlaub nehmen, sie solle ihr nur möglichst zeitig sagen, an welchem Tag genau sie vorhabe zu fliegen. Emilia dankt ihr. Obwohl die Reise inzwischen unwirklich erscheint, fragt sie, wie viele Tage Urlaub sie nehmen kann, und ist überrascht, als Chava sagt, ihr sei egal wie viele, sie müsse nur im Voraus den genauen Flugtermin wissen, um sich darauf einzustellen.

Sie ruft Gil nicht an und schickt ihm keine Nachricht, dafür ruft er sie abends an. Entschuldigt sich, dass er sie nicht abgeholt hat, erklärt, er habe den ganzen Tag mit unvorhergesehenen Meetings verbracht und nicht abnehmen oder zurückrufen können, weil etwas mit seinem Telefon nicht in Ordnung sei. Obwohl seine Stimme kühl klingt, wirkt sie beruhigend auf sie, und als er fragt, ob Chava ihr Urlaub genehmigt habe, erzählt sie ihm, dass sie fliegen könne.

Sie meint, noch immer Unschlüssigkeit in seiner Stimme zu hören, ja vielleicht sogar Reue, als er sagt: »Tatsächlich? Sie hat dir Urlaub gegeben? Weißt du schon genau, von wann bis wann?« Und er bittet, sie später in der Nacht noch einmal anrufen zu dürfen.

Als er schließlich nach Mitternacht anruft, will Emilia ihm anbieten, auf die Reise zu verzichten, weil sie spürt, dass er nicht will, aber ausgerechnet jetzt klingt er plötzlich resolut, so als habe er es sich überlegt, und bittet sie, ihm ihre Passnummer vorzulesen und ihr Geburtsdatum und ihren vollen Namen, wie er in dem Ausweis angegeben ist.

Und noch in derselben Nacht kauft er ihre Flugtickets.

In den nächsten Tagen geht für Emilia alles schnell, zu schnell, als dass sie verdauen oder verstehen könnte, was tatsächlich um sie herum geschieht.

Sie verbringt noch mehr Zeit mit Adina als gewöhnlich, da Chava aufhört, sie zu besuchen, ja im Grunde genommen vollkommen von der Bildfläche verschwindet, nachdem Emilia ihr mitgeteilt hat, an welchem Tag sie fliegt. Auch Gil ruft die ganze Woche nicht an, um sich mit ihr zu treffen, und schickt ihr auch keine Nachrichten, so als würde er seine Entscheidung doch wieder bereuen, und als sie ihn ein Mal anruft, erklärt er, er stecke bis zum Hals in Arbeit. Emilia spürt, wie sehr Tadeusz ihr fehlt. Da sie mit jemandem reden muss, überlegt sie, Esther zu besuchen, lässt die Idee dann aber wieder fallen, weil sie befürchtet, ihr die Verbindung zu Gil und die Reise mit ihm nicht verheimlichen zu können, zumal Gil sie wiederholt gebeten hat, niemandem etwas von der Reise zu sagen, insbesondere nicht seiner Mutter.

Stattdessen ruft sie Esther bloß an, und ihr Gespräch ist kurz und enttäuschend. Voller Schweigemomente.

Esther klingt verwirrt, ist vielleicht krank. Sie hört Emilia nicht und legt einfach auf, und erst als Emilia erneut anruft, hört Esther sie ihren Namen sagen.

Ihre Stimme klingt müde. Sie fragt Emilia, ob sie noch in dem Seniorenheim arbeite, und Emilia bejaht.

»Und bist du jetzt zufrieden dort? Behandelt man dich gut?«

Sie sagt Emilia auch, dass ihr Hebräisch sich besser anhört, und Emilia erwidert auf Englisch, das sei Nachums Verdienst, dank seines Heftes, und als Esther sagt: »Vieles war Nachums Verdienst. Es ist nicht leicht für mich, ohne ihn weiterzuleben«, fragt Emilia sich, ob nur sie ihn die ganze Zeit um sich sieht oder vielleicht Esther auch.

Ausgerechnet mit Adina hat Emilia, vielleicht weil sie weiß, dass sie sie schon bald eine Weile nicht pflegen wird, jetzt auch angenehme Augenblicke, wenn sie zusammen unten im Hof des Seniorenheims sitzen und sich von der Nachmittagssonne wärmen lassen, oder abends, wenn sie ihre Finger hält und wartet, dass sie einschläft.

Als Gil ihr endlich schreibt, fragt er auf Hebräisch: »Ist alles bereit, Emilia? Bist du marschfertig?« Sie versteht nicht, was er meint, und ist lange unschlüssig, ehe sie ihm auf Hebräisch antwortet: »Ich bin bereit.«

Gil wird am Sonntagmorgen vom Flughafen in Tel Aviv nach Rumänien fliegen. Er hat zwei arbeitsreiche Tage in Bukarest vor sich, und Emilia soll am Dienstag gegen Abend zu ihm stoßen, mit einem Flug, der um vier losgeht. Sie werden einen Tag gemeinsam in Bukarest verbringen, dann nach Riga fliegen und dort bis zum Wochenende bleiben.

Und Emilia weiß auch schon mehr oder weniger, wohin sie ihn in Riga mitnehmen wird. Der erste Ort, den sie besuchen will, ist die Wohnung, in der ihre Eltern gewohnt haben, und wenn der ehemalige Musiklehrer, der sie nach ihnen gemietet hat, dort noch wohnt, wird sie ihn um Erlaubnis bitten, einen Blick in die Wohnung zu werfen.

Sie vereinbaren, dass Gil sie gegen sieben Uhr abends vom Flughafen in Bukarest abholen soll. Falls seine Arbeitstreffen ihn daran hindern, wird Emilia ein Taxi zu dem Hotel nehmen, in dem er ein Zimmer bestellt hat und dessen Anschrift Emilia in ihr Heft übertragen hat.

Am Freitagnachmittag, als Adina in ihrem Bett schläft, holt Emilia leise ihren Koffer aus dem Kleiderschrank und trägt ihn ins Wohnzimmer. Zwei Tage vor Gils Abreise und vier Tage, bevor sie zu ihm fliegt. Adina wacht auf, und als sie Emilias Koffer sieht, fragt sie: »Du gehst?« Und erst da begreift Emilia, dass Chava ihrer Mutter nichts von der Reise erzählt hat.

Auf Hebräisch und mit Gesten, die ein Flugzeug darstellen sollen, sagt sie zu Adina: »Ich gehe nicht. Ich verreise. Und danach komme ich hierher zurück.« Adina nickt, obgleich Emilia nicht klar ist, ob sie sie verstanden hat.

Die Kleidungsstücke, die sie mitnehmen will, liegen zusammengefaltet übereinander und verströmen den Duft sauberer Wäsche, er überdeckt den abgestandenen Geruch nach Schweiß und Staub, der in den alten Koffern hängt.

Am nächsten Morgen, am Schabbat, kurz nachdem sie aufgewacht sind, Emilia ist noch im Pyjama, taucht Chava mit Me'ir, ihrem Mann, und den beiden Kindern unangekündigt im Heim auf. Sie warten, bis Emilia Adina geholfen hat, sich anzuziehen, und dann bittet Chava die Kinder, Adina mit nach unten zu nehmen, um in der Lobby einen Tee zu trinken. Sie befiehlt Emilia, im Appartement zu bleiben, und sagt, sie und Me'ir müssten mit ihr reden.

Sie fordern sie auf, sich ins Wohnzimmer zu setzen, auf das Bett, das sie noch gar nicht wieder in ein Sofa hat zurückverwandeln können, und nehmen auf zwei Stühlen, die sie aus der Essecke holen, vor ihr Platz. Emilia hat noch nicht einmal Zeit gehabt, einen Kaffee zu trinken. Sie sagen, sie wüssten, dass sie Geld und Schmuck von Adina stehle und plane, damit jetzt außer Landes zu fliehen, und wenn sie jetzt nicht auf der Stelle alles zurückgebe, was sie gestohlen habe, würden sie sie vom Seniorenheim direkt aufs Polizeirevier schaffen.

10

Emilia sieht sich selbst den Kleiderschrank in Adinas Schlafzimmer öffnen und ihre Schmuckschatulle herausholen und auch das kleine Lederportemonnaie, in dem Adina Geld versteckt. Das Portemonnaie legt Emilia zurück, und die Schmuckschatulle öffnet sie mit Hilfe des Schlüssels und nimmt ein Paar Perlenohrringe heraus. Sie weiß nicht, wann das Video aufgenommen wurde, das Me'ir ihr auf seinem Smartphone zeigt, und auch nicht wie. Das Video ist ohne Ton, aber Emilia hört Chava schreien: »Also hast du nichts geklaut, du miese Schlampe, Tochter einer Schlampe? Und lügst uns auch noch an?« Und dass sie noch über weitere Aufnahmen verfügen würden.

Me'ir ist ruhiger als sie.

Er bedeutet Chava mit der Hand, nicht so zu schreien, und legt sein Telefon auf den Tisch. Er sagt zu Emilia: »Wenn du willst, können wir das unter uns regeln. Gib ihr fünftausend Schekel zurück und allen Schmuck, den du genommen hast, und wir müssen die Polizei nicht einschalten. Das wäre das Einfachste.« Chava ist aufgebrachter als er oder wirkt zumindest so. Sie ist gegen Me'irs Vorschlag. Obwohl er sie erneut bittet, ihre Stimme zu senken, schreit sie: »Warum fünftausend Schekel? Woher weißt du, dass sie nicht mehr genommen hat, die falsche Schlange? Und wie, denkst du, wird sie das Geld beschaffen? Na, woher?« Sie droht, Anzeige zu erstatten, der Polizei zu sagen, Emilia habe ihre Mutter misshandelt. Me'ir sagt: »Wie viel willst du denn, dass sie uns bezahlt? Zehntausend? Wenn sie uns zehntausend zurückgibt, bist du dann bereit, sie laufenzulassen? Ich denke, es wäre besser, wenn wir das unter uns regeln.« Und dann fügt er hinzu: »Vielleicht möchtest du sie auch mal anhören, Chava? Komm, lass uns hören, was sie zu sagen hat.«

Emilia hat nicht viel zu sagen. Me'ir hört ihr zu. Sie entschuldigt sich. Sie weint. Bestreitet vehement, Adina jemals geschlagen zu haben. Wie können sie sie so einer schändlichen Sache beschuldigen? Sie sitzt doch jede Nacht neben Adina und hält ihre Hand, bis sie eingeschlafen ist. Sie erklärt, die Ohrringe und die Kette habe sie nur ausgeliehen und längst zurückgelegt. Alles befinde sich in der Schmuckschatulle, und sie könnten mit Adina kontrollieren, ob etwas fehle. Me'ir wirkt, als glaube er ihr, und sagt: »In Ordnung, das werden wir überprüfen.« Aber Chava glaubt ihr nicht: »Meinst du etwa, Mutter weiß noch, was sie hatte und was nicht? Sie erinnert sich an rein gar nichts mehr, wie genau sollen wir das dann kontrollieren?« Was das Geld betrifft, schwört Emilia, dass sie schon seit Monaten nichts mehr genommen hat, dass sie nur in den ersten Wochen drei- oder viermal etwas genommen hat, aber nie mehr als einhundert Schekel. Sie erklärt, das sei während der Zeit gewesen, als sie das Zimmer gemietet und das Einkommen aus der halben Stelle für die Miete nicht gereicht habe, und dass sie sich geschworen habe, das Geld zurückzugeben, sobald sie könne. Sie erzählt ihnen nicht, dass sie es längst hätte zurückgeben können, aber jedes Mal, wenn sie Geld im Portemonnaie hat, es in der Messe in den Kollektenkorb legt oder damit Dinge für Gils Wohnung kauft.

Chava wird abermals laut. Sie sagt zu Emilia: »Du rechtfertigst dich auch noch?« Und dann: »Sie soll der Polizei erklären, wie viel sie genommen hat, nicht mir. Ein Glück, dass wir das meiste Geld rechtzeitig dort rausgenommen haben, wer weiß, wie viel sie sonst übrig gelassen hätte.« Doch Me'ir mischt sich ein und wendet sich wieder an Emilia: »Diskutier jetzt nicht mit ihr, Emilia, ich bitte dich. Du bist nicht in der Position, mit ihr zu diskutieren. Zahl ihr bis morgen siebentausendfünfhundert Schekel zurück, und wir trennen uns gütlich. Ich werde dafür sorgen, dass sie nicht zur Polizei geht, in Ordnung? Ich sage dir, ich bin auf deiner Seite und möchte nicht, dass irgendjemand Schwierigkeiten bekommt, okay? Hörst du, was ich sage, Chava? Sie zahlt dir siebentausendfünfhundert, und wir beenden die Sache hier und jetzt. In der Zwischenzeit lässt du uns deinen Reisepass da und alles, was du hier noch in der Wohnung hast, und du bekommst die Sachen wieder, wenn du das Geld ablieferst – oder aber auf dem Polizeirevier. Du hast die Wahl.«

Als Emilia das Seniorenheim zum letzten Mal verlässt, ist es kurz nach elf Uhr vormittags. Die Lobby ist voll von Pflegern und Pflegerinnen, Alten und ihren Familienangehörigen, und Emilia hat das Gefühl, alle wüssten, was sich vor wenigen Minuten im Appartement im siebten Stock zugetragen hat, obgleich niemand davon weiß und auch niemand ihr Beachtung schenkt, als sie den Fahrstuhl verlässt und schnell die Halle auf dem Weg zu den Glastüren durchquert, die sich automatisch öffnen. Auch die Empfangsdame am Eingang nicht.

Emilias Habseligkeiten bleiben in Adinas Appartement zurück. Ihren Reisepass und die übrigen Dokumente hat sie Chava und deren Mann Me'ir aushändigen müssen. In der Plastiktüte, die sie bei sich trägt, sind nur wenige Kleidungsstücke. Und das längliche Lederportemonnaie. Sie trägt die graue Jeans und das graue T-Shirt und verbirgt ihre Augen hinter der roten Sonnenbrille.

Emilia geht zu Fuß von Bat Yam zur Kirche in Jaffa, auf dem Weg, den sie viele Male gegangen ist. Heute ist der Weg länger. Schleppt sich dahin. Es ist ein strahlend heller Tag, und die Sonne brennt. Jeder, der ihr unterwegs begegnet, starrt sie an. Sie weiß nicht, wo sie in der Nacht schlafen und wie sie das Geld beschaffen soll, das Me'ir und Chava von ihr verlangen. Sie hat keine Kraft mehr weiterzuleben. Sie überlegt, ins Altenheim zurückzukehren, wenn es dunkel wird, und eine der Pflegerinnen um einen Schlafplatz zu bitten. Sie will Israel nur noch verlassen und zurück nach Hause. Und sie hat Angst, wenn sie Gil erzählt, was passiert ist, wird er denken, sie habe auch ihm Geld gestohlen und vielleicht auch Esther und Nachum, obwohl ihr das niemals in den Sinn gekommen wäre. Die Kirche zu betreten wagt sie nicht und harrt auf einer Bank auf dem Vorplatz aus, wo es von Touristen wimmelt. Tadeusz wird nicht auftauchen, weil er bei seiner Familie in Polen ist, und das ist gut so, weil sie ihm nicht in die Augen schauen könnte, nach allem, was passiert ist. Ihre Haut brennt, als sei sie von lauter Angst und

Scham verätzt. Für das, was sie getan hat, kann und wird es keine Vergebung geben.

Gil ruft sie gegen Abend an, als wüsste er, dass sie mit ihm reden muss und nicht kann. Er hört an ihrer Stimme, dass etwas nicht in Ordnung ist, noch ehe sie ihm sagt, dass sie nicht mitkommen kann.

»Aber was ist denn passiert, Emilia? Kannst du mir das sagen?«, fragt er, und Emilia antwortet nicht. Als er die Frage wiederholt, schluchzt sie. Und kann nicht aufhören.

Sie berichtet ihm, dass Chava sie beschuldigt hat, Geld und Schmuck gestohlen zu haben, und dass sie ihnen ihre Dokumente hat aushändigen müssen; dass die beiden Geld von ihr verlangen, das sie nicht hat, und, wenn Emilia ihnen das Geld nicht bis morgen Mittag bringt, zur Polizei gehen werden. Gil schweigt, hört zu. Er fragt sie, wo sie jetzt gerade sei und mit wem. Als er vorschlägt, zu ihr in ihre Wohnung zu kommen, macht es keinen Sinn mehr, ihn weiter zu belügen. Sie gesteht ihm am Telefon, dass sie keinen Ort zum Schlafen hat, denn niemand außer ihm kann ihr helfen.

Er fragt, ob er sie in ein paar Minuten nochmals anrufen könne, und ruft dann nach mehr als einer halben Stunde wieder an.

Inzwischen geht die Sonne unter, und der Abend senkt sich herab. Emilias Haut brennt nicht mehr so stark, und auch die Angst hat sich ein wenig gelegt, als sie auf seinen Rückruf wartete. Er sagt, alles werde in Ordnung kommen. Verspricht, ihr zu helfen. Er bittet sie, genau zu tun, was er ihr sagt. Er möchte, dass sie einen Bus nimmt und zu seiner Wohnung kommt. Sie überlegt, ein Taxi zu nehmen, will aber nicht, dass jemand sie sieht oder anspricht, und im Bus kann man sich leichter verstecken. Jetzt, so kurz nach Ende des Schabbat, ist der Bus fast leer, und Emilia sitzt bei der hinteren Tür, am Fenster. Sie muss an die erste Fahrt zu Gil denken, an Tadeusz, der in den Bus kam, vielleicht an derselben Haltestelle, an der sie jetzt eingestiegen ist, und die ganze Zeit stand, ohne dass jemand ihm einen Sitzplatz angeboten hätte. Die Fahrt geht schnell vorbei, und niemand setzt sich neben sie. Als sie aussteigt, erinnert sie sich, dass sie ein Stück weiter geradeaus gehen und dann nach rechts abbiegen muss. Seine Adresse steht in ihrem Heft, das bei Adina geblieben ist, aber Emilia weiß den Weg und erkennt das Haus wieder. Sie macht kein Licht, als sie eintritt und im Dunkeln die Treppe nimmt, aber als sie vor seiner Tür stehen bleibt, im zweiten Stock, geht trotzdem das Licht an, obwohl sich keine Tür öffnet oder schließt und außer ihr niemand im Treppenhaus zu sein scheint. Sie klopft zweimal an die Tür, erhält keine Antwort und nimmt dann den Schlüssel aus dem Sicherungskasten und schließt auf, wie er ihr gesagt hat. Sobald sie sich in seiner Wohnung befindet, will sie sich nur noch hinlegen und die Augen zumachen. Von der Sekunde an, in der sie sie betreten hat, ist sie zutiefst dankbar für diese Wohnung. Sie hört die Tür nicht auf- und zugehen, vielleicht weil sie tatsächlich eingeschlafen ist, spürt bloß seine weiche Hand auf ihrer Schulter und sieht ihn über sich. In der anderen Hand hält er ein Glas Wasser.

Danach sitzen sie am Esstisch, auf dem die bestickte Decke ausgebreitet liegt, die Emilia gekauft hat. In der Mitte steht der Strohkorb, den sie aus ihrer früheren Wohnung mitgebracht hat.

Gil wartet, dass Emilia sich beruhigt, und bittet sie dann, ihm zu erzählen, was genau passiert ist. Er stellt ihr viele Fragen, und sie beantwortet sie. Er fragt, ob sie Geld von Adina genommen hat, und sie schwört, nicht mehr als nur ein paar hundert Schekel, und das nur in den ersten Wochen ihrer Anstellung dort, und dass sie, seit sie bei ihm begonnen hat zu arbeiten, nicht einen Schekel mehr von ihr genommen habe. Schmuck habe sie sich nur zwei-, dreimal ausgeliehen, wenn sie sich abends getroffen hätten, und danach sofort wieder zurück in die Schatulle gelegt. Sie kann ihm nicht erklären, warum sie Geld von Adina entwendet hat, weil sie keine Erklärung dafür hat. Sie weiß, dass es nicht wegen des Geldes gewesen ist, sondern aus anderen Gründen, und auf jeden Fall hat sie aus Nachums und Esthers Wohnung nie etwas gestohlen. Gil sagt, er glaube ihr, aber dann fragt er, ob sie auch aus seiner Wohnung etwas mitgenommen hat, was sie nicht hätte nehmen dürfen, und Emilia sagt, niemals, wiederholt, dass sie auch aus Nachums und Esthers Wohnung nichts genommen hat, und Gil sagt leise, er habe nicht nach Nachums und Esthers Wohnung gefragt, sondern nach dieser hier, und ob sie ganz sicher sei, nichts daraus mitgenommen zu haben, was sie nicht hätte nehmen dürfen. Er streichelt ihre Hand, damit sich der innere Aufruhr legt, in dem sie gefangen ist. Sagt, er glaube ihr und dass er ihr helfen wolle. Fragt, ob sie Me'ir und Chava erzählt habe, mit wem sie nach Riga fahre. Er will die beiden anrufen und ihnen klarmachen, dass sie nicht vorgehabt habe zu flüchten, sondern mit ihm Urlaub machen wollte, und als sie sagt, sie habe ihnen nichts von ihm erzählt, sagt er, dann werde er sich eben vorstellen. »Auf jeden Fall, und egal, was du getan hast, sie hätten deinen Pass nicht an sich nehmen und dich ganz sicher nicht so erpressen dürfen«, sagt er. »Lass mich mit ihnen reden, ich verspreche dir, die klingen ganz anders, sobald sie wissen, dass sie mit einem Rechtsanwalt reden.« Danach schlägt er vor, ihr einen Tee zu kochen, und fragt, ob sie duschen wolle. Er geht in sein Schlafzimmer, um Me'ir und Chava anzurufen, und sagt vorher zu ihr: »Es wird alles in Ordnung kommen, Emilia, das verspreche ich. Du bist nicht allein.«

Emilia entschuldigt sich für die geplatzte Reise, und Gil lächelt sie an und sagt: »Das macht doch nichts, Emilia. Es wird noch andere Gelegenheiten geben.«

Als sie in der Dusche unter dem warmen Wasserstrahl steht, denkt sie an Nachum und schließt fest die Augen. Aus Scham und Trauer. Aus Dankbarkeit. Sie hat ihn vorhin im Wohnzimmer gesehen, als sie im Dunkeln in die Wohnung gekommen ist, noch bevor Gil da war, und hat begriffen, dass er ihretwegen hier ist. Dass er sie seit dem Tag, an dem er gestorben ist, nicht allein gelassen hat.

Als Emilia aus der Dusche kommt – sie hat die Sachen angezogen, die sie in der Tüte mitgebracht hat –, sagt Gil, er habe mit Chava gesprochen und dass alles sich finden werde.

Er habe sich mit ihr wegen des Geldes geeinigt, und sie hätten versprochen, nicht zur Polizei zu gehen und ihr die Dokumente zurückzugeben. Emilia fragt, wie viel Geld sie zurückzahlen müsse, und Gil sagt erneut, es werde alles in Ordnung kommen. Er werde ihnen einen Betrag erstatten, wie viel genau, will er nicht sagen, aber deutlich weniger als die siebeneinhalbtausend, die sie verlangt hatten. »Du musst dir keine Sorgen machen«, sagt er zu ihr. »Wir werden das alles hinter uns bringen. Morgen.«

Er bittet sie, den Tee zu trinken, den er ihr gemacht hat, während sie unter der Dusche war.

Der Tee schmeckt sonderbar, zu süß, und ist auch schon abgekühlt, aber Emilia trinkt ihn bis auf den letzten Tropfen, weil sie den ganzen Tag noch nichts gegessen oder getrunken hat. Gil geleitet sie ins Schlafzimmer, wo sie sich aufs Bett legt, ganz benommen von der Müdigkeit und Wärme, die sie überkommt. Er setzt sich neben sie und betrachtet sie, genau so, wie sie immer auf Adinas Bett saß und wartete, bis sie einschlief. Die Sonnenblenden vor dem Fenster sind nur einen Spalt weit geöffnet, und Licht aus der Wohnung gegenüber fällt herein, und in diesem schummrigen Licht sieht sie Gils Gesicht, ehe sie einschläft. Er berührt sie nicht. Er sitzt neben ihr, und sie hört seine Stimme. Sie meint, dass er sie etwas über Orna fragt, aber sie ist nicht sicher, weil ihre Wahrnehmung schon ganz benebelt ist vor Müdigkeit. Sie erinnert sich, dass sie manchmal daran gedacht hat, wie es wohl wäre, hier aufzuwachen, aber niemals hätte sie sich ausgemalt, dass es sich so gut anfühlen würde.

Das Glöckchen, das sie an den Fensterrahmen gehängt hat, bewegt sich nicht, aber Emilia hört seinen Klang. Ihre Augen schließen und öffnen sich, schließen sich erneut, und sie sieht, dass sich auch Nachum im Schlafzimmer befindet und seine smaragdgrünen Augen sie anschauen, während sie einschläft. Sie will etwas zu ihm sagen, kann aber nicht, weil eine große Schwäche sich ihrer bemächtigt und ihre

Stimme aus ihrem Mund verschwunden ist. Sie denkt, dass auch er ihr etwas sagen will, aber auch er kann seine Lippen nicht bewegen.

Als Emilia um ein Uhr aufwacht, in der Nacht von Schabbat auf Sonntag, umschließt die Plastiktüte, die sie mitgebracht hat, ihren Kopf, und als sie versucht, Luft zu holen, hat sie den Geschmack des Plastiks im Mund. Sie spürt Gils Finger, die auf ihre Knie drücken, sie aufs Bett pressen, sie daran hindern aufzustehen, aber Emilia will gar nicht aufstehen, es ist nur der Körper, der das will. Er hat immer panischere Angst vor dem Ersticken. Sie aber wird bloß ruhiger.

Gil sitzt neben ihr. Er betrachtet Emilia, als ihr die Luft unter der Plastiktüte, die ihren Kopf bedeckt, langsam ausgeht.

Auch Nachum befindet sich neben ihm, seine Augen sind weit aufgerissen, und Emilia begreift jetzt, dass Nachum sie die ganze Zeit nicht zu ihm bringen, sondern sie hat warnen wollen.

Emilias Augen sind weit geöffnet, aber innerlich schließt sie sie. Und mit einem Mal weiß sie alles, was passiert ist, und auch alles, was passieren wird, als wäre es eine Geschichte, die ihr vor dem allerletzten Schlaf erzählt wird.

Drei

1

Die dritte Frau wird er in dem Café in Givatayim treffen, in dem er mal mit dir gewesen ist, Orna. Sie wird jeden Morgen wenige Minuten nach acht dort eintreffen und immer am selben Tisch in der Ecke der Terrasse sitzen, die den Winter über verglast ist. Er wird etwa eine halbe Stunde nach ihr in das Café kommen, anfangs nicht an jedem Morgen, sondern nur ein-, zweimal die Woche, auf dem Weg ins Büro.

Zu einem ersten Gespräch zwischen ihnen wird es so kommen: Sie wird allein vor dem Laptop sitzen, konzentriert auf ihre Arbeit, aber jeden, der hereinkommt oder rausgeht, mit einem Blick bedenken. Einmal in der Stunde wird sie aufstehen und das Café verlassen, um draußen zu rauchen und ein Telefongespräch zu führen, und an einem der Morgen wird er ihr folgen und sie fragen, ob er wohl eine Zigarette haben könne. Sie wird ihm aus einer weißen, fast leeren Schachtel eine Winston Light anbieten, die er sich mit ihrem Feuerzeug selbst anzündet. Sie wird weiter auf das Display ihres Smartphones schauen, als er sich entschuldigt und sagt, er rauche fast nie und habe daher keine eigene Schachtel dabei, und sie wird sagen, sie müsse eigentlich auch aufhören, aber vielleicht sei das der falsche Zeitpunkt, weil sie gerade erst damit angefangen habe. Er wird lachen. Wird fragen, ob er sie etwas fragen dürfe, worauf sie ihr Telefon in die Jackentasche stecken und sagen wird, sicher. Erst da wird sie den Kopf heben und ihn betrachten. Er wird fragen: »Woran arbeiten Sie da jeden Morgen so fleißig?« Danach, aus Höflichkeit, wird auch sie ihn fragen, was er macht.

Zurück im Café wird er ihr die Hand reichen und sich vorstellen. »Ach übrigens, ich bin Gil«, wird er sagen, und sie wird antworten: »Freut mich. Ich bin Ella.«

Von da an wird er fast jeden Morgen ins Café kommen. Das Gesicht glattrasiert, nach Parfüm duftend und jeden Tag in einem anderen Hemd. Sein Haar ist inzwischen ein wenig schütterer, aber immer noch hell und relativ voll. Er wird seinen Wagen auf dem Parkplatz in der Nebenstraße abstellen und zu Fuß zum Café gehen. Als er ihr das zweite Mal nach draußen folgt und sie um eine Zigarette bittet, wird ihre Unterhaltung länger dauern. Das Erste, was eine Verbindung zwischen ihnen herstellen wird, ist das Thema der Masterarbeit, an der sie schreibt, auch wenn sie, wie sie ihm erzählt, das Gefühl hat, überhaupt keine Chance zu haben, diese jemals zu beenden, nicht in ihrem Alter. »Worüber schreibst du denn?«, wird er fragen, und sie wird antworten: »Vergiss es, das willst du gar nicht wissen.«

Sie schreibt über das Ghetto in Lodz. Ja, über die Schoah. Genauer gesagt, über ein markantes Gebäude im Lodzer Ghetto in den Jahren 1941 bis 1944 und die Lebensgeschichte der Menschen, die in jenen Jahren dort gewohnt haben. Dutzende von Bewohnern, Dutzende vollkommen unterschiedlicher Lebensgeschichten, Dutzende

Todesfälle, einer tragischer als der andere. Und sie ist schon siebenunddreißig, also nicht unbedingt in einem Alter, in dem man noch Arbeiten für die Universität schreibt. Ist älter als die meisten Dozenten und sieht aus wie die Mutter aller Studenten.

Gil wird überrascht wirken, dass sie ausgerechnet darüber schreibt, weil sie nicht wie »von dort« aussieht, und sie wird lachen und ihn »Rassist« nennen, wird dann sagen, dass sie tatsächlich nicht »von dort« ist, und fragen, ob man ihr das so deutlich ansieht. Sie wird erzählen, ihr Interesse an dem Thema habe damit begonnen, dass sie ihren Militärdienst beim Bildungs- und Jugendcorps der Armee absolviert und danach Geschichte des jüdischen Volkes an der Bar-Ilan-Universität studiert habe. Danach habe sie einige Jahre lang im Diasporamuseum Touristengruppen herumgeführt.

»Und jetzt?«, wird er fragen. »Jetzt bin ich hauptsächlich Gebärende.« Sie wird den Rauch ihrer Zigarette von ihm weg in die andere Richtung ausstoßen. Die vorerst letzte Geburt sei vor zehn Monaten gewesen, und um zu Hause nicht durchzudrehen, habe sie sich für ein Master-Studium eingeschrieben und sich eine Kinderfrau besorgt, die bis um eins bei der Kleinen sei, einmal in der Woche auch am Nachmittag, aber das helfe nicht so richtig. »Weil du noch immer nicht genug Zeit für dein Studium hast?«, wird Gil fragen, und sie wird antworten: »Weil ich noch immer durchdrehe. Und nicht mal weiß, warum ich das alles überhaupt mache.«

Außer der ganz kleinen hat sie noch zwei ältere Töchter, die eine viereinhalb und die andere sechs Jahre alt, und sich um die drei zu kümmern macht sie wahnsinnig. Die paar Stunden am Morgen und der ganze Tag an der Universität sind ein Rettungsring, genügen ihr aber nicht, um bei Verstand zu bleiben. Ohne die Antidepressiva und das Rauchen – nach fast sieben Jahren ohne Zigarette, im Grunde genommen seit der ersten Schwangerschaft, wird sie sagen und sich eine weitere Winston Light anzünden – würde sie nicht durchhalten. Ihr Mann ist Berufssoldat, in der Forschung, und immer erst nach neun zu Hause. »Ich bin nicht sicher, ob er überhaupt weiß, dass uns noch eine Tochter geboren wurde«, wird sie sagen, wird ihr Telefon herausholen und ihm ein Bild der Töchter zeigen. »Nicht dass du mich falsch verstehst, ich liebe die drei total, sie sind echt süß«, wird sie zu ihm sagen. »Aber so habe ich mir mein Leben vor zehn Jahren nicht vorgestellt. Aber was belästige ich dich mit dem ganzen Kram überhaupt? Doch ganz offenkundig nur, um nicht wieder zurück an den Rechner und an die Arbeit zu gehen.«

Diesmal wird von Anfang an klar sein, dass sie beide verheiratet sind.

Gil wird einen schmalen Ehering am Finger tragen, den er, bevor er das Café betritt, nicht abnehmen und nicht vor ihr zu verbergen suchen wird, und sie wird viel über ihren Mann reden.

Schon bald werden sie sich guten Morgen sagen, wenn er das Café betritt und sie schon da ist. Er wird sie ein drittes und viertes Mal um eine Zigarette bitten, bis sie ihm schließlich jedes Mal, wenn sie zum Rauchen nach draußen geht, ein Zeichen macht. An Regentagen werden sie unter dem Dach des nahen Kiosks Unterschlupf suchen und an kalten Tagen auf dem Bürgersteig vor der Tür des Cafés stehen, um etwas von der Wärme des Heizlüfters drinnen abzubekommen. An schönen Tagen werden sie an einem runden Tisch sitzen, der draußen extra für die Raucher aufgestellt ist, und die Sonne genießen. Der Februar wird trocken sein und früh warme Tage bringen, in denen schon der Sommer wartet wie Staubgefäße in einer Blüte. Er wird anbieten, ihr eine Packung Zigaretten zu kaufen oder ihren Kaffee zu bezahlen, denn es könne ja nicht angehen, dass sie seine neuen Rauchgewohnheiten finanziert, und sie wird sagen, im Gegenteil, sie fühle sich schuldig, weil er ihretwegen mehr rauche.

Und er wird sie nicht anlügen. Wird erzählen, dass er zwei große Töchter hat, die eine leistet gerade Militärdienst, auf einer Ausbildungsbasis der Luftwaffe, und die andere ist dabei, ihren Schulabschluss zu machen, und dass auch seine Frau Rechtsanwältin ist. Er wird ihr Ruthis Namen nicht sagen, aber auch nicht, dass sie geschieden seien oder dabei, sich scheiden zu lassen. Als sie ihn fragt: »Wieso kommt deine Frau nie mit dir her?«, wird er erklären, sie breche vor ihm zur Arbeit auf und dass ihr Büro im Zentrum von Tel Aviv liege. Seine Verbindung zu Osteuropa wird weiterhin ein gemeinsamer Nenner sein. Er wird erzählen, sein Vater sei in Österreich geboren und seine Mutter in Polen, nicht in Lodz, sondern in einer Kleinstadt unweit von Warschau namens Grójec. Beide seien unlängst verstorben: sein Vater Nachum vor jetzt fast drei Jahren und seine Mutter Esther gegen Ende des Sommers, zwischen Neujahr und dem Laubhüttenfest.

Er wird noch mehr über seine Arbeit erzählen, und sie wird interessiert nachfragen. Was das für Menschen seien, die sich einen rumänischen oder polnischen oder bulgarischen Pass ausstellen lassen und aus welchen Gründen und wie er überhaupt dazu gekommen sei. Er wird erklären, er habe Mitte der Neunziger für eine Personalvermittlungsfirma gearbeitet, habe in den Jahren, als nach dem Zusammenbruch des Ostblocks viele billige Arbeitskräfte, vor allem Frauen, ins Land geholt wurden, Kontakte geknüpft und später dann seine eigene Kanzlei eröffnet. Anfangs, als die osteuropäischen Staaten gerade frisch in der Europäischen Union waren, habe er vor allem mit der Ausstellung von Reisepässen zu tun gehabt, Pässe, die Israelis vor allem deshalb liebten, weil sie sich auf europäischen Flughäfen damit in die Schlange für EU-Bürger stellen konnten, aber jetzt bestehe seine Arbeit vor allem darin, Immobilieninvestitionen zu begleiten – und mit eigenem Geld in Immobilien zu investieren. Israelis würden immer mehr Immobilien in Osteuropa kaufen, als planten sie, irgendwann in Scharen dorthin zurückzukehren, und da sie einheimischen Rechtsanwälten dort nicht trauten, entwickelten sich seine Geschäfte prächtig. Er besitze auch drei eigene lukrative Objekte in Osteuropa und erwäge zurzeit die Beteiligung an zwei großen Immobilienprojekten, weshalb er ziemlich oft hinfahre, mitunter zweimal im Monat, und bereits drei Anwälte auf Honorarbasis beschäftige, einen hier in Israel, einen in Rumänien und eine Anwältin in Polen.

»Das klingt vielbeschäftigt und erfolgreich, im Gegensatz zu meinem Leben«, wird sie sagen. Und als er sagt: »So beschäftigt nun auch wieder nicht, übertreib mal nicht. Tatsache ist, dass ich herkommen und jeden Morgen mit dir Kaffee trinken kann«, wird sie ihn anschauen und lächeln.

Wird sagen: »Was willst du damit andeuten? Dass du nur herkommst, um etwas mit mir zu trinken?«

Als er sie einmal fragen wird, warum sie schreibt, worüber sie schreibt, wird sie antworten: »Ich weiß ehrlich gesagt gar nicht mehr, wie ich darauf gekommen bin. Ich hatte wohl mal Ambitionen. Und auch das Gefühl, die Menschen, die dort gestorben sind, bitten mich, sie nicht zu vergessen.«

2

Emilias Leiche wurde an einem frühen Sonntagmorgen in der Gegend des alten Busbahnhofs gefunden. Im Bericht des Streifenbeamten, der sie fand, Sergeant Karim Nassri, hieß es: »Die Leiche einer Frau von etwa Mitte vierzig, kurze Haare, bekleidet mit grauer Hose, T-Shirt und Jeansjacke, liegt im Treppenhaus eines Gebäudes in der Galil-Straße, der Kopf mit einer Plastiktüte bedeckt.« In ihren Taschen befanden sich weder Ausweispapiere noch sonstige Dokumente, weshalb sie mehrere Tage lang als unidentifiziert galt.

Da Emilias Leichnam keinerlei Spuren von Gewalt aufwies, lautete die anfängliche Annahme: Selbstmord. Der Obduktionsbericht stellte Tod durch Ersticken fest. »Die Tote hatte in den Stunden vor ihrem Ableben keinen Geschlechtsverkehr, und in ihrem Magen befanden sich so gut wie keine Speiserückstände.« Der Bericht gelangte auch zu der Feststellung, die Frau sei, aufgrund der Kronen in ihren Zähnen, mit einiger Wahrscheinlichkeit keine Israelin, und die Etiketten der Kleidung, die sie trug, stützten diese Vermutung. Der Todeszeitpunkt wurde auf die späten Abendstunden zwischen Schabbat und Sonntag datiert.

Mehrere Tage lang konzentrierten sich die Ermittlungen auf die Spurensuche und Befragungen in dem Viertel, in dem Emilia gefunden worden war, sowie auf einen Abgleich der Obduktionsbefunde mit offenen Vermisstenakten. In der Umgebung gab es nur wenige Überwachungskameras, und auch auf diesen war Emilia in den Stunden vor dem Todeszeitpunkt nicht zu sehen. Streifenbeamte zeigten ihr Bild Händlern und Gewerbetreibenden in den umliegenden Straßen, aber niemand kannte sie, und bei der Suche in Hinterhöfen und Mülltonnen wurden keine Habseligkeiten oder Ausweispapiere gefunden, die zu ihr hätten gehören können.

In den Polizeiakten wurde Emilia zeitweilig als »Unbekannte« bezeichnet, und eine der Vermutungen, die aufgestellt und dann wieder verworfen wurden, lautete, sie sei auf illegalem Wege nach Israel gebracht worden, um als Prostituierte zu arbeiten – vielleicht, ohne dies zuvor gewusst zu haben –, aber keine der Frauen, die in den Bordellen in Neve Sha'anan arbeiteten und befragt wurden, kannte Emilia. Außerdem widersprach der Zustand der Leiche einer solchen Hypothese. Emilia war zwar, als man sie fand, unterernährt gewesen, hatte aber weder Drogen konsumiert noch sichtbare körperliche Misshandlungen erlitten.

Die Identifizierung erfolgte schließlich erst nach mehr als einer Woche.

Auf einem Revier des Polizeidistrikts Ayalon in Bat Yam wurde Anzeige gegen eine ausländische Pflegekraft erstattet, die die von ihr betreute Seniorin bestohlen und misshandelt haben sollte – und dann verschwunden, vielleicht sogar außer Landes geflüchtet war. Das Ehepaar, das Anzeige erstattete, Me'ir und Chava Jescher, gab dem diensthabenden Ermittler eine Beschreibung und den Namen der Pflegerin, und ein paar Tage später stellte irgendjemand im Distrikt Jiftach die Verbindung her. Das Ehepaar Jescher wurde aufs Revier in der HaMasger-Straße bestellt, um sich eine Aufnahme des Leichnams der Unbekannten anzuschauen, und identifizierte sie auf der Stelle: Ihr Name war Emilia Nudjews, lettische Staatsbürgerin, sechsundvierzig Jahre alt. Sie hatte Adina Danino von Ende Januar an betreut und seit dem 1. März in deren Appartement im Seniorenheim in Bat Yam gewohnt. Nach Israel war sie zwei Jahre zuvor legal und durch die Vermittlung einer Personalagentur eingereist, und ihre Aufenthalts- und Arbeitsgenehmigung waren gültig.

Als die Eheleute Jescher gefragt wurden, wann sie Emilia zum letzten Mal gesehen hätten, sagten sie, am Morgen des Schabbat, also nur Stunden vor dem mutmaßlichen Todeszeitpunkt. Sie gaben an, Emilia verdächtigt zu haben, Geld von der Betreuten zu stehlen, weshalb sie Überwachungskameras in dem Appartement im Seniorenheim installiert und ihren Verdacht bestätigt gefunden hatten. Sie hätten sie am Schabbat unangekündigt im Heim aufgesucht und ihr die Aufnahmen gezeigt, hätten sie aber nicht bedroht, sondern lediglich von ihr verlangt, Adina das Geld zurückzugeben. Wobei es durchaus sein könne, wie sie aussagten, dass sie die Pflegerin gewarnt hatten, sie würden sich andernfalls an die Polizei wenden.

Sie behaupteten, Emilia habe versprochen, das Geld noch am selben Tag zurückzugeben, habe das Seniorenheim verlassen und sei seither verschwunden. Sie hätten gewusst, dass sie ein paar Tage später eine Auslandsreise geplant habe, weshalb sie sie gebeten hätten, ihren Reisepass bei ihnen zu lassen. Zwei Tage nach ihrem Verschwinden hätten sie Kontakt zu der Personalvermittlungsfirma aufgenommen, aber dort habe niemand eine Ahnung gehabt, wo sich Emilia aufhalte, sie hätten schon seit geraumer Zeit keinen Kontakt mehr mit ihr gehabt. Die Eheleute Jescher seien davon ausgegangen, dass es Emilia irgendwie gelungen sein musste, sich auch ohne Reisepass ins Ausland abzusetzen, und hätten sich bereits mit dem Verlust des Geldes abgefunden. Sie hatten bei der Polizei nur Anzeige erstattet, da das erforderlich war, um von der Personalvermittlungsagentur eine Entschädigung für den von Emilia verursachten Schaden verlangen zu können.

Als sie gefragt wurden, ob sie noch im Besitz weiterer Habseligkeiten Emilia Nudjews seien, verneinten sie, abgesehen von den Kleidungsstücken, die noch in den drei Fächern in Adinas Kleiderschrank im Seniorenheim lagen, und den Kosmetikartikeln, die im Badezimmer verblieben waren.

Nach der Identifizierung der Leiche und der Zeugenaussage der Eheleute Jescher war der Fall für die Polizeiermittler ziemlich klar. Ihre Geschichte stützte die Annahme, Emilia habe sich das Leben genommen, und ermöglichte den Kriminalbeamten, sich die Stunden vor dem Selbstmord in groben Zügen auszumalen. Emilia war am Morgen nach der Konfrontation mit Me'ir und Chava aus dem Seniorenheim gegangen, ohne die Möglichkeit, das Land zu verlassen, da ihr der Reisepass abgenommen worden war. Sie hatte sich gescheut, ins Seniorenheim zurückzukehren, aus Angst, umgehend aufs Polizeirevier gebracht zu werden, und war den ganzen Tag allein umhergeirrt und hatte nach einem Ausweg gesucht. Einen Platz zum Schlafen hatte sie nicht. Zwar war den Ermittlern nicht klar, wie sie von Bat Yam nach Newe Sha'anan im Süden von Tel Aviv gelangt war und ob sie dort soziale oder andere Kontakte hatte, aber in den Nachtstunden war allem Anschein nach ihre Verzweiflung immer größer geworden, bis sie beschlossen hatte, sich das Leben zu nehmen. Eine der Hypothesen der Ermittler lautete, Emilia habe sich ins südliche Tel Aviv begeben, um sich mit dem Ziel, an Geld zu kommen, den dortigen Escort-Services anzubieten – aber es sich im allerletzten Moment vielleicht doch anders überlegt.

Der erste Ermittler, der mit dem Fall betraut wurde, war A., ein Kriminalbeamter im Distrikt Jiftach. Zweiundvierzig, verheiratet und Vater von drei Kindern, vormals Offizier beim Grenzschutz, wohnhaft in Jehud. Ein großgewachsener, hagerer Mann, dessen Bewegungen und Sprechweise bedächtig und langsam waren, mit müden Augen. Er war überzeugt, Emilia habe sich aus Verzweiflung und Angst selbst erstickt, aber da er ein gründlicher Ermittler und stolz darauf war, dass seine Ermittlungsakten allesamt wasserdicht waren, wollte er die Leerstellen ausfüllen, die der Fall hinsichtlich ihres letzten Tages noch aufwies: *Wie kann es sein, dass niemand ausgesagt hat, sie in den Stunden vor dem Selbstmord in der Gegend des Busbahnhofs gesehen zu haben? Immerhin gibt es eine Polizeiwache ganz in der Nähe.*

A. bestellte das Ehepaar Jescher zu einer weiteren Vernehmung ein, um ein vollständigeres Bild von jenem Schabbatmorgen im Altenheim zu bekommen. Er verdächtigte die Eheleute zwar nicht, etwas mit ihrem Tod zu tun zu haben, aber er ging doch davon aus, dass sie möglicherweise nicht alles erzählt hatten, was zwischen ihnen vorgefallen war. Auf seine Bitte hin brachten sie zur Vernehmung einen USB-Stick mit den Videosequenzen mit, auf denen Emilia zu sehen war, wie sie den Kleiderschrank im Schlafzimmer der alten Dame öffnete und Schmuck und Geld an sich nahm. Er schaute sich die Aufnahmen mehrere Male an und bat, ihm diese dazulassen. Bei der ursprünglichen Anzeige auf dem Revier im Ayalon-Distrikt hatten sie außerdem behauptet, Emilia habe Adina misshandelt, aber aus den Aufnahmen der versteckten Kamera ergaben sich dafür keine Beweise, und bei der zweiten Vernehmung nahmen sie ihre Anschuldigung schon bald zurück.

Aus ihrer Zeugenaussage ergab sich für A. das Bild einer einsamen, allein auf sich gestellten Frau, ohne Verwandte oder Freunde in Israel.

Die Eheleute Jescher wussten lediglich, dass sie zuvor als Pflegekraft im Norden von Tel Aviv gearbeitet und einige Wochen eine Wohnung in Bat Yam gemietet hatte, ehe sie ins Seniorenheim gezogen war. Sie hatte sechs Tage die Woche gearbeitet und nur sonntags einen freien Tag haben wollen, um Besorgungen zu machen und in die Kirche zu gehen.

Zuletzt habe sie um ein paar Tage Urlaub gebeten, um nach Riga zu fliegen, und erst im Nachhinein hätten sie begriffen, dass sie allem Anschein nach geplant hatte, das Land zu verlassen und nicht wiederzukommen. A. fragte, ob Adina möglicherweise noch mehr über sie wisse, worauf sie ihm erklärten, die alte Dame sei leider schon vollkommen verwirrt.

Eines Morgens, fast einen Monat nach dem Fund der Leiche, fuhr A. direkt von der Synagoge in Jehud, wo er jeden Tag das Morgengebet verrichtete, zum Seniorenheim in Bat Yam und befragte das dortige Personal, einheimische wie ausländische Pflegekräfte, die ihm aber keinerlei verwertbare Informationen zu den Umständen von Emilias Tod liefern konnten. Niemand wusste etwas über sie, da sie offenbar ein kontaktscheuer, verschlossener Mensch gewesen war. Eine philippinische Angestellte namens Jenny berichtete, sie habe Emilia in einer Kirche in Jaffa gesehen, und eine andere Pflegekraft namens Carol, die trotz ihrer langen Haare auf A. sehr männlich wirkte, sagte, zuletzt sei ihr aufgefallen, dass Emilia abends manchmal die Einrichtung verließ, und zwar gekleidet wie zu einem Date. Carol konnte nicht sagen, mit wem sich Emilia getroffen und ob sie tatsächlich eine engere Beziehung zu einem Mann oder einer Frau unterhalten hatte. Keiner von ihnen war auf ihrer Beerdigung gewesen, die in Israel stattgefunden hatte, weil es keinen Menschen gab, der aus Lettland die Rückführung ihres Leichnams angefordert hatte, und niemand hatte seither im Seniorenheim einen Besucher gesehen oder getroffen, der nach Emilia gefragt oder sich erkundigt hätte, wie es ihr gehe.

A. wollte von dort eigentlich direkt ins Büro fahren, beschloss aber unterwegs, noch bei der Kirche in Jaffa zu halten, wegen der Zeugenaussage der philippinischen Pflegerin und der Eheleute Jescher. Es war Sonntag, und er traf gegen eins bei der Kirche ein, nach einem hastig verzehrten, überteuerten Mittagessen in einem Café am Meer, und betrat den Kirchenraum, ohne die Kippa vom Kopf zu nehmen, obschon er einmal, als er mit seiner Frau in Paris Notre Dame besucht hatte, auf dem weitläufigen Vorplatz der riesigen Kathedrale vor dem Eintreten seine Kippa abgenommen hatte. Ein Priester geleitete A. zu einem kleinen Raum hinter dem hellen und farbenfrohen Kirchenschiff und bat ihn, dort zu warten. Der Priester meinte auch, Emilias Gesicht auf dem Foto, das A. ihm zeigte, wiederzuerkennen. Danach kam er mit drei weiteren Geistlichen zurück – und einer von ihnen identifizierte Emilia ganz sicher und sagte, er kenne sie gut. Sein Name war Tadeusz, und er war der erste Mensch, der auf A. ehrlich betroffen wirkte, als er von Emilias Tod hörte.

Sie setzten sich an einen der Tische in dem kleinen Raum, und Tadeusz erzählte A., dass er sich genau an diesem Tisch mit Emilia fast jeden Sonntag zu einem kurzen Gespräch getroffen habe. Er berichtete, sie habe vor drei oder vier Monaten begonnen, die Messe zu besuchen, und sei nach einem Gottesdienst zu ihm gekommen und habe darum gebeten, mit ihm zu sprechen. Sie brauchte Rat, jemanden, mit dem sie reden konnte, sagte der Priester und fügte hinzu, sie hätten sehr intensive Gespräche geführt.

A. fragte sich, ob möglicherweise der Priester, der da vor ihm saß, derjenige war, den Emilia wiederholt auch abends getroffen hatte. Er war jung und sehr gutaussehend, und A. glaubte nicht, dass Priester oder Rabbiner keinerlei Triebe oder Gelüste hatten, zumal seit er und seine Frau den Film *Spotlight* gesehen hatten. Für einen Moment ging A. in seinen Gedankenspielen noch einen Schritt weiter und war schon in Begriff, den Priester zu fragen, wo er in der Nacht, in der Emilia starb, gewesen sei, da er es durchaus für möglich hielt, dass sie sich an ihn um Hilfe gewandt hatte, nachdem sie erwischt und aus dem Seniorenheim geworfen worden war, aber der Pole kam ihm zuvor und sagte, in den Wochen vor ihrem Tod habe er Emilia nicht mehr gesehen, zunächst, weil sie ihn gemieden habe, oder zumindest sei es ihm so vorgekommen, und danach, weil er zu einem Familienbesuch nach Polen gefahren war. Und dann war er der erste Mensch, der steif und fest behauptete, es könne nicht sein, dass Emilia sich das Leben genommen habe. Sie habe ein sehr einsames Leben geführt, sagte der Priester, aber sei in einem Prozess der Suche und des Entdeckens gewesen, und sofern sich in den zwei Wochen vor ihrem Tod nicht etwas sehr Außergewöhnliches zugetragen habe, tue er sich schwer zu glauben, dass sie sich selbst erstickt habe. Er wollte wissen, wo Emilia beigesetzt worden war, und war überrascht zu hören, dass die Beerdigung in Israel und nicht in Lettland erfolgt war, worauf er A. fragte, ob er ihm sagen könne, wo genau das Grab zu finden sei, damit er es besuchen und einen Kranz dort niederlegen könne.

Als A. Tadeusz berichtete, Emilia habe Geld von ihrer betreuten Person gestohlen, sagte der Priester nichts.

A. hakte nach und fragte ihn, ob er etwas davon gewusst habe, und Tadeusz erwiderte leise: »Nein, aber möglicherweise hatte ich einen Verdacht.« Er habe gesehen, dass Emilia mehrfach größere Geldbeträge in das Kollektenkörbchen gelegt habe, das während des Gottesdiensts die Runde macht, und sie hatte nicht zur Beichte kommen wollen, obwohl er sie dazu gedrängt hatte, als hätte sie etwas zu verbergen. Doch er habe gedacht, das Geld stamme möglicherweise aus einer anderen Quelle, dass Emilia andere Dinge vor ihm verbarg und nicht einen Diebstahl.

Als er gefragt wurde, ob Emilia ihm von Menschen erzählt hatte, mit denen sie in Verbindung stand, einmal abgesehen von der alten Dame, die sie betreute, sagte der Priester aus, in den Wochen vor ihrem Tod habe sie Andeutungen über eine Verbindung zu einem Mann gemacht, in dessen Wohnung sie arbeitete – und von dort, habe er angenommen, stammte auch das Geld. Über den Mann wusste er nicht viel zu sagen, nur dass er der Sohn des alten Mannes war, den Emilia gepflegt hatte, bevor sie ins Seniorenheim zog, und dass sie immer sonntags, ehe sie in die Kirche kam, seine Wohnung putzte. Als er A. fragte, ob er den Mann denn schon vernommen habe, erwiderte der Ermittler, das sei noch nicht geschehen, nahm sich aber fest vor, dies zu tun, und noch am selben Tag, in den frühen Nachmittagsstunden, rief er tatsächlich von seinem Büro die Personalvermittlungsagentur an, die Emilia nach Israel gebracht hatte, und bekam dort die Nummer von Nachums und Esthers Festnetzanschluss.

Um kurz nach fünf rief er dort an, während sich zeitgleich in Jaffa Tadeusz für die wöchentliche Messe bereit machte und beschloss, sie dem Andenken Emilias zu widmen und ein paar Worte über seine Begegnungen mit ihr, über ihr Leben und ihren Tod zu sagen.

Esther war die Erste, die wirklich weinte, als sie durch A. von Emilias Tod erfuhr. Sie sagte: »Meine Emilia, ich hätte sie nicht gehen lassen dürfen, ich wusste, sie hätte bei mir bleiben sollen.« Und sie war überrascht, als A. sie um die Telefonnummer ihres Sohnes bat und ihr erklärte, soweit er wisse, habe Emilia bis kurz vor ihrem Tod bei ihm geputzt.

»Meinen Sie Seev? Oder Gil?«, fragte sie. »Sie haben mir nicht gesagt, dass sie bei ihnen arbeitet.«

Sie gab ihm beide Telefonnummern, und als Erstes rief er den falschen Bruder an.

3

Eines Morgens wird er ihr vorschlagen, zusammen zu Mittag zu essen, und sie wird ablehnen. Er wird fragen, warum, und sie wird sagen: »Weil du weißt, dass es keinen Zweck hat. Es ist nett so, wie es ist, diese morgendlichen Rendezvous, also warum es kaputt machen? Mir scheint, es gibt Grenzen, die sollten wir nicht überschreiten, denkst du nicht?«

Er wird nicht drängen, wird aber einige Morgen nicht ins Café kommen. Als er wieder erscheint, wird sie fragen: »Das war's? Wenn wir uns nicht zum Mittagessen treffen, treffen wir uns gar nicht mehr?« Er wird überrascht tun, wird sich verhalten, als wüsste er schon gar nichts mehr von seinem Vorschlag, und wird erklären, er sei auf einer Geschäftsreise gewesen. »Aber vielleicht sollten wir uns tatsächlich mal zum Mittagessen treffen?«, wird er fragen, und sie wird lachen und sagen: »Bist du wirklich hungrig?« Später an jenem Morgen, einen Augenblick, ehe er aufstehen und ins Büro gehen wird, wird sie an seinen Tisch treten und sagen: »Weißt du was, okay. Mittagessen, aber sehr zeitig. Ich werde mit der Tagesmutter klären, an welchem Tag sie länger bleiben kann, bis zwei oder drei. Und ich lade ein.« Er wird lächeln und fragen, ob sie sich sicher sei, und sie wird sagen: »Ja, fuck it, warum eigentlich nicht?«

Und wird nur darum bitten, sich irgendwo zu verabreden, wo keine Chance besteht, dass sie ihrem Mann über den Weg läuft.

Eine Woche später im Hafen von Jaffa. Ein Mittwoch Anfang März.

Sie werden sich dort verabreden, weil ihr Mann im Hauptquartier der Armee in Tel Aviv Dienst tut, das auf der anderen Seite der Stadt liegt – und jeder wird für sich kommen. Sie wird vollkommen anders aussehen, wird ein blaues Kleid tragen, an der Hüfte enganliegend und über den Schultern bauschig, weil es ein warmer, fast schon schwülheißer Tag zu werden verspricht. Sie wird Pumps tragen und aus einiger Entfernung Orna unverhofft ähnlich sehen. Sie ist nicht schön, hat aber etwas Einnehmendes, wie sie geht, ihr Weinglas hebt und Gil anschaut und dann den Blick senkt, wenn sie nichts zu sagen hat.

Sie werden in einem Fischrestaurant am Hafen essen, und trotz des frühlingshaften Tages, der Aussicht auf die alten Fischerboote und der Möglichkeit, draußen zu rauchen, werden sie nicht auf der Terrasse, sondern drin sitzen, um nicht gesehen zu werden. Nach dem Essen werden sie einen kurzen Spaziergang den Hafen entlang machen, gen Norden, bis zum Uhrenplatz und unterhalb von Tadeusz' Kirche vorbeikommen. Sie wird sagen, sie sei schon seit Jahren nicht mehr hier gewesen, und Gil wird ihr einen Blick zuwerfen und sagen, er erinnere sich auch nicht, wann er das letzte Mal hier gewesen sei.

Zu Beginn des Essens wird es Augenblicke der Sprachlosigkeit, ja beinahe Verlegenheit zwischen ihnen geben. Als hätten sie sich außerhalb des Cafés und der kurzen Zigarettenpausen nichts zu sagen. Also beschließt sie, so hat es den Anschein, der beste Weg, das Eis zu brechen, sei direkt zu sein, ja provokant, und sie wird zu ihm sagen: »Also los, erzähl mir, wie lange du deine Frau schon betrügst.«

Gil wird überrascht sein, aber nicht konsterniert. Wird ihr zulächeln und sagen: »Wow, was für eine Gesprächseröffnung.« Und dann wird er sagen: »Ein paar Jahre schon. Aber alles in allem sehr viel seltener, als du vielleicht denkst.«

»Und wie viel ist das, sehr selten?«, wird sie fragen, und er wird sagen, er habe nicht mehr als zwei, drei Geschichten oder Bekanntschaften mit Frauen gehabt, die sich zu so etwas wie einer Beziehung entwickelt hätten.

»Und hat deine Frau keinen Verdacht?«

Er wird antworten, wahrscheinlich schon. Vermutlich wisse sie sogar Bescheid und schaue weg. Sie habe gar keine andere Wahl, denn obwohl sie auch arbeite, sei sie doch wirtschaftlich von ihm abhängig. Dann wird er fragen, was mit ihr sei, und sie wird ihr Weinglas an die Lippen heben, den Kopf schütteln und sagen: »Im Leben nicht«, wird hinzufügen, bis vor ein, zwei Jahren habe sie noch nicht einmal an so etwas denken können.

»Und warum bist du dann hier?«, wird er fragen, und sie wird sagen: »Weil jetzt nicht vor ein, zwei Jahren ist. Wobei ich immer noch nicht sicher bin, ob ich weiß, warum ich hier bin. Vielleicht aus reiner Neugier.«

»Neugier auf was?«

»Schwer zu sagen. Vielleicht auf dich. Du scheinst mir ein sonderbarer Mann zu sein, Gil. Wirklich sonderbar.

Aber wahrscheinlich noch mehr auf mich selbst. Neugier im Sinne von, was ich tun oder nicht tun kann. Oder vielleicht noch wichtiger, was ich empfinden oder nicht empfinden kann.«

Als Gil sie bittet zu erklären, was sie damit meint, und was genau sonderbar an ihm sei, wird sie ausweichen und sagen, nicht wenige ihrer Freundinnen würden ihre Partner betrügen und ganz euphorisch darüber reden, aber wie es aussehe, werde sie das nie tun können. »Avner ist der eifersüchtigste Mann auf der Welt, undenkbar, dass er so etwas einfach schlucken würde.«

»Aber was könnte er dir denn tun?«, wird er fragen, und sie wird sagen: »Ich möchte nicht darüber nachdenken, okay? Er würde einfach alles beenden. Würde mir nie verzeihen. Klingt das nicht beängstigend genug für dich?«

Eine Zeitlang werden sie über andere Dinge sprechen.

Als Gil sagen wird, die Kellnerin, die die Vorspeisenteller von ihrem Tisch abräumt, erinnere ihn an Noa, wird sie ihn nach dem Verhältnis zu seinen Töchtern fragen, und er wird sagen, das sei schon immer ausgezeichnet gewesen und werde mit zunehmendem Alter nur noch besser. Noa habe zurzeit keinen Freund, und wenn sie an den Wochenenden von der Armee nach Hause komme, gingen sie manchmal ins Kino, vor zwei Wochen seien sie sogar zusammen in einer Bar gewesen. Hadas sei bis über beide Ohren mit ihren Abschlussprüfungen beschäftigt, außerdem sei sie mehr ein Mamakind, aber auch zu ihr habe er einen wirklich sehr guten Draht.

Er wird sich ein zweites Glas Wein bestellen und ihr sagen, er habe beschlossen, am Nachmittag nicht ins Büro zurückzukehren. Als Hauptgang wird er Wolfsbarsch mit gedämpftem Reis und grünen Bohnen essen und sie nur einen Salat. Er wird sie nach ihrem Verhältnis zu den Mädchen fragen und auch zu deren Vater, aber sehr schnell werden sie wieder bei seinen Affären sein, da sie anfangen wird, ihn auszufragen, wie das praktisch abläuft, genauer gesagt, wie er das macht. Er wird ihr erzählen, in der Regel, nach einer ersten Kennenlernphase, die im Internet oder manchmal auch auf anderem Wege stattfinde, würde man sich in einem Hotel in Tel Aviv oder in Herzliya treffen oder in Fremdenzimmern in der Scharonebene, die stundenweise vermietet würden. Aber er habe auch eine Wohnung in Givatayim, die er im letzten Jahr über Airbnb an Touristen vermietet habe, und die manchmal, vor allem im Winter, leer stehe. Bei längeren Beziehungen komme es sogar vor, dass man gemeinsam ins Ausland fahre, fürs Wochenende zu einem nicht allzu weit entfernten Ziel wie Athen oder Zypern oder Bukarest, günstige Kurztrips, die auch die Frauen in aller Regel leicht als Shoppingtour oder Geschäftsreise verbuchen könnten.

Sie lauscht ihm konzentriert wie ein kleines Mädchen, das zum ersten Mal die wichtigsten Dinge in seinem Leben überhaupt hört. Und als sie sagt: »Aber warum brauchst du das überhaupt? Erklär mir das«, wird er sagen: »Ich brauche das gar nicht. Es passiert einfach. Außerdem ist es unlogisch, dass uns das nicht mehr passiert, nur weil wir verheiratet und ein bisschen älter geworden sind, oder?«

»Was passiert nicht mehr?«

»Dass wir neue Menschen kennenlernen wollen. Ihnen

nahe kommen. Was mich antörnt, ist nicht der Sex, sondern das Sich-Näherkommen. Die echte Intimität, die du plötzlich mit jemandem erlebst, den du vorher nicht gekannt hast und der sich dir jetzt nach und nach offenbart. Das ist doch das eigentlich Aufregende, nicht?«

Die ganze Zeit über wird das Restaurant recht leer sein, wird sich aber gänzlich geleert haben, als sie beim Nachtisch und Kaffee sind. Gil wird sie fragen, ob er seine Hand auf ihre legen könne, und sie wird ja sagen, und seine weiche, feuchte Hand wird minutenlang auf ihrer ruhen und ihren Ehering verbergen. Sie wird sich nicht sträuben. Wird leise zu ihm sagen: »Weißt du, dass mich außer meinem Mann seit mehr als zehn Jahren niemand mehr berührt hat?«

Nach dem kurzen Spaziergang wird Gil sie zu ihrem Wagen begleiten, der auf einem sandigen Parkplatz am Clock Square abgestellt ist. Da wird es schon fast drei sein.

Er wird fragen, ob sie sicher sei, dass sie nicht mit zu ihm in die leere Wohnung kommen will, oder aber in ein Hotel, jetzt oder wann immer sie wolle, und sie wird antworten, sie habe ihre Tagesmutter ohnehin schon zu lange warten lassen. Sie wird die Wagentür öffnen und ihre Handtasche auf den Beifahrersitz legen, wird ihn dann ansehen und sagen: »Es war nett, wirklich, aber ich fürchte, mehr wirst du aus mir nicht rauskriegen, Gil. Oder dass ich nicht mehr aus mir rauskriege, ich weiß auch nicht. Ich glaube, ich bin dazu nicht fähig. Auch so ist das, was passiert ist, schon viel mehr, als ich geplant hatte.« Und er wird lächeln und sagen: »Solange wir weiter hin und wieder eine Zigarette zusammen rauchen, ist alles in Ordnung. Trotz allem bin ich ja nur deinetwegen süchtig geworden.«

Als sie sich einander nähern, um sich zum Abschied in den Arm zu nehmen, wird er gleichwohl ihre Lippen suchen und finden, und da diese ihm für einen Moment antworten, werden sie sich auch küssen. Und in den darauffolgenden Wochen wird er sich ihr gegenüber anders verhalten. Wird wagemutiger sein, verzweifelter, wird kaum noch lügen, er will nicht kampflos auf sie verzichten, auch wenn sie nein sagt. Als wäre er nicht mehr ganz der Gil, den ihr beiden gekannt habt, oder als würde die Zeit auch ihn verändern.

4

In den Polizeiberichten stand, Rechtsanwalt Gil Chamtzani sei gut eineinhalb Monate nach dem Fund der Leiche vorgeladen worden, um eine erste Zeugenaussage im Zusammenhang mit dem Tod von Emilia Nudjews zu machen. Er traf um elf Uhr morgens auf dem Revier des Jiftach-Distrikts in der HaMasger-Straße ein und wurde von A. vernommen, dem mit dem Fall betrauten Ermittler, in dessen Büro im zweiten Stock. Das Protokoll seiner Aussage, festgehalten in A.s säuberlicher Handschrift und von Gil unterzeichnet, war der zusehends dicker gewordenen Akte beigefügt, und ganz unten lag eine vergrößerte Aufnahme von Emilias Gesicht, entstanden an jenem frühen Sonntagmorgen, an dem man sie gefunden hatte, nachdem die Plastiktüte von ihrem Kopf entfernt worden war.

Gleich zu Beginn seiner Zeugenaussage bestätigte Gil, Emilia gekannt zu haben.

Sie hatte seinen Vater zwei Jahre lang gepflegt, und er war ihr begegnet, wenn er seine Eltern besucht hatte, oder bei Familienfeiern. Mit ihrem Beschäftigungsverhältnis hatte er nichts zu tun gehabt, darum hatte sich sein Bruder Seev gekümmert, und während der ganzen Zeit, in der sie bei seinen Eltern gearbeitet hatte, hatte er nicht ein einziges Mal bewusst mit ihr gesprochen. Soweit er wisse, habe sie ihre Arbeit sehr ordentlich gemacht, und sein Vater und seine Mutter seien zufrieden mit ihr gewesen. Außer dass sie Lettin war, habe er zu dem Zeitpunkt nichts über sie gewusst. Und er habe sie für älter gehalten, als sie tatsächlich war, habe gedacht, sie sei bestimmt achtundvierzig oder fünfzig.

Einige Wochen nach dem Tod seines Vaters habe Emilia Kontakt zu seinem Büro aufgenommen, auf Betreiben seiner Mutter Esther. Sie habe eine Rechtsauskunft wegen ihrer Arbeits- und Aufenthaltserlaubnis in Israel benötigt, und er habe ihr die Beratung unentgeltlich erteilt, weil seine Mutter ihn darum gebeten habe.

»Was war das Problem? Warum brauchte sie eine Beratung?«, fragte A., und Gil erklärte, Emilia habe einen weiteren Job übernehmen wollen, neben der von der Agentur vermittelten Pflege der alten Dame im Seniorenheim, und sie wollte klären, ob sie das im Rahmen der bestehenden Arbeitserlaubnis tun könne oder ob es möglich sei, die Erlaubnis, die ihr noch vor ihrer Ankunft in Israel durch die Innenbehörde ausgestellt worden war, abändern zu lassen. Sie habe ihm gesagt, sie benötige dringend zusätzliche Einnahmen, und er habe, sowohl aufgrund ihres Verhaltens als auch ihres äußeren Erscheinungsbilds, den Eindruck gewonnen, dass sie sich in einer schweren Notsituation befand.

»Was für eine Notsituation? Können Sie mir das näher erläutern?« A. nahm Haltung auf seinem Stuhl an, beugte sich nach vorn und rückte dadurch näher zu Gil. Gils Aussagen deckten sich mit den Vermutungen, die seine Gedankengänge in genau jenem Moment bestimmten. Und er hatte das Gefühl, diese Zeugenbefragung könnte viele Ungereimtheiten ausräumen, die der Fall noch aufwies.

»Eine wirtschaftliche Notsituation, aber vielleicht auch eine seelische. Das kann ich Ihnen nicht genau sagen. Ich hatte den Eindruck, sie braucht dringend Geld, vielleicht sogar größere Beträge, um Schulden zurückzuzahlen oder Geld ins Ausland zu schicken, ich weiß es nicht genau, aber aus dem Grund habe ich sie danach auch für einige Wochen beschäftigt, obwohl ich wusste, das ist gesetzwidrig.«

»Dazu kommen wir gleich«, unterbrach ihn A. »Erinnern Sie sich noch, was Sie ihr bei jenem Treffen geraten haben zu tun?«

»Ich habe ihr erklärt, dass sie im Rahmen der bestehenden Arbeitserlaubnis keine zusätzliche berufliche Tätigkeit ausüben darf und dass es schwierig werden wird, die Erlaubnis zu ändern, aber dass ich es versuchen kann, worum sie mich dann auch gebeten hat. Bis dahin, habe ich ihr geraten, solle sie bei der Personalvermittlungsfirma um zusätzliche Arbeit bitten, aber sie hat gesagt, dort gäbe man ihr nichts, und hat gefragt, was ihr drohe, wenn sie illegal als Putzfrau arbeiten würde. Ob man sie ausweisen könnte, denn sie wolle auf keinen Fall nach Riga zurückkehren. Ich habe ihr erklärt, das sei durchaus möglich, aber ja, Wochen später, als sie mich anrief, um zu erfahren, ob ich es geschafft hätte, die Arbeitserlaubnis ändern zu lassen, habe ich ihr angeboten, bei mir putzen zu kommen.«

Unter dem Protokoll von Gils Zeugenaussage, in seiner sauberen, ordentlichen Handschrift, die ihn schon als ABC-Schützen an der Grundschule in Obernazareth ausgezeichnet hatte, hatte A. einige Fragen notiert, die ihn noch beschäftigten, nachdem er die Ausführungen des Rechtsanwalts gehört hatte: *Wem in Lettland hat sie Geld geschickt? Und warum hat sie trotzdem geplant, nach Riga zu fahren, wenn sie doch auf keinen Fall wollte, dass man sie dorthin zurückschickt? Hat sie dort in finanziellen oder rechtlichen Schwierigkeiten gesteckt?* Neben die Fragen schrieb A. sich selbst eine Notiz, *Noch mal mit dem Konsulat reden*, die er zudem unterstrich.

Er bat Gil, ihm zu erzählen, wann Emilia ihn das zweite Mal angerufen und was genau sie gewollt habe, und Gil sagte, das sei zwei oder drei Wochen nach dem Besuch in seinem Büro gewesen. Sie habe gefragt, ob es ihm gelungen sei, die Genehmigung zu ändern, und er habe sich entschuldigt und verneint. Als er sie fragte, was sie nun zu tun beabsichtige, sagte sie, ihr bleibe keine andere Wahl, als das Risiko einzugehen und auch ohne die entsprechenden Genehmigungen mit dem Putzen anzufangen. Sie fragte, ob er Leute kenne, die eine Putzfrau suchten, da sie lieber keine Zettel mit ihrem Namen und ihrer Telefonnummer aushängen, sondern bei Leuten arbeiten wolle, die sie kenne und denen sie vertrauen könne, worauf er zunächst verneint und ihr erst gegen Ende des Telefonats, wegen der Betroffenheit in ihrer Stimme und des Mitleids, das sie bei ihm weckte, vorgeschlagen habe, seine Wohnung zu putzen. Er besitze in Givatayim eine Wohnung als Anlageobjekt, die zu dem Zeitpunkt, zwischen zwei Mietern und vor notwendigen Renovierungsarbeiten, gerade leer gestanden habe und für die er gelegentlich eine Putzkraft brauchte. Der Hauptgrund für sein Angebot seien jedoch Mitleid und die enge

Beziehung gewesen, die sie zu seinem Vater und seiner Mutter gehabt habe. Als er von A. gefragt wurde, warum er Esther nicht erzählt habe, dass Emilia bei ihm arbeite, antwortete Gil, er habe nicht gewollt, dass seine Mutter erführe, in welch schwierige Lage Emilia geraten war.

A. fragte, wann genau Emilia begonnen hatte, bei ihm zu putzen, und Gil sagte, an das genaue Datum erinnere er sich nicht mehr und es sei auch eher unwahrscheinlich, dass er es irgendwo notiert habe. Er erklärte, beim ersten Mal sei sie in sein Büro in Ramat Gan gekommen, und er habe sie von dort mit in die Wohnung genommen und ihr gezeigt, was genau saubergemacht werden musste und wie.

»Und wie wirkte sie da auf Sie? Gab es eine Veränderung im Vergleich zu dem, wie Sie sie in Erinnerung hatten?«

»Ich denke, ja. Obwohl ich sie vorher wie gesagt nicht oft gesehen habe, weshalb ich nicht sicher bin. Sie wirkte abgemagert, fast schon ausgezehrt, und schien unter sehr großem Druck zu stehen. Wie ich Ihnen sagte, in einer schweren Notsituation eben.«

Als A. fragte, wie oft sie seine Wohnung geputzt habe, sagte Gil, er schätze so zwischen sechs und acht Mal. Alle zwei Wochen ungefähr. Die Putztermine hätten sie in kurzen Telefonaten abgestimmt, bei denen Gil Emilia auf ihrem Mobiltelefon anrief, ein Gerät, über dessen Verbleib A. nichts bekannt war. Im Verlauf all dieser Wochen hatte er sie nur ein einziges Mal gesehen, nämlich als er in die Wohnung gekommen war, um dort auf den Bauunternehmer zu warten, der abschätzen sollte, wie lange die Renovierung dauern würde, da machte Emilia gerade noch ihre Arbeit fertig. Normalerweise habe er ihr den Schlüssel im Sicherungskasten hinterlegt und daneben einen Briefumschlag mit dem Geld, und sie habe den Schlüssel hinterher dort wieder hingelegt.

»Hatten Sie keine Angst, ihr den Schlüssel einfach so zu überlassen?«

»Nein. Warum hätte ich denn Angst haben sollen?«

»Und außer in der Wohnung haben Sie sie nie getroffen? Vielleicht abends mal?«

»Warum hätte ich sie abends treffen sollen?«

»Ich weiß nicht, warum, ich frage, und Sie antworten«, sagte A., obgleich auch ihm die Möglichkeit, Gil könnte Emilia außerhalb der Arbeitsstunden getroffen haben, alles andere als wahrscheinlich oder plausibel erschien.

»Ganz sicher nicht. Aber ich versuche zu verstehen, warum Sie das fragen. Sie fragen schließlich nicht einfach so. Verdächtigen Sie mich in irgendeiner Hinsicht?«

»Ich frage, weil ich eine Zeugenaussage habe, die behauptet, sie sei in der letzten Zeit mit einem Mann ausgegangen, und Sie erzählen mir, dass sie bei Ihnen in der Wohnung gearbeitet hat, also versuche ich zu verstehen, ob zwischen beiden Dingen ein Zusammenhang besteht.«

Gil lächelte. »Nein, ich bin ganz sicher nicht – wie Sie das bezeichnen – mit Emilia ausgegangen. Sie können sich das gerne von meiner Frau bestätigen lassen, wenn Sie wollen. Das eine Mal, als ich in die Wohnung gekommen bin und sie war noch da, habe ich ihr eine Mitfahrgelegenheit Richtung Süden angeboten, weil ich unterwegs zu einem Termin in Jaffa war, aber davon abgesehen habe ich sie nicht ein Mal außerhalb der Wohnung gesehen.«

»Und hat sie Ihnen irgendetwas erzählt? Über ihre Situation? Vielleicht über einen Lebensgefährten oder eine Familie hier in Israel oder in Lettland? Über andere Wohnungen, die sie geputzt hat?«

Gil überlegte einen Moment.

Dann sagte er, soweit er sich erinnere, habe Emilia über keine andere Putzstelle geredet, und auch nicht über einen Verwandten oder Freund, aber er habe wie gesagt den Eindruck gehabt, dass sie verzweifelt Geld brauchte, weil sie das, was sie hier verdient habe, an einen Lebensgefährten oder Liebhaber schickte, oder vielleicht gar an einen Sohn oder eine Tochter in Riga. Aber genauso gut könne es sein, dass sie das ganze Geld jemandem in Israel gegeben habe.

»Warum denken Sie das? Hat sie Ihnen gegenüber irgendetwas in der Art angedeutet?«, fragte A., und Gil sagte: »Nein. An etwas Konkretes erinnere ich mich nicht. Es war mehr mein Eindruck, aus unseren kurzen Gesprächen und ihrem Auftreten. Dass sie dringend Geld benötigt. Den Sachen nach zu urteilen, die sie trug, und wie sie aussah, glaube ich nicht, dass sie das Geld, das sie verdient hat, für sich selbst ausgegeben hat.«

Als A. ihm berichtete, Emilia sei dabei erwischt worden, wie sie der alten Dame, bei der sie im Seniorenheim in Bat Yam angestellt war, Geld gestohlen habe, gab sich Gil bestürzt, lächelte aber dann. Er sagte, einerseits überrasche ihn das, weil er weder von seinem Vater noch von seiner Mutter jemals derartige Klagen über sie gehört habe und so gut wie sicher sei, dass sie seine Eltern nicht bestohlen hatte, andererseits aber sei er doch nicht allzu überrascht, da er mehrfach gedacht habe, wie gut, dass in der Wohnung in Givatayim nichts von Wert war. Außerdem habe er mitunter das Gefühl gehabt, sie sei so verzweifelt, dass sie bereit gewesen wäre, für Geld alles zu tun.

»Was meinen Sie mit *alles*?« A. hatte wohl richtig verstanden – denn Gil sagte, er sei nicht sicher, aber er meine, als er sie das erste Mal mit in die Wohnung genommen habe, habe sie angedeutet, sie sei bereit, für ihn »mehr als nur zu putzen«. Er sei nicht sicher gewesen, ob sie tatsächlich darauf anspielte, aber er sei ja ohnehin, selbstverständlich, nicht interessiert gewesen.

A. sah ihn einen Moment lang an und fügte dann mit seinem Kugelschreiber dem Vernehmungsprotokoll einen kurzen Satz hinzu. Er fragte: »Denken Sie, ihre Notlage war so groß, dass sie sich bei einem Escort-Service angeboten oder versucht haben könnte, als Prostituierte auf der Straße zu arbeiten?« Und Gil antwortete, er habe keine Ahnung, aber das könnte sein.

Als er A. fragte, ob er denke, das sei der Grund, warum Emilia sich umgebracht hatte, weil sie beim Stehlen im Seniorenheim erwischt worden war und ihre wirtschaftliche Notlage so erdrückend war, nickte der Ermittler. »Ich nehme an, das hängt damit zusammen«, sagte er. »Aber wir haben von den Letten noch nicht genügend Informationen über sie erhalten. Das Ganze wirkt wie eine wirtschaftliche und seelische Zwangslage, Einsamkeit, Fremdsein, Angst, wegen des Diebstahls ins Gefängnis zu kommen oder vielleicht auch wegen der illegalen Arbeit, Angst, ausgewiesen zu werden und nach Riga zurückkehren zu müssen. Nach dem, was Sie mir erzählen, und weiteren Zeugenaussagen kann es auch sein, dass sie große Schulden hatte, hier oder vielleicht bei sich zu Hause, oder dass sie jemanden im Ausland finanzierte und Angst hatte, diese Person nicht länger unterstützen zu können, weil sie ja ihre Arbeit verloren hatte. Das ist bei denen gang und gäbe. Ich schließe auch nicht aus, dass sie sich aus lauter Verzweiflung prostituiert hat, was vielen Frauen passiert, die von dort kommen, und sie die ganze Sache nicht ausgehalten hat. Wir haben viel mit solchen Geschichten zu tun. Vor allem in dieser beschissenen Gegend rund um den Busbahnhof.«

Als Gil sein Büro verlassen hatte, rief A. abermals das lettische Konsulat an, um zu fragen, ob von der Polizei in Riga weitere Einzelheiten über Emilia vorlägen, aber es nahm niemand ab, weil Sonntag war. Er war ziemlich sicher, dass ihm die Umstände ihres Selbstmords jetzt ersichtlich waren, und wollte nur noch ein paar Informationslücken schließen, damit die Geschichte ihres Todes komplett wäre. A. schrieb sich die Fragen über die Person, an die sie das Geld geschickt hatte, und ihre geplante Reise auf, machte sich unter dem von Gil gegengezeichneten Aussageprotokoll seine Notiz, schob die Aufnahme von Emilias Gesicht in eine Klarsichthülle und richtete die Unterlagen in der Akte fein säuberlich aus, weil er es nicht mochte, wenn Seiten aus dem weißen Aktendeckel hervorschauten und an den Rändern zerknickten. Danach packte er die Akte ans andere Ende seines Schreibtisches, auf einen Stapel mit anderen Akten, die bereits dort lagen, und das war der letzte Ermittlungsschritt, den er in dem Fall unternahm.

5

Gil wird weiter jeden Morgen ins Café kommen, aber sie wird nicht dort sein. Er wird auf sie warten, wird den Kopf von der Zeitung oder dem Display seines Telefons heben, jedes Mal, wenn er die Tür sich öffnen hört, aber der Tisch, an dem sie gesessen hat, wird verwaist bleiben. Gegen halb oder Viertel vor zehn wird er aufgeben und seinen Weg ins Büro fortsetzen. Auf dem Nachhauseweg, am Abend, wird er erneut an dem Café in der Katznelson-Straße vorbeikommen.

Als eine Woche seit ihrem gemeinsamen Mittagessen vergangen ist, wird er beschließen, nicht länger zu warten, und sie anrufen. Am frühen Vormittag, etwas später, als sie sich immer im Café getroffen haben, und sie wird sofort antworten.

»Schalom, Ella?«, wird er sagen, weil er nicht sicher ist, ob die Nummer, die er angerufen hat, tatsächlich ihre ist, und weil er Schwierigkeiten hat, ihre Stimme beim ersten »Hallo« zu identifizieren. Sie wird ihm nicht sofort antworten, sondern sich einen Augenblick Zeit lassen, weil sie seine Stimme gleich erkannt haben wird. Er wird versuchen zu erklären, warum er anruft, ehe sie ihn unterbricht und fragt: »Wie kommst du an meine Nummer?« Er wird sagen, er habe gehört, wie sie sie bei einem Telefonat weitergegeben habe, und nicht anders gekonnt, als sie aufzuschreiben, und sie wird ihn bitten, sie nicht mehr anzurufen, und wird sagen, sie müsse Schluss machen. Er wird sagen: »Kannst du mir wenigstens erklären, warum, habe ich dir irgendetwas getan?« Und sie wird gehetzt sagen, nein, und dass sie jetzt nicht reden könne, aber dass sie nicht ins Café komme, weil ihre Tagesmutter krank und sie allein mit den Mädchen zu Hause sei, und sie wird ihn erneut anflehen, nicht wieder anzurufen, und versprechen, ihn zurückzurufen, sobald sie kann.

Er wird nicht glauben, was sie über die Mädchen und die Krankheit der Tagesmutter sagt. Im Hintergrund werden weder Weinen noch andere Geräusche von kleinen Kindern zu hören sein, sondern das Klingeln von Telefonen und geschäftiges Treiben, was ihn denken lassen wird, dass sie sich vielmehr irgendwo in der Öffentlichkeit aufhält.

Ihre Ausflüchte und die Tatsache, dass sie ihn nicht zurückruft, wie sie versprochen hat, werden ihn empören und ihn noch am selben Abend wieder anrufen lassen. Um kurz nach zehn, wenn ihr Mann schon da sein müsste. Sie wird nicht rangehen, und er wird mehr als zehn Klingeltöne warten, um ihr eine Nachricht zu hinterlassen, wird aber nicht zur Mailbox weitergeleitet werden und am Ende auflegen. Am nächsten Morgen wird er sie, zu seiner maßlosen Überraschung, im Café sehen, auf ihrem Stammplatz in einer Ecke der noch immer verglasten Terrasse sitzend. Sie wird ihm, kaum dass er eingetreten ist, bedeuten, sofort auf eine Zigarette rauszugehen, und als sie dann nebeneinander vor der Tür auf dem Gehweg stehen, wird sie flüstern: »Bist du wahnsinnig geworden? Warum rufst du mich an, wenn du weißt, mein Mann ist zu Hause? Willst du mich umbringen?«

Er wird an dem Morgen Jeans und ein blaues Polohemd tragen, exakt die Sachen, die er beim ersten Treffen mit dir, Orna, am Habima-Platz anhatte, und sie wird eine helle Windjacke tragen, den Reißverschluss bis zum Hals hochgezogen, und diesen auch nicht öffnen, obwohl sich die morgendliche Bewölkung bald auflösen wird und der Tag warm zu werden verspricht. Gil wird ihr erklären, er habe nicht verstanden, warum sie nicht mehr gekommen sei, und habe Bescheid wissen müssen. Er habe gemeint, ihr Treffen sei doch durchaus gelungen gewesen. Ja, sie habe ihn mit dem Gefühl zurückgelassen, da sei etwas, das sie nicht versäumen dürften, worauf sie ihm über den Mund fahren und ihn – wieder flüsternd – anraunzen wird: »Du redest hier nicht ernsthaft laut über uns?!« Am Rauchertisch vor dem Café wird ein großgewachsener, unrasierter Mann in schwarzem Adidas-Trainingsanzug sitzen und telefonieren, und seine Blicke werden sie beide stören. Sie werden sich einige Schritte entfernen und vor dem Schaufenster einer noch geschlossenen Immobilienagentur stehen bleiben, und nachdem sie sich eine Zigarette angezündet und einen Zug genommen hat, wird sie in normaler Stimmlage, aber hastig sagen, auch sie habe wie er empfunden. Am Tag nach ihrem gemeinsamen Mittagessen sei ihre Tagesmutter, wie sie ihm gesagt hatte, erkrankt, und sie sei gezwungen gewesen, zwei Tage mit der Kleinen zu Hause zu bleiben, und diese zwei Tage hätten sie dazu gebracht, nachzudenken, und ihr das Gefühl gegeben, die Sache wachse ihr über den Kopf. Sie habe daher beschlossen, fürs Erste nicht mehr ins Café zu kommen, und sei woanders hingegangen, in der Hoffnung, alles würde im Sande verlaufen.

Sie werden mit dem Rücken zur Straße stehen und sich in der Schaufensterscheibe spiegeln, zwischen den quadratischen Verkaufsschildern und den Fotos leerer Wohnungen. Als Gil versuchen wird, erneut ihre Hand zu berühren, wie in Jaffa, wird sie ihn abschütteln, wird die Hand in die Jackentasche schieben und zischen: »Sag mal, bist du bescheuert?«

»Ich weiß, das ist irrational«, wird sie später zu ihm sagen, »aber ich sitze hier im Café und habe das Gefühl, dass mein Mann Bescheid weiß. Ich bin sicher, er weiß es. Ich spüre, dass er mich anders ansieht. Und dann schaue ich meine Töchter an und gerate in Panik, verstehst du? Ich weiß, du kannst das nicht verstehen, weil deine Töchter groß sind. Ich stelle mir vor, was passiert, wenn er dahinterkommt, und wie vor meinen Augen alles einstürzt. Und dann denke ich auch an dich und an unsere morgendlichen Zigaretten, an unsere Gespräche und unser Treffen in Jaffa, und ich habe Lust darauf, ehrlich, und ich sage mir, dass ich ja nichts Schlimmes getan habe, zur Hölle, ich habe nichts angestellt, habe bloß mit jemandem geredet, der sich endlich mal für meine Arbeit und für mein Leben interessiert, also warum werde ich schon wieder panisch, warum habe ich eine Mordsangst vor mir selbst und vor ihm, kannst du mir das erklären?«

Als sie ins Café zurückkehren, wird sich jeder wieder auf seinen Platz setzen, aber Blickfäden und ein Gespräch ohne Worte werden die beiden Tische verbinden. Gil wird ihr eine SMS schicken: »Gib mich nicht auf, Ella«, und ihren Gesichtsausdruck verfolgen, als sie sie liest und lächelt. Sie wird zurückschreiben: »Schick mir bitte keine Nachrichten. Und schon gar nicht solche. Du kannst mir mailen, wenn du willst. Ich lösche deine Nummer und sperre sie!« Und als er ihr schreibt: »Wie ist deine Mail-Adresse?«, wird sie antworten: »Schick mir einfach deine.«

Minuten später wird er eine leere Nachricht von ella_hazany333@gmail.com erhalten und ihr umgehend von seinem Smartphone antworten: »Sind wir für heute oder für morgen Abend verabredet?« Sie wird lächeln, als sie die Nachricht liest, und ihm nach einigen Minuten antworten: »Weder heute noch morgen. Und übrigens, weißt du, dass ich deinetwegen schon eine Woche nicht einen Buchstaben mehr geschrieben habe? Und ich muss eine Masterarbeit abgeben! (Ich fass es nicht, dass ich in meinem Alter einen solchen Satz schreibe.)«

Einige Tage lang werden sie sich so im Café schreiben, von Tisch zu Tisch, wie Schüler, die Zettel hin und her wandern lassen, ohne dass der Lehrer es sieht. Und Gil wird ihr auch später am Tag von seinem Büro aus schreiben. Wird sie fragen, ob es ihr gelungen ist, am Morgen noch etwas zu schreiben, ob ihre Masterarbeit Fortschritte macht und worum es darin eigentlich geht, wie ihr Nachmittag mit den Mädchen gewesen ist und ob sie ihn vermisst. Und er wird vorschlagen, an einem der Morgen ein Hotelzimmer in Tel Aviv zu reservieren. Als sie zurückschreibt: »Das meinst du nicht ernst, oder? Vielleicht willst du uns gleich ein Zimmer im Armeehauptquartier bestellen?«, schlägt er andere Orte vor.

Er wird sie fragen, ob sie jemandem von dem Kontakt zu ihm erzählt hat, und sie wird antworten, da gäbe es nichts zu erzählen, und selbst wenn, würde sie das nicht tun, und er wird ihr schreiben, er habe Noa, seiner ältesten Tochter, von ihr erzählt, als sie am Wochenende von der Armee nach Hause gekommen sei, was nicht stimmen wird, denn auch bei ihr wird er es sich nicht verkneifen können und gelegentlich lügen.

Und es wird in einer dieser E-Mails sein, dass er zum ersten Mal die Idee aufbringt, sie könnten zusammen ins Ausland fahren.

6

Die Untersuchung von Emilias Tod geriet in Vergessenheit, obgleich der Fall offiziell weiterhin als ungelöst galt.

Kurze Zeit, nachdem er Gil vernommen hatte, hörte A., auf eigene Bitte hin, als Ermittler im Distrikt Jiftach auf und nahm eine Beförderungsstelle im Scharon-Distrikt an, die ihm, seiner Überzeugung nach, bis fünfundvierzig die Leitung eines Reviers eintragen sollte. Bei dem Übergabegespräch mit seinem Nachfolger, einem sehr gutaussehenden jungen Kollegen, noch keine dreißig, dessen Augen auf A. leer und gefühllos wirkten, fasste er den Fall so zusammen: »Wahrscheinlicher Selbstmord einer ausländischen Pflegekraft ohne Verwandte in Israel. Vor mehr als einem halben Jahr. Alle Vernehmungen sind erfolgt, und es stehen nur noch die Antworten auf Fragen aus, die ich über das lettische Konsulat an die Polizei in Riga gerichtet habe, aber wie es aussieht, wird dort noch langsamer gearbeitet als hier bei uns. Sobald die Antworten vorliegen, können wir den Fall, aus meiner Sicht, in aller Form abschließen.«

Die Zeit verging schnell, wenn auch nicht eure Zeit, die sich nie mehr ändern wird.

Babys wurden geboren, und Alte und Kranke starben,

unter ihnen auch Adina, die Frau, die Emilia gepflegt hatte. Sie starb in ihrem Appartement im Seniorenheim, in dem Bett, auf dem Emilia gesessen und ihren Arm gestreichelt hatte, und neben ihr saß eine andere Pflegekraft, eine Philippinin namens Rosi Kristin, die Emilia ersetzt hatte. Einige Wochen danach, als Chava mit dem Karton, in dem sich Emilias Habseligkeiten befanden, auf das Polizeirevier in der HaMasger-Straße kam, wusste die Empfangsbeamtin nicht, an wen sie sie verweisen sollte. Der junge Ermittler war nicht in seinem Büro, also bat sie Chava, auf die diensthabende Ermittlerin zu warten.

Chava stellte Emilias Karton auf den Boden, zwischen ihre Beine, und wartete, bis sie drankam. Auf dem Fernseher an der Wand lief eine Kochsendung, und da die Wartezeit sehr viel länger dauerte, als sie angenommen hatte, erwog sie schon, die ganze Sache bleiben zu lassen und zu gehen. Ohnehin hatte sie den Verdacht, ihre Bemühungen seien vollkommen überflüssig, das war auch das, was Me'ir gesagt hatte, aber der Mann, der vor ihr an der Reihe war und den Diebstahl von Gasflaschen hinter seinem Haus anzeigen wollte, gab irgendwann entnervt auf und verschwand, so dass sich ihre Wartezeit verkürzte.

Als Chava ins Zimmer von Inspektorin Orna Ben Chamo trat, die an dem Morgen zufällig Dienst hatte, stellte sie den Karton auf den Stuhl neben dem, auf dem sie Platz nahm, und erklärte der Beamtin, warum sie gekommen war. Sie erzählte, ihre Mutter sei verstorben – worauf Orna »Mein Beileid« murmelte –, und als die Familie Adinas Wohnung im Seniorenheim geräumt habe, hätten sie auf dem Balkon, unter einem Plastikstuhl, der in der Sonne stand, den

Karton mit Emilias Hinterlassenschaften gefunden. Chava hatte sich daraufhin an die Personalvermittlungsagentur gewandt, bei der Emilia angestellt gewesen war, und nachgefragt, ob sie in Lettland Verwandte hatte, denen man den Karton schicken konnte, doch dort hatte man ihr gesagt, am besten gebe sie den Karton bei der Polizei ab. Die Dinge in dem Karton hätten keinerlei materiellen Wert, aber Chava habe gedacht, falls Emilia Verwandte habe, würden die sich bestimmt freuen, die Sachen zu bekommen.

»Wissen Sie, was in dem Karton ist? Haben Sie ihn untersucht?«, fragte Orna, und Chava sagte: »Ja, denn zunächst wussten wir ja gar nicht, dass es ihrer war, und dann wollten wir sehen, ob alles in dem Karton auch wirklich ihr gehörte und keine Sachen von Mutter dabei waren, die sie genommen hatte. Ja, anfangs hatten wir nicht die geringste Ahnung, von wem der Karton ist.«

»Und können Sie mir sagen, was er enthält?«, fragte Orna, obwohl der Karton vor ihr stand.

»Wie gesagt, nicht viel. Kleidungsstücke von ihr und Notizhefte und ein paar Haushaltswaren. Ich dachte, der Familie würde es vielleicht wichtig sein, ihre Kleider und die Notizhefte zu bekommen.«

Auf dem Bildschirm ihres Bürorechners öffnete Inspektorin Orna Ben Chamo die Datei mit der Zusammenfassung der Ermittlung im Fall Emilia Nudjews und überflog sie, um zu verstehen, worum es ging. Sie sagte zu Chava: »Ich werde den Karton an den für den Fall zuständigen Ermittler weiterleiten, und er wird entscheiden, was damit passiert, in Ordnung? Den Versand von Kartons ins Ausland übernehmen wir nicht, aber sollte der Kollege entscheiden, dass er den Karton nicht benötigt, nimmt er möglicherweise Kontakt zu Ihnen auf und übermittelt Ihnen die Adresse eines Familienangehörigen dort, und dann können Sie den Karton selbst hinschicken.« Auf die Frage, die Chava noch stellte, bevor sie ging, ob die Polizei inzwischen mehr über die Umstände wisse, die zu Emilias Selbstmord geführt hatten, erwiderte Inspektorin Orna Ben Chamo, sie sei nicht befugt, darauf zu antworten.

Am Nachmittag, als Orna ihre Schicht beendete, nahm sie Emilias Karton mit in ihr eigenes Büro, um ihn am nächsten Morgen an den jungen Kollegen weiterzureichen. Es war drei, und sie rief ihre Mutter an, um zu hören, was die Kleine machte, und sagte, sie sei in einer halben Stunde zu Hause, sofern nicht überall Stau wäre. Danach rief sie ihren Mann an, aber der war nicht erreichbar.

Sie machte sich einen Nescafé, mit einem Löffel braunem Zucker, und nahm aus der Kaffeeküche zwei trockene Zitronenwaffeln mit, weil nichts anderes da war. Sie wollte ihre Zeit allein im Büro noch um eine paar Minuten ausdehnen, ehe sie zurück zu den Mädchen fuhr. Es war erst eine Woche her, dass sie wieder begonnen hatte zu arbeiten, nach vier Monaten Mutterschaftsurlaub, und das Revier und ihr Büro, die Uniform, die sie trug, und das lange Sitzen vor Menschen im Zimmer des diensthabenden Ermittlers waren alles Übungen, die sie wieder neu erlernen musste. An dem Morgen war sie eigentlich gar nicht als Springerin eingeteilt und erst im letzten Moment benachrichtigt worden, sie müsse für einen Kollegen Dienst tun, der sich beim morgendlichen Joggen den oberen Zwillingsmuskel gerissen hatte und nicht zur Arbeit kommen konnte. Der letzte Fall, den sie vor der Geburt bearbeitet hatte, hing mit einer Reihe von Fällen von Kontoeröffnungen unter gestohlenen Identitäten zusammen, aber die Akte war während ihres Mutterschaftsurlaubs an eine landesweite Ermittlungseinheit gegangen, und sie wusste nicht einmal, ob es in der Zwischenzeit neue Entwicklungen gegeben hatte.

In Emilias Karton warf sie schließlich nur aus reiner Neugier einen Blick. Sie hatte auch so einen Karton, in dem sie Zeugnisse und Unterlagen aus ihrer Schul- und Studienzeit an der Universität aufbewahrte und sogar eine Plastiktüte mit Liebesbriefen von Verflossenen. Er stand auf dem obersten Bord des Wandschranks auf dem Badezimmerbalkon, neben den Gasmasken. Beim Überfliegen der Akte hatte sie gesehen, dass es offenbar niemanden gab, dem man Emilias Hinterlassenschaften schicken konnte, weil keine Familienangehörigen ausfindig gemacht worden waren. Die offenen Fragen, die A. dem letzten Vernehmungsprotokoll beigefügt hatte, machten sie neugierig, und sie verstand nicht, warum der Fall in seinem Resümee als quasi abgeschlossen dargestellt wurde: *Wem in Lettland hat sie Geld geschickt? Und warum hat sie trotzdem geplant, nach Riga zu fahren, wenn sie doch auf keinen Fall wollte, dass man sie dorthin zurückschickt?*

In Emilias Karton waren mehrere kurzärmlige Blusen, die meisten in Grau, ein Buch, das wie eine russischsprachige Bibelausgabe aussah, dünner weißer Gardinenstoff, zusammengefaltet wie ein Gebetsmantel, ein Handtuch, eine grüne Tischdecke und eine Glasvase, und dann ein paar Broschüren, alte Zeitungen und ein Heft, das war es wohl, was Chava als »die Notizhefte« bezeichnet hatte.

Das Heft öffnete Orna an jenem Tag nicht, weil sie es eilig hatte, Roni, ihre mittlere Tochter, aus dem städtischen Kindergarten abzuholen und ihre älteste Tochter Noemi aus der Schule, um endlich ihre Mutter abzulösen, die seit den frühen Morgenstunden auf die neugeborene Danielle aufpasste.

Am Nachmittag gingen sie alle vier in den kleinen Park an der Ecke Barkat- und Agnon-Straße, und Roni wurde beinahe von einem Mischlingsrüden gebissen, der unangeleint herumlief. Bevor sie einschlief, dachte Orna an Emilias totes Gesicht, das sie auf dem Foto in der Ermittlungsakte gesehen hatte, und als sie mitten in der Nacht aufwachte, um Danielle zu stillen, musste sie an den Karton denken. Am nächsten Morgen öffnete sie ihn, bevor sie ihn weitergab, erneut, ohne recht zu wissen, warum.

Auf der ersten Seite des Hefts waren in einer langen Kolumne alle Buchstaben des hebräischen Alphabets geschrieben und daneben, in einer anderen Farbe, die ihnen klanglich entsprechenden lateinischen Buchstaben. Auf der zweiten Seite tauchten bereits Wörter auf, hebräische Vokabeln und daneben, auf Englisch, ihre richtige Aussprache und Bedeutung.

Die Handschrift, in der die Wörter hingekritzelt waren, war die eines alten Mannes oder einer alten Frau, deren Muttersprache nicht Hebräisch war, und die Buchstaben zitterten förmlich auf dem Papier. Nicht alle Ausdrücke waren leicht zu entziffern, aber da es sich um einfache Begriffe handelte, gelang es Orna schließlich, sie mit ein bisschen

Anstrengung zu lesen: »אבא – ABA – FATHER«; »אמא – IMA – MOTHER«; »מים – MAIM – WATER«; »כוס – KOS – GLASS«; »אוכל – OCHEL – FOOD«; »תרופה – TRUFA – MEDICINE«. Nach ein paar mit Vokabelspalten gefüllten Seiten folgten einige leere, und dann änderten sich plötzlich sowohl die Handschrift als auch der Charakter der Wörter. Statt der geordneten Vokabellisten tauchten einzelne Wörter auf, allesamt nur auf Hebräisch, mit Bleistift und in einer großen, unbeholfenen Handschrift, welche die Buchstaben eher gezeichnet als wirklich geschrieben hatte, so wie ihre Tochter Noemi sie zeichnete, die im September in die erste Klasse gekommen war.

Es gab Seiten, auf denen nur ein einziges Wort stand. Zum Beispiel STADTPLAN. Oder EINGANG oder ETAGE. KIRCHE.

Und auf anderen Seiten fanden sich ganze Zeilen auf Hebräisch, fast schon ein Gespräch, und daneben, was wie die Übersetzung in eine fremde, Orna nicht bekannte Sprache wirkte.

KANNST DU HEUTE ABEND?

WANN KANN ICH DICH TREFFEN? ICH SEHNE MICH NACH DEINEM GERUCH, EMILIA?

ICH DENKE MEHR UND MEHR AN DICH.

Auch einige Namen tauchten in dem Heft auf. Der Name TADEUSZ war oft und sorgfältig, mit runden, ausladenden Buchstaben geschrieben, ebenso wie der Name EMILIA, in vielen unterschiedlichen Größen, und außerdem die Namen NACHUM und GIL. Da Orna bereits einiges über Emilias Leben wusste, konnte sie die Namen wie eine Geschichte lesen: ADINA war die alte Frau, die Emilia gepflegt hatte, und CHAVA ihre Tochter. GIL war allem Anschein nach der Rechtsanwalt, der ihr geholfen und bei dem sie geputzt hatte, und NACHUM der alte Herr, den sie zwei Jahre lang gepflegt hatte, als sie ins Land gekommen war. TADEUSZ war der Priester, mit dem sie jeden Sonntag gesprochen hatte und der bei seiner Vernehmung insistiert hatte, es könne nicht sein, dass Emilia sich umgebracht habe.

Auf einer der letzten Seiten des Hefts schließlich stieß Orna auch auf ihren eigenen Vornamen.

7

Sie wird ihm sagen, das sei unrealistisch, einfach so ein paar Tage ins Ausland zu fahren, ohne Erklärung. Er wird fragen, warum, und sie wird antworten, sie könne ihren Mann nicht für ein ganzes Wochenende allein mit den Töchtern lassen, und dass es niemanden gebe, der ihm helfen könne. Seine Mutter komme nicht in Frage, und ihre Eltern lebten nicht mehr. Außerdem, was genau solle sie ihrem Mann denn sagen, warum sie fahren wolle? Sie könne ihm schlecht sagen, um sich mal richtig auszuruhen oder zu entspannen, denn das passe nicht zu ihr, und ihr Mann wisse das, und sie werde ihm auch nicht erzählen, sie fahre mit einer Freundin, denn selbst wenn sie es tatsächlich wagen sollte, mit Gil wegzufahren, würde sie ganz sicher keiner ihrer Freundinnen davon erzählen und sie bitten, für sie zu lügen. Sie hätte viel zu viel Angst, die Sache würde auffliegen.

Sie wird Gil vorschlagen, die Idee fallenzulassen, und er lässt sie fallen. »Wir werden uns mit Kaffee und unserer Korrespondenz begnügen müssen«, schreibt sie ihm in einer E-Mail. »Obwohl ich wirklich gerne mit dir weggefahren wäre. Du kannst dir nicht vorstellen, wie lange ich schon keine zwei Tage mehr für mich hatte.«

Mehrere Tage lang werden sie sich nur schreiben und jeden Morgen im Café treffen, und darüber hinaus schlägt Gil ihr nichts vor, aber nach einiger Zeit werden seine E-Mails wieder emphatischer, drängender und emotionaler. Er wird ihr schreiben, er sitze mit Klientinnen im Büro und denke an sie, daran, was sie am Morgen zu ihm gesagt habe, und dass er, wenn sie ihn darum bitten würde, seine Ehe beenden und seine Frau verlassen würde. Fünf Minuten später wird er ihr eine weitere E-Mail schicken: »Entschuldige, lösch die Mail von gerade. Ich weiß, das ist nicht, was du suchst, und ich hatte nicht die Absicht, dich unter Druck zu setzen. Ich werde geduldig auf dich warten, du weißt genau, wo, und solltest du eines Tages mehr wollen als jetzt ist (und da gäbe es einiges), werde ich immer noch dort sein.«

Der April wird kommen, der Monat, in dem einst sein Kontakt zu Orna zustandegekommen ist. Die langen Pessachferien stehen bevor, und Ella wird ihm erklären, sie werde in nächster Zeit nicht mehr allzu oft ins Café kommen, weil die Mädchen zu Hause seien, die Tagesmutter habe mitgeteilt, sie brauche mal Urlaub, und er wird sagen, er werde auch nicht da sein, weil er für einige Tage nach Polen und Bulgarien fliege.

Der gläserne Wintergarten, der die Terrasse seit November geschützt hat, wird abgebaut, und da diese nun von der Straße aus einsehbar ist, werden sie in den kleinen Innenbereich des Cafés umziehen, wo schon in den Morgenstunden die Klimaanlage läuft. Draußen werden sich die ersten heißen Tage eines verfrühten Sommers ein Stelldichein geben, die strahlend blaue Luft trocken und sandig, von Blütenduft getränkt, die Leute werden Jacken und Mäntel zu Hause lassen und wieder kurzärmlige Hemden und Shirts tragen, aber sie wird weiter in der Windjacke oder einer dünnen Jeansjacke ins Café kommen und diese auch anbehalten, wenn sie rausgehen, um zu rauchen. In Riga dagegen wird es im April so kalt sein wie noch nie. Am Anfang des Monats wird es an zehn Tagen schneien und der Fluss fast auf seiner ganzen Länge zugefroren bleiben.

Gil wird ihr vorschlagen, in seine Wohnung mitzukommen, die noch leer steht, von Mai an aber ständig von Touristen belegt sein wird. Doch sie wird ablehnen. Auf die Idee mit dem Ausland wird er von sich aus nicht mehr zu sprechen kommen, aber als er ihr von einer anstehenden Geschäftsreise erzählt, ist ausgerechnet sie es, die mehr wissen will. »Fährst du allein?«, wird sie fragen, und er wird sagen: »Was soll das heißen?«

»Das soll heißen, ich nehme an, ich bin nicht die einzige verheiratete Frau, der du vorschlägst, mit dir ins Ausland zu verreisen, oder? Du hast selbst gesagt, du hättest das schon mal gemacht.« Sie wird lächeln und Gil für einen Moment verstummen, ehe er leise erwidert: »Denkst du wirklich, ich treffe mich jetzt noch mit anderen Frauen?«

Sie wird ihm sagen, er solle nicht so empfindlich sein. Und sich entschuldigen. Und dann wird sie ihn fragen: »Aber wenn wir zusammen wegfahren würden, was würden wir dort eigentlich machen? Du reist schließlich wegen der Arbeit.« Und Gil wird erklären, einen geringen Teil der Zeit würde er tatsächlich in Meetings sitzen, aber die restliche Zeit könnten sie Ausflüge machen und es sich im Hotel gutgehen lassen, ohne Angst, jemand würde sie sehen.

Sie wären vollkommen frei, wie sie es in Israel niemals sein könnten.

»Aber wie würden wir das denn hier machen? Würden wir etwa gemeinsam in einem Taxi zum Flughafen fahren?«

»Ich würde ein, zwei Tage vor dir fliegen, um vorher mit der Arbeit fertig zu sein, damit wir Zeit hätten, wenn du nachkommst. Und auch auf dem Rückflug müssten wir nicht in einem Flugzeug sitzen. Weißt du, wie viele Flüge täglich aus Polen oder Rumänien abgehen?«

Sie wird ihm konzentriert zuhören, als sähe sie jetzt, nachdem er ihr erklärt hat, wie die Reise ablaufen würde, die Dinge anders.

»Und dort?«

»Was dort?«

»Würden wir dort im selben Hotel schlafen? In einem Zimmer? Macht man das für gewöhnlich so?«

Den letzten Teil der Frage wird er ignorieren und sagen, es könne ein Hotel sein aber genauso gut wären auch zwei nebeneinanderliegende Hotels möglich. Weder in Bukarest noch in Budapest fehle es an Hotels, alles würde allein von ihr abhängen. Aber warum sollten sie nicht in einem Zimmer schlafen? Wer würde sie dort kennen?

»Hast du Fotos? Ich bin echt neugierig. Zeig mir, wie solche Hotels aussehen«, wird sie bitten, und er wird sagen, er habe keine Bilder, weil er auf Geschäftsreisen nicht fotografiere und auch nicht immer in denselben Hotels absteige, aber er verspricht, ihr einen Link zu schicken, sobald er im Büro ist. »Schade, dass du solche Angst vor ihm hast.« Sie wird nichts darauf erwidern, und als er fragt: »Was kann er dir denn tun, Ella? Sag mir, was soll er machen?«, wird sie sagen: »Lass es. Es liegt nicht an ihm, ganz offensichtlich.« Gil wird fragen: »An wem dann?« Und sie wird sagen: »Bitte, Gil. Lass es!«

Es wird das letzte Mal sein, dass sie sich treffen vor seiner Reise, von der er ihr dann per E-Mail ein Foto schickt: der zentrale Platz in der Altstadt von Warschau bei Nacht, bevölkert von Touristen und weißen, hinter Rappen gespannten Droschken vor der nach dem Krieg wieder aufgebauten roten Jesuitenkirche. Und sie wird ihm in einer E-Mail antworten, bei der er sehen wird, dass sie um drei Uhr morgens an ihn abgeschickt worden ist: »Ich glaube, ich habe *den* perfekten Vorwand für eine zweitägige Reise gefunden. Die Studienarbeit, Gil! Ich muss hin, um vor Ort Material für meine Arbeit zu sammeln! Ist das nicht genial?«

Bei seiner Rückkehr wird er den Eindruck haben, es sei etwas mit ihr geschehen, als hätte sie den festen Entschluss gefasst, die Angst zu überwinden, auch wenn sie sie nicht vollkommen im Griff hat oder mit der Entscheidung nicht ganz im Reinen ist. Sie werden sich nicht im Café treffen können, weil die Schulferien und die Schließzeit des Kindergartens noch nicht vorbei sind, und treffen sich stattdessen erstmals in den Abendstunden, im HaYarkon-Park. Sie wird ihrem Mann sagen, sie müsse raus und eine Runde im Park walken, nachdem sie den ganzen Tag zu Hause mit den Mädchen verbracht hat, und er wird Ruthi sagen, er gehe ins Fitnessstudio. Sie werden den Fluss entlangspazieren, in sicherer Entfernung zu den Lampen, die den Uferbereich ausleuchten, und nach einer versteckt gelegenen, leeren Bank suchen, aber die meisten Bänke werden besetzt sein. Sie wird ihm erlauben, sie erneut zu küssen und zu berühren, und als er ihre Hand loslässt, wird sie die seine weiter festhalten. Sie werden eine Tafel belgische Schokolade essen, die er am Flughafen für sie gekauft hat, weil er meinte, ihr wäre ein Geschenk lieber, das sich schnell beseitigen lässt, und sie wird ihm erzählen, sie habe ihrem Mann erklärt, bei den Recherchen für ihre Masterarbeit sei sie auf ein wichtiges Dokument gestoßen, das sich im Archiv in Polen befinde, und dass sie hinfahren müsse, um es im Original zu untersuchen, weil das Ganze möglicherweise eine wirklich bedeutende Entdeckung sei. Ihr Mann habe ihr daraufhin vorgeschlagen, sie könnten ja alle gemeinsam fahren, er würde Urlaub nehmen, und die Mädchen könnten auch mitkommen, vielleicht im Sommer oder schon vorher, in den kurzen Ferien zum Wochenfest, aber sie habe darauf bestanden, allein zu fahren, sie würde ohnehin dort nur arbeiten, und außerdem wäre es nur ganz kurz. »Ich habe ihm noch nicht endgültig gesagt, dass ich fahre, aber mir scheint, er hat es geschluckt.«

Sie werden im Park nicht länger als eine Stunde bleiben können, und am Ende wird sie sagen, sie sei fast sicher, dass sie fahren will.

»Aber was genau hat dich umgestimmt? Was ist passiert?«, wird er fragen, und als sie sagt: »Ich kann nicht mehr nur aus der Angst heraus leben. Es gibt nichts, wovor ich Angst haben muss«, wird er den Arm um ihre Schulter legen und sagen: »Endlich.«

Sie werden vereinbaren, Gil solle klären, wann seine nächste Geschäftsreise ansteht, und ihr dann Bescheid geben, und am nächsten Tag wird er ihr schreiben, in einer

Woche müsse er für etwas mehr als vierundzwanzig Stunden nach Bukarest, und danach könnten sie vielleicht gemeinsam für zwei oder drei Tage weiter nach Warschau oder Krakau.

Sie wird zurückschreiben: »In einer Woche? Ist das nicht ein bisschen schnell? Das setzt mich total unter Druck. Kannst du deine Sache nicht verschieben?« Und er wird antworten, er könne seine Termine dort bestimmt um ein paar Tage verschieben, sofern sie verspräche nachzukommen.

An dem Tag wird sie ihm keine endgültige Antwort geben und am nächsten Morgen auch nicht ins Café kommen, und als Gil dort auf sie wartet, wird er befürchten, ihr sei womöglich etwas zugestoßen, vielleicht habe ihr Mann sogar den Mail-Wechsel zwischen ihnen entdeckt. Aber als er ins Büro kommt, wird er in seinem Postfach zwei E-Mails von ihr vorfinden. In der ersten schreibt sie: »Ich komme mit. Das Wochenende in zwei Wochen. Ich kann am Donnerstag los, den 30. April, und muss am Sonntag wieder hier sein. Aber bis dahin weiß ich nicht, wie oft ich noch ins Café komme und ob es klug ist, dass wir uns weiter schreiben.« Und in der zweiten E-Mail, die er vor der ersten lesen wird, schreibt sie ihm ihren vollen Namen auf Englisch und ihre Reisepassnummer, und noch am selben Tag bestellt er Flugtickets für sie beide.

8

Der junge, gutaussehende Ermittler hatte keine Einwände dagegen, dass Emilias Selbstmord-Akte Orna übertragen wurde. Er verstand nicht, was sie daran fand, und ohnehin war er mit der Aufklärung einer Serie von Sabotageakten auf Baustellen beschäftigt. Auch bereute er insgeheim, dem Druck der Personalstelle nachgegeben und im Jiftach-Distrikt angeheuert zu haben, anstatt bei einer der landesweit operierenden Ermittlungseinheiten, wie er es ursprünglich gewollt und wie auch sein Vater ihm geraten hatte, und immer, wenn er früh morgens mit seinem roten Renault Clio in die Tiefgarage des Kommissariats rollte, dachte er an den Augenblick, wenn er am Abend wieder herausfahren und nach Hause zurückkehren würde.

Orna wurde ins Büro von Kriminalhauptkommissarin Ilana Liss bestellt, Leiterin der Ermittlungs- und Aufklärungsabteilung im Distrikt Tel Aviv, im dritten Stock des Polizeigebäudes in der Salame-Straße, und versuchte ihr zu erklären, warum sie nicht überzeugt war, dass Emilia sich das Leben genommen hatte, wie A., der erste Ermittler in dem Fall, dachte.

»Wir haben die Zeugenaussage des Priesters, der ihr als Mensch am nächsten stand. Er sagt ausdrücklich, er glaube nicht, dass sie sich umgebracht hat. Sie war gläubig, und offenbar ist es bei denen verboten, sich umzubringen. Zweitens, sie stand unmittelbar vor einer Reise nach Riga, entweder um Urlaub zu machen oder dort zu bleiben, das wissen wir noch nicht genau, aber warum sollte sie sich dann nur wenige Tage vorher hier das Leben nehmen? Das ergibt keinen Sinn. Man hätte auch noch alle möglichen toxikologischen Untersuchungen machen können, für die es inzwischen zu spät ist, zum Beispiel auf Vergewaltigungsdrogen, und die Tatsache, dass die seinerzeit nicht vorgenommen worden sind, ist einigermaßen sonderbar.«

Kriminalhauptkommissarin Ilana Liss fragte, ob es Orna störe, wenn sie rauche. Ihre Chemotherapie war bereits angelaufen, und es sollten ihre letzten Wochen im Dienst sein, was sie da aber noch nicht wusste. Orna schüttelte den Kopf und sagte: »Vielleicht schnorre ich mir sogar eine bei Ihnen.« Sie hatten bis dahin so gut wie nicht zusammengearbeitet, denn Hauptkommissarin Liss war erst vor weniger als einem Jahr auf die Stelle berufen worden, nachdem sie lange die Ermittlungs- und Aufklärungsabteilung im Ayalon-Distrikt geleitet hatte, und Orna wenige Monate danach in Mutterschaftsurlaub gegangen, weshalb sie jetzt den Gesichtsausdruck der Frau, die darüber entschied, ob sie die Ermittlung fortsetzen durfte, nicht zu lesen vermochte. Daher fügte sie hinzu: »Am wichtigsten aber sind die Indizien. Oder genauer gesagt das, was wir in jener Nacht, in der sie sich angeblich umgebracht hat, alles nicht gefunden haben. Ich verstehe nicht, wie A. zu der Feststellung kommen konnte, sie habe sich mehr oder weniger im Freien das Leben genommen, im Treppenaufgang eines Gebäudes am Busbahnhof, keine zweihundert Meter von einem unserer

Reviere entfernt, und niemand hat sie dabei oder in den Stunden zuvor gesehen. Wir wissen, sie hat das Seniorenheim in Bat Yam am frühen Vormittag verlassen, und dann soll sie den ganzen Tag und die halbe Nacht dort in der Gegend herumgelaufen sein, und keine Überwachungskamera hat sie aufgezeichnet? Niemandem ist eine Frau in einem derart verstörten Zustand aufgefallen? Und außerdem, haben Sie schon mal jemanden gesehen, der sich umbringt, indem er sich eine Plastiktüte über den Kopf stülpt?«

Ilana Liss legte ihre glimmende Zigarette im Aschenbecher ab. In ihren fünfundzwanzig Dienstjahren bei der Polizei hatte sie jede mögliche Todesart gesehen, alle Formen unmenschlicher Grausamkeit gegen sich selbst und gegen andere, die sich nur vorstellen ließen, aber das wollte sie Orna nicht sagen, denn etwas an dem Enthusiasmus der jungen Kollegin erinnerte sie an sich selbst, vor fünfzehn oder zwanzig Jahren, als sie im Distrikt Jerusalem ihre ersten Schritte bei der Polizei tat. Sie hatte damals mit ihrem Mann in einem kleinen, alten Steinhaus im Moschaw Beit Sait gewohnt, umringt von Kiefern, die bei jedem Regen einen überwältigend intensiven Geruch nach Leben verströmten. Ihr Kollege A. war der Ansicht gewesen, bei der Akte Emilia Nudjews bliebe nur noch, geduldig auf eine Antwort der Rigaer Polizei zu warten und dann den Fall zu den Akten zu legen, aber Orna war nicht bereit, sich damit abzufinden. »Was hatten Sie mir am Telefon bezüglich des Kartons gesagt, der bei uns abgeliefert wurde? Das habe ich nicht ganz verstanden«, fragte Ilana, und Orna antwortete: »Bezüglich des Kartons bin ich mir weniger sicher, aber ich möchte in der Richtung noch etwas überprüfen. Das ist eine von zwei Richtungen, die ich im Augenblick habe.«

Sie berichtete Ilana, in Emilia Nudjews' Heft, das sich in dem Karton befunden hatte, gäbe es, ganz klar in Emilias Handschrift notiert, eine Bezugnahme auf den Selbstmord einer anderen Frau, einer gewissen Orna Esran aus Cholon, die vor vier Jahren tot in einem Hotelzimmer in Rumänien aufgefunden worden war. »Das Ganze sieht aus wie eine Zeitungsmeldung, die sie abgeschrieben hat, warum, ist nicht klar.«

»Was soll das heißen, die sie abgeschrieben hat?«

»Sie hat offenbar alle möglichen Sachen abgeschrieben.«

»Was denn, zum Beispiel?«

»Einzelne Sätze, Beschriftungen, Sinnsprüche, wobei ich nicht vollkommen sicher bin, woher das alles stammt.«

Bei einer Sache, die wiederholt in Emilias Heft auftauchte, war sich Orna zwar sicher, aber ausgerechnet diese wollte sie Ilana gegenüber nicht erwähnen. Es war eine Geschichte, die Emilia mehrfach aus dem Mitteilungsblatt der Kirche, das ebenfalls in dem Karton gewesen war, übertragen hatte, über eine Frau namens Tabitha, die in Jaffa gestorben und von Jesus wieder zum Leben erweckt worden war. Orna hielt es für besser, dies zu verschweigen, weil sie befürchtete, es könnte bei ihrer Vorgesetzten die Vermutung bestärken, Emilia habe sich in einer schweren seelischen Krise befunden und sich vielleicht sogar das Leben genommen, in der Annahme, wiedererweckt zu werden.

»Sind wir sicher, dass das Heft von ihr ist?«

»Ja. Sieht so aus. Das Ganze wirkt wie ein Heft zum Hebräischlernen, das sie oder jemand anderes für sie angelegt hat. Die Meldung über den Selbstmord der Israelin ist eine von zwei Zeitungsmeldungen, die sie abgeschrieben hat, wobei mir nicht klar ist, wie, weil nach allem, was ich recherchiert habe, der Selbstmord dieser Orna Esran durch die Presse gegangen ist, bevor Emilia Nudjews nach Israel gekommen ist.«

Ilana Liss drückte ihre Zigarette aus und erhob sich von ihrem Platz, um das Fenster zu öffnen und den Raum zu lüften. Jede Bewegung war eine Qual, vor allem sich wieder in den schwarzen Bürosessel zu setzen, auf dessen lederner Sitzfläche drei weiche Kissen lagen. Sie versuchte, sich den Schmerz nicht anmerken zu lassen.

»Aber was genau weckt bei Ihnen Zweifel an einem Selbstmord der Lettin, das ist es, was ich noch nicht so ganz verstehe. Eigentlich ist es doch genau andersherum, oder nicht? Sie findet in einer alten Zeitung, die ihr irgendwo unterkommt, eine Geschichte über den Selbstmord einer Israelin in einem anderen Land, und das bringt sie auf den Gedanken, sich hier das Leben zu nehmen.«

»Das habe ich anfangs auch gedacht, Ilana. Und vielleicht haben Sie recht, und es ist tatsächlich so gewesen. Aber ich habe die Geschichte dieser Orna Esran überprüft und entdeckt, dass auch da von einem eigenartigen Selbstmord die Rede war, ebenfalls durch Ersticken, wenn auch mittels eines Stromkabels. Vor allem aber, dass jeder, der die Frau kannte, ausgesagt hat, es sei ausgeschlossen, dass sie sich umgebracht habe, und alle behauptet haben, es müsse Mord gewesen sein, genau wie dieser Priester in Emilias Fall. Erscheint Ihnen das nicht sonderbar? Zwei Frauen, von denen jeder, der sie gekannt hat, sagt, keine Chance, dass sie sich umgebracht haben? Und in den persönlichen Aufzeichnungen der einen findet sich der Name der anderen, obwohl sie sich allem Anschein nach nie kennengelernt haben? Außerdem hat sie in diesem Heft auch den Namen und die Anschrift eines Hotels in Rumänien notiert, das zwar nicht das Hotel ist, in dem sich Orna Esran angeblich umgebracht hat, aber trotzdem auch komisch ist, oder?«

Auf dem Tisch vibrierte Ilana Liss' Smartphone. Sie warf einen flüchtigen Blick auf das Display, stieß eine lautlose Verwünschung aus und drehte es um. »Für mich klingt das eher nach einem bloßen Zufall«, sagte sie, um dann aber zu fragen: »Dieser erste Selbstmord, der in Rumänien, haben wir da irgendwie ermittelt?«

»Nein, der Fall ist hier überhaupt nicht untersucht worden«, antwortete Orna. »Ihre Familienangehörigen haben uns gedrängt, Ermittlungen aufzunehmen, weil sie die Ermittlungsergebnisse aus Rumänien nicht akzeptieren wollten, aber man hat ihnen gesagt, der Fall sei von der Polizei in Bukarest untersucht worden und damit abgeschlossen.«

Ein Schmerzblitz durchfuhr Ilanas Rücken, und ruckartig setzte sie sich in ihrem Sessel auf. Dann sagte sie zu Orna: »Ich habe kein Problem damit, dass Sie die Akte übernehmen und entscheiden, wie und wann sie abgeschlossen wird, aber ich weiß nicht so recht, wie Sie diesen Selbstmord in Bukarest von hier aus untersuchen wollen.«

Der erste Schritt war, alle Einzelheiten, die der rumänischen Polizei über den Selbstmord von Orna Esran bekannt waren, anzufordern und eine Übersetzung der Ermittlungsakte ins Hebräische genehmigt zu bekommen. Sie fand einen Übersetzer, einen gebürtigen Czernowitzer, der in Haifa lebte, und nachdem sie mit ihm telefoniert hatte, war sie sicher, es würden Wochen vergehen, bis er ihr die Akte ablieferte, denn der Herr war schon achtundsiebzig und bat, man möge ihm die Datei als Fax schicken, weil er sich mit dem Computer nicht so gut auskenne. Doch schon am darauffolgenden Tag schickte er ihr gegen Mittag per Fax die Übersetzung. Orna bat ihre Mutter, noch zwei Stunden länger auf die Mädchen aufzupassen, und war schließlich erst nach sechs wieder zu Hause. Sie hatte das gesamte Ermittlungsmaterial zweimal gelesen und gleich danach angefangen zu telefonieren.

Mit den rumänischen Zeugen, die meisten von ihnen Angestellte des Hotels Trianon, hatte sie noch nicht reden können. Aber es gelang ihr, mit den israelischen Zeugen zu sprechen, Familienangehörigen und Freunden von Orna, deren Namen in der Akte angegeben waren. Und bereits am nächsten Tag saß ihr in ihrem Büro ein zierlicher, schmächtiger Mann gegenüber, dessen lange Haare von einem Zopfgummi zusammengehalten wurden und den du, wären sein Gesichtsausdruck, seine Stimme und sein Geruch nicht gewesen, vielleicht nicht als Ronen erkannt hättest, wegen der Jahre, die vergangen waren und sein Haar komplett hatten grau werden lassen. Sie fragte ihn, ob er Ornas Ehemann sei, und er bejahte erst, ehe er sich korrigierte und sagte, er sei ihr geschiedener Ehemann. Als sie ihn fragte, wann sie geschieden worden seien und warum er in den Unterlagen der rumänischen Polizei als ihr Mann vermerkt sei, sagte Ronen, sie hätten sich etwa ein Jahr vor dem Mord scheiden lassen, aber es könne sein, dass er sich der Polizei in

Rumänien gegenüber als ihr Ehemann ausgegeben habe, um Druck auf die Behörden dort auszuüben, damit die dort wussten, »dass Orna nicht allein ist. Dass sie eine Familie hinter sich hat, die nicht zulassen wird, dass man den Fall dort auf sich beruhen lässt.«

Er legte ein hellbraunes Lederportemonnaie, sein Telefon und einen großen Schlüsselbund, die in den Gesäßtaschen seiner Jeans gesteckt hatten, auf den Tisch. Fragte Orna, warum sie ihn jetzt vorgeladen habe, doch sie sagte ihm nicht die Wahrheit, sondern erklärte stattdessen, die wiederholten Bitten seinerseits und seitens anderer Familienangehöriger, den Fall auch in Israel polizeilich zu untersuchen, würden neu überprüft. Ronen sagte: »Das wurde aber auch Zeit«, und fragte: »Also, was benötigen Sie von mir?« Orna gab vor, nicht sicher zu sein, dass es überhaupt etwas zu untersuchen gäbe, und sagte: »Um ehrlich zu sein, ich habe sowohl Ihre Ersuchen als auch die Akte gelesen und bin nicht richtig überzeugt. Soweit ich verstanden habe, hatten Sie beide eine schwierige Scheidungsgeschichte miteinander. Sie haben erst das Land verlassen und sind dann zurückgekommen und wollten ihr den Jungen wegnehmen. Das gibt für mich einen Hintergrund ab, der ganz plausibel erklärt, was sie getan hat. Also, erklären Sie mir, warum Sie nicht denken, dass es Selbstmord war.«

»Weil Orna sich nicht umgebracht hat«, stieß Ronen hervor. »Sie war keine Selbstmörderin. Die Scheidung war nicht einfach, na und? Klar, dass sie ihre Probleme hatte, jeder von uns hat seine, aber alles in allem war sie glücklich, und sie hätte Eran niemals allein gelassen. Im Leben nicht! Nie hätte sie Eran im Stich gelassen.«

»Eran ist Ihr Sohn?«

»Eran ist *unser* Sohn. Sie hätte ihn nicht einen Tag allein gelassen, also hätte sie sich auch ganz sicher niemals das Leben genommen. Und ich bin nicht zurückgekommen, um Eran Orna wegzunehmen, wie Sie sagen. Ich bin lediglich hergekommen, um ihn zu sehen.«

»Dann erklären Sie mir, warum sie nach Rumänien gefahren ist.«

»Was soll das heißen, warum?«

»Warum ist sie ohne Eran gefahren? Sie sagen, sie hätte ihren Sohn nicht einen Tag allein gelassen, wie kann es dann sein, dass sie gleich für ein paar Tage ohne ihn weggefahren ist? Vielleicht wollte sie ja möglichst weit weg von ihm sein, um es zu tun?«

Ronen trug das rote, verwaschene T-Shirt, das früher Ornas Lieblingsshirt gewesen war. Seine Hose war neu. Auch die Bartstoppeln auf seinen hageren, unrasierten Wangen waren ergraut. Die Füße steckten in klobigen, hohen braunen Trekkingschuhen, die sehr staubig waren. Er sagte: »Ich weiß nicht, warum sie gefahren ist. Ehrlich. Auch das muss überprüft werden, und ich habe nicht den Eindruck, als hätte das schon jemand getan. Vielleicht ist sie gefahren, weil Eran für ein paar Tage bei mir im Moschaw war, und sie so ein bisschen ausspannen konnte, aber ihn für den Rest des Lebens im Stich lassen, das ganz sicher nicht.«

Als Orna ihn fragte, was ihr denn, seiner Meinung nach, in Wahrheit zugestoßen sei, sagte Ronen, er habe keine Ahnung, aber er sei ganz sicher, jemand habe sie umgebracht und dass sie sich nicht selbst das Leben genommen habe. In der aus dem Rumänischen übersetzten Ermittlungsakte hieß es, es gebe keine Zeugen, die Orna nach ihrer Ankunft im Hotel mit einem anderen Menschen gesehen hatten, und dass niemand außer ihr selbst beim Betreten oder Verlassen ihres Zimmer gesehen worden sei. Aber die Flure des Hotels waren nicht videoüberwacht und die Zimmer selbstverständlich auch nicht. »Verzeihen Sie mir, dass ich das frage«, sagte Orna vorsichtig, »aber vielleicht kommt es Ihnen zupass, so zu denken? Möglich wäre doch, dass einer der Gründe für ihren Selbstmord die Auseinandersetzung zwischen Ihnen beiden war, die Scheidung und der Kampf um den Jungen, oder nicht? Wäre es da nicht vorstellbar, dass Sie Ihre These aus Schuldgefühlen vertreten?«

»Schuldgefühle habe ich ganz sicher«, erwiderte Ronen. »Mehr, als Sie sich vorstellen können. Aber nicht deshalb sage ich das. Sondern weil ich weiß, Orna hat sich nicht umgebracht.«

»Und die Abschiedsnachricht an ihren Sohn? Orna schreibt darin explizit, sie wolle sterben, und dass sie nicht weiterleben könne nach allem, was passiert sei?«

»Aber das ist ja gerade die Sache«, platzte Ronen dazwischen. »Warum sollte sie Eran so etwas geschrieben haben? Würden Sie ihrem Sohn sowas schreiben, wenn Sie vorhätten sich umzubringen? Außerdem stimmt es auch nicht. Als er an dem Tag mit ihr telefoniert hat, wirkte sie vollkommen normal. Und sie hat gesagt, sie hätte Geschenke für ihn gekauft, die tatsächlich bei ihr im Zimmer gefunden wurden. Also warum sollte sie ihm dann so etwas sagen? Und wo ist ihr Telefon? Wieso haben die Rumänen das nicht gefunden? Sie schickt ihm eine Abschiedsbotschaft von ihrem Telefon und bringt sich um, und dann verschwindet ihr Telefon?«

Sie erklärte ihm, die Polizei in Bukarest gehe davon aus, das Telefon sei von einer der Putzkräfte des Hotels, die die Leiche entdeckt hatten, noch vor dem Eintreffen der Polizei am Tatort entwendet worden, was aber auch in Ornas Augen keine wirklich befriedigende Erklärung darstellte. Ein altgedienter Angestellter des Trianon war einige Wochen danach festgenommen worden wegen des Verdachts, jahrelang Telefone, Schmuck und Bargeld von Hotelgästen gestohlen zu haben. Man hatte den Mann auch unter dem Anfangsverdacht einer Beteiligung am Tod von Orna Esran verhört, aber er bestritt vehement, ihr Telefon gestohlen zu haben, und laut den Dienstplänen des Hotels hatte er an dem Tag, an dem sie sich das Leben nahm, tatsächlich auch nicht gearbeitet.

Danach begann sie, Ronen andere, kürzere Fragen zu stellen und sprach in einem behutsameren Tonfall mit ihm.

»Wissen Sie vielleicht, ob sie mit jemandem verreist ist, oder ob es jemanden gab, mit dem sie hätte wegfahren können?«

Er sagte, nein.

»Und wissen Sie, ob sie in Kontakt zu einem anderen Mann stand? Hier oder im Ausland? Und denken Sie, Orna war der Typ Frau, der in eine Bar oder ein Restaurant geht, sagen wir im Ausland, dort einen Mann trifft und ihn mit auf ihr Hotelzimmer nimmt?«

Er sagte, das denke er eher nicht.

»Hat sie bei Ihren Telefonaten jemals einen Mann namens Tadeusz erwähnt?«

»Tadeusz?«

»Ja.«

»Nein.«

»Und einen Mann namens Nachum? Oder einen Gil?«

»Nein. Aber warum fragen Sie mich nach all diesen Namen?«

»Wissen Sie, ob Orna hier in Israel zufällig die Bekanntschaft einer gewissen Emilia gemacht hat? Eine Lettin namens Emilia Nudjews?«

Sie versuchte es immer weiter, aber Ronen antwortete auf alle ihre Fragen mit nein. Als sie ihn fragte, wo Eran jetzt wohne, sagte er: »Bei mir.«

»In Indien? Soweit ich verstanden habe, leben Sie in Indien?«

»Nicht mehr. Das heißt, ich habe nie in Indien gelebt. Wir waren in Nepal, sind jetzt aber nach Israel zurückgekehrt und wohnen in Cholon. Ich wollte nicht, dass Eran nach allem, was passiert ist, auch noch in ein anderes Land ziehen muss.«

Orna meinte, sie sei auch aus Cholon, und fragte, wo sie denn wohnten, und er sagte es ihr. Aber sie waren keine Nachbarn und wohnten an unterschiedlichen Enden der Stadt.

»Und wohnen nur Sie beide hier?«

»Nein. Ich lebe hier mit meiner zweiten Frau und ihren Kindern. Unseren Kindern. Und mit Eran.«

Seine zweite Frau hieß Ruth und die Kinder Kurt, Thomas, Peter und Julia. Und es gab die kleine Linn, die bereits in Israel zur Welt gekommen war, zwei Monate nach ihrer Ankunft. Und Eran wohnte jetzt mit ihnen allen zusammen. Julia sei schon über zwölf und habe im letzten Jahr einen solchen Schub gemacht, dass sie fast schon größer als ihre beiden älteren Brüder sei und Eran um mehr als einen Kopf überrage. Die beiden würden noch immer ein Zimmer teilen, sich aber inzwischen nicht mehr voreinander an- oder ausziehen und vor dem Einschlafen nachts auch weniger miteinander reden.

Orna zögerte einen Moment und fragte dann: »Meinen Sie, ich könnte mal mit Eran reden?«

»Ich weiß nicht. Ich bin nicht sicher, ob es sinnvoll ist, ihn wieder damit zu konfrontieren. Könnte ich vielleicht seinen Psychologen anrufen und das klären?«

»Sicher. Sie können ihn jetzt gleich anrufen. Und von mir aus kann er bei dem Gespräch auch dabei sein.«

»Aber warum müssen Sie überhaupt mit Eran reden? Was denken Sie denn, was er Ihnen sagen kann?«, fragte Ronen, und sie wusste nicht, was sie darauf antworten sollte, weil sie ihm nicht sagen konnte, dass sie einfach wusste, sie musste Eran sehen.

9

Drei Tage vor ihrer geplanten Reise wird im Innenteil der Tageszeitungen *Jedioth Acharonoth* und *Israel HaYom* ein beinahe gleichlautender Artikel erscheinen. Die Überschrift in *Israel HaYom* lautet »Rumänische Polizei untersucht Tod einer Israelin neu«, und die in *Jedioth Acharonoth* »Mord in Bukarester Hotel als Freitod inszeniert?« Beide Artikel sind auf den hinteren Seiten platziert und nicht besonders hervorgehoben.

In den Meldungen selbst wird es heißen, aufgrund neuer Informationen, welche der Bukarester Polizei vorlägen, seien in den letzten Wochen neue Ermittlungen aufgenommen worden im Fall von Orna Esran, einer achtunddreißigjährigen Israelin, geschieden und Mutter eines Kindes, die tot in einem Hotel der rumänischen Hauptstadt aufgefunden worden war. Die erneute Zeugenaussage eines Mitarbeiters an der Hotelrezeption, die allem Anschein nach zuvor vernachlässigt worden war, habe die Bukarester Polizei veranlasst, ihre Suche auszuweiten. Dabei seien sie auf weitere Zeugenaussagen gestoßen, denen zufolge Esran wenige Stunden vor ihrem Tod in Gesellschaft eines bislang unbekannten Mannes gesehen worden war. Nach Einschätzung der rumänischen Polizei handle es sich bei dem Fremden vermutlich um einen Einheimischen, es werde jedoch auch die Möglichkeit überprüft, dass er ein israelischer Staatsbürger sei, und die Phantomzeichnung, die man in Bukarest auf Grundlage der neuen Zeugenaussagen und unter Einbeziehung des wenigen vorhandenen Bildmaterials erstellt habe, sei über die rumänische Botschaft auch an die israelischen Polizeiorgane übermittelt worden.

Der Artikel in *Israel HaYom* zeigt auch ein kleines Foto von Orna, ebenjenes Bild, das neben der ersten Meldung über ihren Tod abgedruckt gewesen war, die Emilia gefunden hatte. Und dazu die Phantomzeichnung des Unbekannten, in Schwarzweiß. Am Ende des Artikels wird noch einmal auf Einzelheiten der Geschichte eingegangen werden, die vor einigen Jahren doch für ein gewisses Interesse in der Presse gesorgt habe, zum einen wegen der beharrlichen Weigerung der Familie in Israel, an einen Selbstmord Orna Esrans zu glauben, und zum anderen wegen des tragischen Schicksals ihres kleinen Sohns, der seine Mutter verloren hatte.

Sie wird die Meldung mit ihrem Smartphone abfotografieren und an Gil schicken. Unter der Aufnahme wird sie im Textfeld der Nachricht schreiben: »Sag mal, das bist nicht zufällig du? Muss ich mir Sorgen machen?« Und einige Minuten später wird sie ihm eine zweite Nachricht schicken: »Kommst du heute nicht ins Café? Bist du auf der Flucht vor dem Arm des Gesetzes?« Das Konterfei des Unbekannten in der Zeichnung, obgleich beinahe abstrakt, unscharf und ohne Details, wird Gil, wenn auch nur vage, ähnlich sehen: das rundliche, relativ breite Gesicht mit den hellen Augen und dem noch einigermaßen vollen Haar.

Er wird ihr an dem Tag nicht antworten, also schreibt sie ihm gegen Abend eine weitere Nachricht: »Das war nur Spaß, falls du es nicht verstanden hast. Ich wollte dich nicht kränken und hoffe, das ist nicht passiert. Es war einfach die Ähnlichkeit mit dem Bild und die Reise nach Bukarest, verstehst du? Nein? Ich dachte, das wäre lustig. Auf jeden Fall siehst du in Wirklichkeit viel besser aus. Weniger rumänisch. Bist du schon am Packen? Ich schon längst, zumindest im Kopf.« Aber noch in derselben Nacht wird Gil die Reise abblasen. Erst wird er ihr in wenigen Worten schreiben, es sei etwas im Job vorgefallen und er müsse in Israel bleiben, werde in ein paar Tagen aber mit ihr reden. Sie wird ihm mit einer kurzen, fassungslosen E-Mail antworten, die nachts nach drei bei ihm eintrifft: »Ich kann nicht glauben, dass du jetzt einen Rückzieher machst, nach allem, was ich deswegen hinter mir habe. Du hast nicht wirklich storniert, oder?«

Am Morgen, im Café, wird sie ihm erneut schreiben, ausführlicher und schärfer im Ton: »Meinst du das ernst, Gil? Nachdem ich mir eine komplette Story über eine Recherchereise ausgedacht habe, mit Archiven, die es gar nicht gibt, und Treffen mit erfundenen Historikern, sagst du das Ganze ab? Was kann so dringend sein bei deiner Arbeit? Und noch dazu am Wochenende? Ich hoffe, du verstehst, das war unsere einzige Gelegenheit. Eine weitere wird es nicht geben.« Sie wird an jenem Tag bis um elf im Café bleiben, wird aber nichts schreiben und öfter zum Rauchen rausgehen als gewöhnlich. Auch am darauffolgenden Tag wird sie ins Café kommen und auf Gil warten, wird aber um zehn ihren Laptop zuklappen und mit dem Taxi nach Hause fahren.

Am Abend versucht sie eine andere, behutsamere Vorgehensweise. Sie wird ihn fragen, ob er ihr wenigstens erklären könne, was genau passiert sei, damit sie beruhigt ist, oder ihr zumindest schreiben, dass es ihm gut geht, dass ihm nichts zugestoßen ist. Er wird nicht antworten, und am nächsten Tag wird sie ihm nicht mehr schreiben und auch nicht ins Café kommen. In der Nacht aber wird sie etwas tun, was sie zuvor noch nie getan hat, und versuchen, ihn von ihrem Handy aus anzurufen, aber sein Telefon wird abgeschaltet sein, sodass sie ihm keine Nachricht hinterlassen kann.

Die letzte E-Mail wird sie ihm Donnerstagnacht schreiben und Gil wird sie am Freitag lesen. Die Betreffzeile ist leer, aber im Textfeld wird sie schreiben: »Also folgendermaßen: Am Montag habe ich dir, als komplette Spaßaktion, diese Zeitungsmeldung über die Frau da in Rumänien geschickt, aber nach allem, was seitdem passiert ist, weiß ich inzwischen überhaupt nichts mehr. **Bist du das etwa, Gil? Muss ich mich an die Polizei wenden?** Hast du irgendwas mit dieser Frau zu tun oder ihr irgendwas angetan und bist deshalb abgetaucht? Ich verliere allmählich den Verstand, weil ich spüre, ich phantasiere mir Sachen zusammen, und andererseits, wovor hast du Angst und warum bist du plötzlich wie vom Erdboden verschluckt???? Du warst doch bis vor ein paar Tagen so selbstsicher und hast *mich* beruhigt, hast mich davon überzeugt, dass es einfach sei, zusammen wegzufahren, und dass ich nichts zu befürchten habe. Also, was ist los? Wenn du mir nicht schreibst und mir nicht erklärst, was dir tatsächlich passiert ist und warum du einfach von der Bildfläche verschwunden bist, dann denke ich, werde ich es am Ende wirklich tun. Ich werde der Polizei schreiben, dass ich meine, du bist das, und dass du auch mich mit nach Rumänien nehmen wolltest. **Vielleicht sogar in dasselbe Hotel???** Aber ich gebe dir hier die Gelegenheit, dich zu erklären und mir die ganze Paranoia zu ersparen. Allein daran zu denken, dass wir genau in diesem Moment zum ersten Mal zusammen gewesen wären … Mir läuft ein Schauder über den Rücken, wenn ich mir das jetzt bloß vorstelle. Ich bereue das alles sehr.«

Auf diese E-Mail wird Gil innerhalb weniger Stunden antworten, wird aber kein Wort über Orna, die Geschehnisse in Rumänien oder die Zeitungsmeldung verlieren. Er wird schreiben, dass es ihm leidtue, dass er im Büro einen Überraschungsbesuch von der Einkommenssteuerfahndung hatte und die ganze Woche damit verbracht habe, von A nach B zu rennen und die verlangten Unterlagen zu beschaffen. Er verstehe, wie sehr die Absage sie enttäuscht habe, aber ihn selbst habe sie noch mehr geschmerzt, und er verspreche, es wiedergutzumachen. Sollte sie noch immer bereit sein, mit ihm zu verreisen, sei er sicher, dass sie einen anderen Termin finden könnten. Als sie ihm auf seine E-Mail nicht antwortet, wird er sie anrufen, und sie wird zu Hause in ihrem Schlafzimmer flüsternd seinen Anruf entgegennehmen. Gil klingt ruhig und gelassen und geht diesmal auch auf die Meldung in der Zeitung ein. Er fragt: »Das hast du nicht ernst gemeint, oder? Was du mir da in deiner letzten Mail geschrieben hast? Ich weiß nicht, was beleidigender ist, dass du gedacht hast, ich sei ein Mörder, oder dass du behauptest, ich sähe dem

Mann auf dem Bild ähnlich.« Sie wird darauf nicht antworten.

Danach wird er sagen, er müsse sie am Wochenende unbedingt sehen, und sie wird flüstern, ausgeschlossen. Er wird nicht lockerlassen und erklären, er wolle sich entschuldigen und sicher sein, dass sie ihm tatsächlich verzeiht, und sie wird sagen, sie könne jetzt nicht mehr reden, und wird auflegen. Er wird sie fünf Minuten später erneut anrufen, und als sie nicht rangeht, wird er es immer wieder versuchen, bis sie diesmal im Badezimmer abnimmt und ihn anfleht, nicht mehr anzurufen, sie könnten sich ja zu Wochenbeginn im Café treffen.

Aber Gil wird nicht warten können. Unvermittelt wird sie ihn sagen hören: »Ella, du weißt, dass nicht nur du mir drohen kannst, sondern ich auch dir?« Sie wird nicht sofort reagieren, sondern erst nach einigen Sekunden Stille fragen: »Was soll das heißen, Gil?«

»Was wird dein Mann wohl sagen, wenn er unseren Mail-Wechsel zu sehen bekommt? Das dürfte ihn interessieren, oder? Und er wird sicher auch interessiert sein zu erfahren, warum deine Recherchereise in Wahrheit abgeblasen wurde.«

Sie wird sich auf den Badewannenrand setzen, wird die Augen für einen Moment zumachen und dann wieder aufschlagen.

Sie wird sagen, sie könne ihn am nächsten Tag, einem Schabbat, treffen, aber nur für eine halbe Stunde und nicht länger, wird ihn fragen, wo er sich mit ihr treffen wolle, und er wird den HaYarkon-Park vorschlagen.

»Nein, tut mir leid«, wird sie sagen, »ich laufe nicht

an einem Schabbatnachmittag im HaYarkon-Park mit dir herum.« Worauf er ihr vorschlagen wird, sie könnten sich in seiner Mietwohnung treffen.

»Bist du sicher, dass uns niemand dort sehen kann«, wird sie fragen, und er wird es ihr versichern.

Sie wird sich die Adresse nicht aufschreiben müssen, weil sie sie noch weiß.

Und als sie am nächsten Tag dort eintrifft, wartet Gil bereits in der Wohnung auf sie.

Sie wird im Dunkeln die Treppe hochsteigen, ohne auf den Lichtschalter gedrückt zu haben, und als sie vor der Wohnungstür steht, wird sie für einen Moment zögern.

Und dann wird sie zweimal an die Tür klopfen. Und danach noch einmal.

10

Das Gespräch mit Eran fand in der Praxis seines Psychologen in Tel Aviv statt, zwei Tage nach Ronens Zeugenbefragung. Der Psychologe hatte sie am Telefon vorgewarnt, es falle Eran schwer, über das Geschehene zu reden, und als Orna die Praxis betreten hatte, die im Erdgeschoss gelegen war und auf einen schattigen Innenhof ging, und sie vor dem Zimmer standen, in dem Eran auf sie wartete, sagte er erneut: »Ich schlage Folgendes vor: Sollte ich das Gefühl haben, dass das Gespräch abgebrochen werden muss, dann hören wir auf und machen in ein paar Tagen weiter, okay?«

Die Ähnlichkeit zwischen ihm und Ronen fiel ihr sofort ins Auge, denn er war schon kein kleiner Junge mehr. Schwarze Augen schauten sie unverwandt an, wie die von Ronen, als er sie das erste Mal angesehen hatte. Sie gab Eran die Hand und setzte sich auf den Stuhl neben ihm. Er hielt ein Smartphone in der Hand, legte es dann auf die Sitzfläche des roten Sessels, in dem er saß, und schob es unter seinen Oberschenkel. Der Psychologe ergriff als Erster das Wort. »Also, wir haben ein bisschen darüber geredet, Eran und ich, warum Sie hier sind, aber vielleicht möchten Sie uns mehr darüber erzählen?« Orna antwortete, wegen der Eingaben der Familie wolle sie noch einmal neu überprüfen, was mit Erans Mama passiert sei, weshalb sie ihm ein paar Fragen stellen wolle. In dem vorbereitenden Telefonat mit dem Psychologen waren sie übereingekommen, bei Eran nicht, wie es sein Vater gelegentlich getan hatte, Erwartungen zu wecken, es werde neue Informationen über den Tod seiner Mutter geben, und ihm zunächst keine Fragen über die Scheidung und die Beziehung zwischen seinen Eltern zu stellen.

Orna holte einen neuen Aktendeckel aus ihrer Tasche, in dem geordnet die Seiten lagen, auf denen sie sich die Themen des Gesprächs mit Eran notiert hatte. Die abwehrbereite Anwesenheit des Psychologen störte sie, und sie bedauerte, nicht darauf bestanden zu haben, dass das Gespräch ohne ihn stattfinde, so wie sie es bei Ronen getan hatte. Der Holzstuhl, den er ihr angeboten hatte, war von ihm vor seinem Sessel platziert worden, so dass sie neben Eran saß und nicht ihm gegenüber, wie sie es gewollt hätte. Und sie hatte das Gefühl, im Grunde genommen brauchte keiner von ihnen beiden seinen Beistand dort.

»Du bist der Letzte gewesen, der mit deiner Mama gesprochen hat, oder?«, fragte sie, obwohl sie die Antwort aus dem Aktenstudium bereits kannte.

Das Gespräch an jenem Tag war nur sehr kurz gewesen.

»Wie geht es dir, mein Liebling?«

»Gut, Mama. Wo bist du?«

Die letzte Frage, die er dir gestellt hatte, war, ob er noch ein paar Tage bei Papa bleiben dürfe, und du hattest gesagt, nein, weil du ihn so sehr vermissen würdest.

»Ich möchte, dass du mir noch ein bisschen mehr über dieses Telefongespräch erzählst, weil ich nicht genug darüber weiß. Vielleicht, ob du das Gefühl hattest, dass etwas daran, wie deine Mama sich verhielt oder redete, nicht stimmte. Oder ob sie etwas gesagt hat, von dem du noch weißt, dass es dich überrascht hat, oder ob du etwas gesehen hast, was dir komisch vorkam. Ihr habt doch über Skype gesprochen, oder?«

Eran sah nicht sie, sondern den Psychologen an, der vor ihm saß, und blickte dann auf den Teppich.

Bei dem Vorgespräch mit dem Psychologen hatte sie sich erkundigt, ob sie erwähnen dürfe, dass sie davon ausgingen, Orna habe sich umgebracht, und er hatte zugestimmt, hatte gesagt, Eran wisse das und dass es in den meisten ihrer Gespräche in den letzten Jahren darum gegangen war, ihn davon zu überzeugen, dass sie sich nicht seinetwegen das Leben genommen hatte oder weil er mit Ronen und dessen neuer Familie in den Moschaw gefahren war, weshalb dieses Gespräch jetzt auch so wichtig für sie beide sei. »Ich weiß nicht, was genau Sie untersuchen«, hatte der Psychologe gesagt, »aber falls es eine Chance gibt, dass Orna sich nicht umgebracht hat und ihr etwas anderes zugestoßen ist, könnte das sehr bedeutsam für Eran sein, und deswegen war ich auch der Meinung, ein solches Gespräch ist sinnvoll.« Er hatte auch noch erklärt, sie würden für gewöhnlich sagen: »Sie hat beschlossen zu sterben« und nicht: »Sie hat sich umgebracht«, aber Eran sage auch manchmal: »Mama hat sich getötet«.

»Vielleicht erinnerst du dich, ob deine Mama bei eurem Gespräch in normaler Stimmung war oder ob sie anders aussah?«, fragte sie, und Eran schaute sie noch immer nicht an, als er sagte: »In normaler Stimmung.«

»Und sie war allein, als du mit ihr gesprochen hast, oder? Du hast niemanden bei ihr im Zimmer gesehen?«

Er hatte niemanden gesehen.

»Aber hat sie erwähnt, dass jemand mit ihr dort ist? Oder dass sie dort jemanden getroffen hat?«

Er wusste es nicht.

»Erinnerst du dich noch an die Tage vor Mamas Abreise, hat sie dir da mal was über ihre Stimmung gesagt oder darüber, wie es ihr geht? Hattest du vielleicht das Gefühl, ihre Laune sei nicht so gut?«

Das war die einzige Frage, die sie im Nachhinein bereute und nach der sie beschloss, anders vorzugehen. Eran war damals neun gewesen, und sein Vater kam ihn nach Monaten, in denen er ihn nicht gesehen hatte, zum ersten Mal besuchen – was konnte er da schon wahrgenommen haben? Sie sagte: »Ich möchte dir noch ein paar andere Fragen stellen, von denen einige sich für dich vielleicht dumm oder unlogisch anhören werden, aber so ist das bei unserer Arbeit manchmal«, worauf der Psychologe sie beide anlächelte und sagte: »Bei meiner auch, stimmt's?«

»Erinnerst du dich, ob Mama irgendwann mal den Namen Emilia erwähnt hat?«

Nein.

»Keine Israelin. Eine Frau aus dem Ausland. Emilia Nudjews?«

Eran schüttelte den Kopf.

»Und jemanden namens Tadeusz?«

Eran schaute noch immer abwechselnd zu dem Psychologen, der vor ihm saß, und auf den Teppich, und erst als sie fragte: »Aber vielleicht sagen dir die Namen Gil oder

Nachum etwas?«, hob er seine schönen Augen zu ihr und nickte.

»Welcher von ihnen?«

Der Name Gil.

Er sagte, das sei der Freund von Mama gewesen, und dass sie mit ihm ins Kino gegangen und nach Jerusalem gefahren sei, und auch der Psychologe sagte, Orna habe einen Freund erwähnt, aber an einen Namen könne er sich nicht mehr erinnern. Sie wusste da noch nicht, dass das der Augenblick war, der das gesamte Ermittlungsbild ändern würde, auch nicht, als sie Eran fragte: »Erinnerst du dich zufällig noch an Gils Familiennamen?« Und er verneinte. Dennoch versuchte sie, ihren Ermittlungsansatz vor den beiden zu verschleiern, die mögliche Verbindung mit Emilias Selbstmord, weshalb sie hinzufügte: »Weil ich gerne mit ihm reden würde, damit er mir von deiner Mama erzählt. Erinnerst du dich zufällig, was Mama über ihn erzählt hat? Oder vielleicht, was er arbeitet?« Eran wusste es nicht. Aber als Orna fragte: »Und erinnerst du dich, ob du ihn mal gesehen hast?«, sagte Eran sofort, er habe ihn dreimal gesehen.

»Und weißt du vielleicht noch wo? Oder wann?«

Er wusste alles noch. Erinnerte sich, dass er Gil an der Kinokasse des Dizengoff-Centers getroffen hatte, als sie in den Film *Drachenzähmen leicht gemacht* gegangen waren. Gil sei mit einer anderen Frau und mit zwei großen Mädchen dort gewesen und Orna habe ihn Eran vorgestellt. Ein anderes Mal habe er ihn von weitem gesehen, das war vielleicht sogar noch vor der Begegnung im Kino gewesen – Gil war mit dem Auto gekommen, um Orna für die Fahrt nach Jerusalem abzuholen, und Eran stand am Fenster ihrer

Wohnung und sah zu, wie seine Mutter in den Wagen stieg und ihm zum Abschied zuwinkte.

Von dem dritten Mal zu erzählen fiel Eran schwer, und der Psychologe versuchte ihm zu helfen. Er fragte ihn, ob er es der Polizistin erzählen dürfe, und als Eran nickte, sagte der Psychologe, Eran habe beide bei sich zu Hause gesehen, als Gil zu Besuch gekommen sei, ohne dass Orna Eran etwas davon erzählt habe. Sie habe auch nicht mitbekommen, dass er mitten in der Nacht aufgewacht war und seine Mutter und ihren Freund schlafend gesehen hatte. Orna habe ihm auch am nächsten Tag nichts davon gesagt, ja sie hätten nie darüber gesprochen, und als Eran seinem Psychologen davon erzählte, einige Wochen nach dem, was Orna in Rumänien passiert war, als Beispiel dafür, dass seine Mama Geheimnisse vor ihm gehabt hatte, habe dieser versucht, Eran davon zu überzeugen, dass Orna es vielleicht gar nicht vor ihm verheimlichen wollte und vorgehabt hatte, ihm davon zu erzählen, aber einfach nicht mehr dazu gekommen war, weil das alles nur wenige Tage vor ihrer Abreise gewesen war.

Sie horchte auf und fragte, ob sie noch wüssten, wann genau das passiert sei, da Orna, wie sie sich erinnerte, den Aussagen von Freunden und Familienangehörigen zufolge in den Wochen vor ihrer Reise nach Rumänien nicht in einer Beziehung gewesen war. »Es kann sein, dass das irgendwo bei mir in den alten Aufzeichnungen vermerkt ist«, sagte der Psychologe, aber da hatte Eran sich schon vorgebeugt und aus einem blauen Rucksack, der an seinen Sessel lehnte, das braune Heft geholt, das Orna ihm zum Geburtstag gekauft hatte.

Das Datum, an dem Eran Orna und Gil gesehen hatte, stand in dem Heft, und er sagte es ihr, blätterte dann zurück und fügte hinzu: »Und ich weiß auch, was für einen Wagen er hat, wenn Ihnen das hilft, ihn zu finden und mit ihm zu reden. Er hat einen roten Kia Sportage. Den habe ich gesehen, als er Mama abgeholt hat, um mit ihr nach Jerusalem zu fahren.«

Orna rief Ilana Liss noch am selben Abend an, nachdem sie die zweite Antwort von der Zulassungsstelle erhalten hatte.

Die erste Antwort war eine Enttäuschung gewesen: Auf Rechtsanwalt Gil Chamtzani, der Emilia Nudjews als Putzfrau beschäftigt hatte, waren zwei Fahrzeuge angemeldet, ein metallicgrauer Toyota CRV und ein VW Polo. Orna schraffierte wieder und wieder das blaue Quadrat auf dem Blatt mit ihren Fragen und fragte die Mitarbeiterin der Zulassungsstelle dann: »CRV ist ein neues Modell von Toyota, nicht? Das hilft mir nicht. Aber Sie können mir doch auch sagen, welche Fahrzeuge er vorher hatte, oder?«

Als sie Ilana Liss anrief, wusste sie schon nahezu mit Sicherheit, dass sie sich nicht geirrt hatte und eine Verbindung zwischen den Todesfällen Emilia Nudjews und Orna Esran bestand. Ilana sagte: »Also, was denken Sie? Das habe ich noch nicht ganz verstanden. Dass er in beiden Fällen für ihren Tod verantwortlich ist?«, und sie erwiderte: »Ich weiß es noch nicht. Ich weiß nur, dass er anscheinend beide gekannt und mit einer von ihnen, mit Orna, ein Verhältnis gehabt hat, während er gleichzeitig verheiratet war. Und vielleicht mit Emilia auch. Oder mit Emilia war es anders, und sie hat irgendwie herausgefunden, dass er etwas mit dem ersten Todesfall zu tun hat. Das weiß ich noch nicht. Vielleicht ist das die Geschichte mit den Aufzeichnungen in ihrem Heft. Sicher ist, dass beide Frauen sich unter dubiosen Umständen das Leben genommen haben sollen, ohne dass von den ihnen nahestehenden Personen irgendjemand versteht warum, und dass beide in Verbindung zu ihm standen.«

»Dann erklären Sie mir das ›anscheinend‹ … Sie sagten, er habe ›anscheinend‹ beide gekannt.«

»Emilia hat mit Sicherheit bei Rechtsanwalt Gil Chamtzani gearbeitet. Das wissen wir. Und Orna unterhielt, bis unmittelbar vor ihrer Reise, eine Beziehung zu einem Mann namens Gil, der genau den Wagen fuhr, den Rechtsanwalt Gil Chamtzani seinerzeit besaß. Also nehme ich an, Ilana, dass von ein und demselben Mann die Rede ist, aber dafür habe ich noch keine endgültige Bestätigung und ermittle da selbstverständlich noch weiter.«

Ilana Liss ging in ihr Arbeitszimmer und zündete sich am offenen Fenster eine Zigarette an, damit ihr Mann und ihre Kinder den Rauch nicht rochen. Sie trug keine Uniform, sondern eine dicke grüne Strickjacke über einem schwarzem T-Shirt und einer schwarzen Jogginghose und sah dem Rauch nach, den sie ausstieß, wie er sich in die Nacht verteilte, während sie sprach.

»Und wie genau wollen Sie weiterermitteln?«, fragte sie.

Orna wollte herausfinden, wo Rechtsanwalt Gil Chamtzani an dem Tag gewesen war, an dem sich Orna vorgeblich umgebracht hatte – ob in Bukarest oder in Israel –, und wo er sich an dem Tag aufhielt, an dem Emilias Leiche gefunden wurde.

Sie wollte weitere Einzelheiten über ihn herausbekommen, seine Lebensgeschichte, seine Kontakte zu Frauen, aber all das, um keinen Verdacht bei ihm zu wecken, ohne die Familie oder seine nähere Umgebung zu befragen. Im Grunde genommen war sie noch immer nicht hundertprozentig davon überzeugt, dass es sich um ein und denselben Gil handelte, hatte aber entschieden, die Ermittlung in diese Richtung weiterzutreiben, als sei an dieser Annahme nicht zu rütteln, und als sie hinterher gebeten wurde zu begründen, warum sie so gehandelt hatte, konnte sie es nicht erklären. Sie wollte die Verbindungsnachweise von Gils Telefonen und die genauen Daten seiner Aus- und Einreisen, wollte auch beantragen, sein Telefon zu Hause und im Büro abhören zu lassen, obwohl es dafür noch zu früh war.

Erst nachdem Ilana Liss sie autorisiert hatte, alle Schritte zur Aufnahme einer verdeckten Ermittlung in die Wege zu leiten, erzählte sie Avner von dem Fall, und er gab sich trotz seiner Müdigkeit Mühe, ihr zuzuhören, weil er sah, wie aufgewühlt sie war. Er schaltete bei den Mädchen das Nachtlicht aus, deckte sie zu und machte für sie beide einen Nescafé, damit ihm die Augen nicht zufielen, und dann saßen sie in der Küche, und sie erzählte ihm von dem Durchbruch bei dem Gespräch mit Eran und von dem Gefühl der Dringlichkeit, das sie vom ersten Augenblick an gehabt hatte, als sie in Emilia Nudjews' Heft die Zeilen über Orna Esran gelesen und zum ersten Mal an eine Verbindung zwischen den beiden Todesfällen gedacht hatte.

»Wenn das stimmt, dann wäre es echt unglaublich, dass du dahintergekommen bist«, meinte ihr Mann bewundernd, und sie sagte: »Ich bin fast sicher. Und das alles nur dank ihres Jungen, verstehst du? Ohne ihn wäre es mir nie gelungen, die Verbindung nachzuweisen.«

Sie erzählte ihm, von dem Moment an, als Chava im Zimmer des diensthabenden Ermittlers Emilias Karton vor sie hingestellt hatte, habe sie gespürt, dass etwas sie mit Macht zu diesem Fall dränge und ihr unmöglich mache, ihn auf sich beruhen zu lassen, so etwas habe sie noch nie zuvor empfunden, auch bei großen Ermittlungen, an denen sie beteiligt gewesen war, nicht. Und als ihr Mann sagte: »Das kommt doch bestimmt von deinem Mutterschaftsurlaub, oder? Nach dem halben Jahr zu Hause hast du die Action wieder gebraucht«, erwiderte sie: »Ich denke nicht. Ich habe eher das Gefühl, ich sollte diesen Jungen treffen, verstehst du?«

Aber er verstand nicht. Ja, schaffte es sogar, sie zu verärgern, als er sagte, sie sei doch schon immer so gewesen, mit diesem verrückten Drive, sich zu beweisen und es an die Spitze zu schaffen, und dass dieser Fall, sofern er sich wirklich als das erwies, was sie vermutete, die Gelegenheit für sie war, allen zu zeigen, was sie draufhatte.

Sie lag noch lange wach, nachdem er eingeschlafen war, stand gegen drei auf, um Danielle ihr Fläschchen zu geben und danach Roni zu beruhigen, die weinend aufgewacht war, weil sie meinte, außer ihnen sei noch jemand im Haus, und trotzdem war sie am Morgen vor ihm auf den Beinen, da war es draußen noch dunkel. Sie machte sich einen Tee mit viel Zucker und Zitrone und trank ihn in der Essecke vor dem geschlossenen Fenster, gegen das der Regen schlug, ehe sie den Mädchen das Frühstück und ihre Brotdosen für die Schule und den Kindergarten bereitmachte.

Der nächste Durchbruch in der Ermittlung kam fünf Tage später, als sie beschloss, Gils Nachbarn die Fotos von Orna und Emilia zu zeigen, ohne jedoch zu erwähnen, dass sie mit ihm in Verbindung standen. Sie war morgens um kurz nach zehn dort, nachdem sie sich vergewissert hatte, dass Gil und seine Frau zur Arbeit aufgebrochen waren. Sie machte unter den Bewohnern des Hauses, in dem sie wohnten, die Runde, zeigte ihnen die Fotos und fragte, ob sie diese Frauen schon einmal im Haus gesehen hätten. Und erst als sie in der zweiten Etage angekommen war, begriff sie, dass sie im falschen Gebäude war, da er Orna wohl kaum in die Familienwohnung mitgenommen hätte, und dies auch nicht die Wohnung war, die Emilia für ihn geputzt hatte, weder der Adresse nach, die in ihrem Heft vermerkt war, noch laut Gils eigener Zeugenaussage bei seiner ersten Vernehmung durch den Kollegen A.

Der Detektiv in Zivil, der sie begleitete, betrat vor ihr das Haus in Givatayim und klopfte an die Tür der Wohnung, die Gil Chamtzani gehörte. Niemand öffnete ihm.

Danach klapperte sie auch dort die Bewohner ab und zeigte ihnen die Aufnahmen.

Die Nachbarin, die auf derselben Etage wohnte wie Gil, erkannte Orna auch nicht, aber als sie ihr das Foto von Emilia zeigte, sagte die junge Frau: »Die kenne ich. Sicher. Das war doch die Putzfrau hier in der Wohnung gegenüber.«

Das wusste Orna bereits, nicht aber, was die Nachbarin ihr dann sagte.

Sie fragte, ob sie je mit ihr geredet habe, und die Nachbarin antwortete: »Ja, habe ich. Zufällig. Ich habe dort an die

Tür geklopft, als sie gerade da war, und gefragt, ob sie nicht auch bei uns arbeiten möchte, weil unsere Putzfrau gerade des Landes verwiesen worden war. Aber sie wollte nicht.«

»Erinnern Sie sich, wann Sie sie zum letzten Mal gesehen haben?«, fragte sie, und die Nachbarin sagte: »Zum letzten Mal? Ich glaube nicht. Schon länger her. Warten Sie, ich erinnere mich, dass ich sie einmal abends zu ihm habe kommen sehen. Und zwar an einem komischen Tag. Ich glaube es war ein Freitagabend oder am Schabbat, denn ich habe mich gefragt, was sie bei ihm in der Wohnung macht, ob sie an so einem Tag zum Putzen kommt oder ob sie in der Wohnung ist, ohne dass er etwas davon weiß, weil er ihr immer den Schlüssel in den Sicherungskasten gelegt hat. Ich habe sogar überlegt, ihn anzurufen und zu fragen, ob sie überhaupt da sein sollte, aber ich hatte seine Telefonnummer gar nicht, und außerdem habe ich gedacht, das lohnt nicht, vor allem, wenn sie dort nichts verloren hat und meinetwegen nur unnötig in Schwierigkeiten gerät. Aber ist denn irgendwas passiert?«

Die Nachbarin konnte nicht sagen, an welchem Freitag oder Schabbat sie Emilia in den Abendstunden bei Gil gesehen hatte, aber Orna hatte keinen Zweifel, dass es der Tag gewesen war, bevor man ihre Leiche in der HaGalil-Straße gefunden hatte.

Und mit einem Mal kam ihr der Gedanke, es könnte noch andere Frauen geben oder gegeben haben. Sie fragte die Nachbarin: »Haben Sie seitdem eine andere Frau gesehen, die herkommt?« Die Nachbarin schaute sie an, als verstünde sie die Frage nicht oder wisse nicht, was sie antworten solle.

»Meinen Sie eine, die zum Putzen kommt?«

»Zum Putzen ... oder vielleicht auch sonst irgendeine Frau, die oft herkommt?«

»Sie haben vor ein paar Monaten die Wohnung renovieren lassen, und ich glaube nicht, dass dort jemand fest wohnt«, sagte die Nachbarin. »Mir scheint, sie vermieten sie für kurze Perioden an Touristen, und dass sie die meiste Zeit leer steht. Aber ich verstehe nicht, wen genau Sie suchen. Diese Frau hier? Ich meine, ich erinnere mich sogar noch, dass sie Emilia heißt, oder?« Orna unterbrach sie und sagte: »So, das war's auch schon. Ich werde jetzt bei denen fragen.«

Sie dankte der jungen Frau, drehte sich um und klopfte an die Tür von Gils Wohnung, obgleich sie wusste, dass er nicht da war, und wartete, bis die Nachbarin wieder in ihre eigene Wohnung zurückgekehrt war. Trotz der Renovierung war es noch immer dieselbe alte braune Holztür, an der noch immer kein Schild oder Name hing, nur jene leicht angerostete Kupferziffer: 3.

11

Er wird die Tür mit ernster Miene öffnen und blass und angespannt wirken, als hätte er seit Tagen nicht geschlafen. Wird nichts sagen, als er sie sieht, und sie wird verlegen und nervös im Eingangsbereich der fast leeren Wohnung stehen, ohne zu wissen, wohin sie gehen soll oder wo er möchte, dass sie reden.

Auf dem Esstisch in der Küche, noch immer derselbe, wird die bestickte Decke ausgebreitet liegen, die Emilia mitgebracht hat, und darauf der Strohkorb, ohne Obst. Ein Glasbecher wird dampfend auf dem Tisch stehen, und Gil wird darauf zeigen und fragen, ob sie auch etwas trinken möchte, und als sie verneint, wird er sagen: »Ich habe mir einen Tee gemacht, ich mach dir auch einen. Ist Schwarztee mit Zitrone und Zucker in Ordnung?«

Sie könnte noch immer aufstehen und flüchten, aber sie wird sitzen bleiben. Als er den Becher Tee vor ihr abstellt und sich neben sie setzt, wird sie ihn direkt fragen: »Also kannst du mir mal erklären, warum du mir gedroht hast?«

Gils Blick wird beinahe überrascht sein, als er sagt: »Wann habe ich dir gedroht?«

»Was soll das heißen? Hast du etwa nicht gedroht, du würdest meinem Mann unseren Mail-Wechsel zeigen und ihm von der Reise erzählen?«

»Du weißt, das hätte ich nie getan«, wird er sagen. »Das war der einzige Weg, dich dazu zu bringen, mich zu treffen.«

In der ganzen Wohnung wird es nach Farbe, Leim und frischgestrichenen Wänden riechen, auch wenn der Zigarettengestank der chinesischen Arbeiter verflogen ist, der während der Renovierungsarbeiten in allen Räumen hing. Küche, Bad und Gäste-WC sind neu, und in den anderen Räumen wurde der Fußbodenbelag durch Parkett ersetzt. Die kleinen Schlafzimmer, die Emilia so gründlich geputzt hat, als wären es schon bald ihre, sind mit Möbeln eingerichtet, die er höchstpersönlich bei IKEA gekauft hat. Anstelle des Massivholzschranks im großen Schlafzimmer steht nun ein neuer Kleiderschrank mit Glasschiebetüren. Vor dem Fenster zum Innenhof, in dem Emilia Nachum gesehen und Orna mit Wohlgefallen die hohen Bäume bemerkt hat, die dort austreiben und sich nach dem Fenster strecken, ist anstelle der alten Sonnenblenden ein neuer elektrischer Rollladen installiert, und die kleine Kupferglocke, die im Fensterrahmen hing, wird nicht mehr da sein. Im Schlafzimmer wird ein gepackter Koffer stehen, darin Kleidung, Waschutensilien und mehrere zehntausend Schekel in bar, ein langer schwarzer Seidenmantel, wie die Orthodoxen ihn tragen, ein schwarzer Filzhut und eine Perücke, die er in jener Woche in einem Laden in Bnei Brak gekauft hat. In einer der Schubladen wird er zwei Reisepässe mit seinem Bild, aber mit unterschiedlichen Namen liegen haben und zwei Flugtickets zu verschiedenen Zielen, von denen er noch nicht weiß, ob er sie verwenden wird.

Sie wird den Tee nicht trinken, den Gil ihr gemacht hat,

wird den Becher aber mit einer Hand abschirmen, und als er versucht, sie zu berühren, wird sie die Hand wegziehen. Er wird sagen: »Es tut mir leid, dass ich die Reise absagen musste, ich hatte wirklich keine andere Wahl. Kannst du mir nicht verzeihen? Bis jetzt ist doch alles gut zwischen uns gewesen.« Und sie wird sagen: »Verstehst du nicht, Gil? Ich glaube dir nicht mehr. Nicht ein Wort. Nicht nur wegen der Reise, sondern wegen der Drohung. Ich bin nur gekommen, um dich um etwas zu bitten, und dann gehe ich. Ich möchte, dass du mir eine Sekunde zuhörst und vernünftig bist, damit wir das hier anständig zu Ende bringen, okay?« Und er wird antworten: »Sicher. Was immer du willst.«

Noch wird es nicht zu spät für sie sein zu entkommen. Es ist früher Abend und gerade erst dunkel geworden. Draußen wird es ungewöhnlich still für einen Samstagabend sein, und nicht einmal Autos sind auf der Straße unterwegs.

»Ich glaube dir nicht mehr. So schlicht und einfach ist das, und wir haben nichts mehr miteinander zu reden. Ich will nicht wissen, warum du mit mir geflirtet und mir vorgeschlagen hast, mit dir wegzufahren, warum du die Reise dann im letzten Moment abgesagt hast und was du eigentlich von mir gewollt hast. Ich will nicht wissen, wer du bist und was du willst. Egal, ob du nun Rechtsanwalt bist oder nicht, ob verheiratet oder nicht, ich fürchte mich jetzt einfach vor dir und vor dem, was du meinem Leben antun kannst. Hörst du mir zu? Also, ich bitte dich, meine Nummer von deinem Telefon zu löschen und alle Nachrichten von mir und die E-Mails, die ich dir geschickt habe, damit wir dann diese Sache beenden. Und ich verspreche dir im Gegenzug, deine Nachrichten alle zu löschen und dich nicht mehr zu kontaktieren. Einverstanden?«

Er wird sie anschauen und für einen Moment so wirken, als sei er unschlüssig, aber dann wird er sagen: »Ja, einverstanden. Obwohl mich das nicht glücklich macht. Ich hatte nie die Absicht, in deinem Leben etwas kaputtzumachen.«

»Also dann löscht du alles? Nicht morgen, sondern jetzt gleich? Wenn ich dabei bin und du es mir zeigst?«

»Wenn es das ist, was du willst, okay. Den Rechner aus dem Büro habe ich natürlich nicht hier, aber mein Telefon.« Er wird ein Telefon aus der Hosentasche ziehen, das nicht das Gerät ist, das sie kennt, wird es wieder zurück in die Tasche gleiten lassen und stattdessen das Smartphone herausholen, an das sie sich erinnert. Er wird es auf den Tisch legen und sie dann fragen: »Aber sag mal, hast du wirklich gedacht, ich wäre der Mann auf dem Zeitungsfoto, oder dass ich mit dieser Frau etwas gemacht habe? Dass ich vorhatte, auch dir etwas anzutun?«

»Ich weiß nicht«, wird sie antworten. »Ich wusste gar nicht mehr, was ich denken soll. Mit dem Bild, das war ein komischer Zufall, und dann hast du plötzlich die Reise abgesagt, ohne Erklärung. Das hat mich alles total gestresst. Kann sein, dass ich einfach Panik hatte wegen der Reise und allem, und wie du dich dann verhalten hast, war nicht besonders hilfreich.«

»Und hast du jemandem davon erzählt?«

»Wovon?«

»Von dem Bild. In der Zeitung.«

»Wem soll ich denn was erzählt haben? Wem hätte ich denn was erzählen können? Es weiß doch niemand von dir und von mir. Und ich hätte gern, dass das so bleibt«, wird sie sagen und er wird antworten: »Ich auch.« Doch anstatt es dabei zu belassen, wird sie noch sagen: »Aber warum warst du so beleidigt, kannst du mir das mal erklären? Wenn du mit der Geschichte nichts zu tun hast, warum hat dich das, was ich geschrieben habe, so auf die Palme gebracht, das verstehe ich noch immer nicht. Bist du sicher, du hast die Reise nicht gecancelt, weil du beleidigt warst?«

Die Sonnenblenden im Wohnzimmer werden etwas aufgeklappt sein, aber die Schallschutzfenster sind geschlossen, und vielleicht ist es deshalb so still in der ganzen Wohnung. Auch im Schlafzimmer ist alles geschlossen und der Raum vollkommen dunkel. Die Wohnungstür wird Gil von innen abschließen, als sie zur Toilette geht, und im weiteren Verlauf ihres Gesprächs wird der Schlüssel in seiner Tasche sein. Das Bett wird er noch vor ihrem Eintreffen mit einem alten grauen Laken bezogen haben, das er nicht mehr braucht.

Er wird sich von seinem Platz am Esstisch erheben, wird in die Küche gehen und von dort mit einem Glas Wasser und einer kleinen Plastiktüte zurückkommen, die er am Boden neben dem Tischbein ablegen wird. Und erst als er sie fragt: »Und was, wenn ich doch etwas mit der Frau in Rumänien zu tun habe?«, wird klar sein, dass er sich entschieden hat, was er tun soll.

Auf ihrem Gesicht wird kein Ausdruck von Angst sein, als sie ihn anschaut, nur Überraschung.

»Ja, und? Was soll sein, wenn doch? Ich verstehe nicht.«

»Das heißt nicht, dass ich die Absicht hatte, auch mit dir so zu verfahren.«

Sie wird auf ihrem Stuhl erstarren, und er wird es mitbekommen. Als sie aufsteht und zu ihm sagt, sie wolle jetzt gehen, wird er sagen, das könne sie nicht, weil die Tür abgeschlossen sei und er den Schlüssel habe. Er wird sie am Arm festhalten, und sie wird sagen: »Es reicht, Gil, lass mich gehen. Ich muss nach Hause, und du machst mir schon wieder Angst.« Aber ihre Stimme wird sich nicht panisch anhören.

Er wird nicht antworten und versuchen, ihr mit der Hand den Mund zuzuhalten, noch ohne die Einweghandschuhe, die in der kleinen Plastiktüte unter dem Tisch sind, aber er wird es nicht schaffen, und da erst wird sie plötzlich in verändertem Ton zu ihm sagen: »Rühr mich nicht an. Ich habe ein Aufnahmegerät am Körper, und draußen sind Polizisten, die jetzt in die Wohnung kommen werden, um dich festzunehmen. Leiste keinen Widerstand. Es ist vorbei.« Und als Gil sagt: »Hübscher Versuch«, wird sie antworten: »Es ist vorbei, Gil. Ich sage dir, ich bin Polizeibeamtin, und du bist verhaftet. Und ich rate dir, keine weitere Bewegung mehr zu machen.«

Er wird ihr noch immer nicht glauben.

Auch nicht, als durch die Sonnenblende das Blaulicht huscht, das mit einem Mal draußen aufflammt, die Stille auf der Straße vom Heulen der Streifenwagensirenen abgelöst wird und die Wohnungstür unter den ersten Schlägen einer schweren Ramme erzittert.

12

Die erste Phase der von Orna Ben Chamo geführten verdeckten Ermittlung dauerte etwa sechs Wochen, von Anfang Januar bis Mitte Februar, und in dieser Zeit trug sie alle Informationen über Gil zusammen, an die sie gelangen konnte, ohne Familienangehörige oder Freunde zu vernehmen.

Sie wusste, er war im Mai 1962 in Tel Aviv geboren und hatte seinen Militärdienst in der Adjutantur abgeleistet. Hatte Jura an der Universität Tel Aviv studiert, sein Referendariat am Amtsgericht in Ramleh absolviert und war 1988 als Anwalt zugelassen worden. Seit 1991 war er verheiratet mit Ruth Levanon, deren Familie über erheblichen Immobilienbesitz in der Küstenebene verfügte. Das junge Paar hatte eine Wohnung in Givatayim bezogen, die es von ihren Eltern bekam, es war die Wohnung, in der seine Frau Ruth geboren und aufgewachsen war. Sie hatten zwei Töchter, von denen die eine bereits in der Armee war. Gils Vater, den Emilia gepflegt hatte, war vor mehr als zwei Jahren verstorben, und seine Mutter, die unmittelbar nach Aufnahme der Ermittlung noch gegenüber A., dem ersten mit dem Fall befassten Ermittler, eine Zeugenaussage gemacht hatte, war ihrem Mann vor wenigen Monaten nachgefolgt. Gil hatte bis zum Jahre 2002 als Angestellter in der Rechtsabteilung einer großen Personalmanagementagentur gearbeitet und dann mit dem Geld seines Schwiegervaters eine eigene Kanzlei gegründet. Sie wusste, dass er im Rahmen seiner Tätigkeit als Rechtsanwalt viel in osteuropäischen Staaten unterwegs war, vor allem, da er dort jetzt auch Immobilieninvestitionen managte und möglicherweise noch in andere Geschäfte verwickelt war. Und dass er an den Tagen, in denen sich Orna Esran in Bukarest aufgehalten hatte, ebenfalls dort gewesen war. Aber sie wusste auch, er würde behaupten können, mindestens einmal im Monat in Bukarest zu sein, und es sei reiner Zufall, dass seine Reisedaten sich mit den ihren deckten, selbst wenn er nicht leugnen würde, dass es zuvor eine Beziehung zwischen ihnen gegeben hatte. Sie holte sowohl beim Finanzamt als auch bei der Innenbehörde Erkundigungen ein und stellte fest, dass bisher weder wegen Steuerhinterziehung noch wegen Meldevergehen gegen ihn ermittelt worden war und dass auch seine Tätigkeit als Rechtsanwalt niemals Gegenstand einer Überprüfung durch das Einwohnermeldeamt und die Einwanderungsbehörde gewesen war. Zu seinen Klienten zählte jedoch ein israelischer Bauunternehmer, gegen den in der Vergangenheit wegen des Verdachts ermittelt worden war, an der Einschleusung illegaler Arbeitskräfte aus Osteuropa beteiligt zu sein, und für einen Moment dachte Orna, dies könnte der richtige Ansatz sein, um ihn erst mal vorzuladen und im Vernehmungsraum vor ihr Platz nehmen zu lassen, wo sie ihn dann auch zu anderen Dingen befragen könnte, aber am Ende musste sie die Idee wieder fallenlassen. Seine Frau, Ruth Levanon-Chamtzani, war Partnerin in einer der größten Anwaltskanzleien des Landes, ein weiterer Grund, äußerste Vorsicht bei der Ermittlung walten zu lassen.

Anfang Februar erlebte sie eine Enttäuschung nach der anderen.

Sie versuchte Beweise zu finden, dass er Ornas Flugticket nach Bukarest gekauft und ihr Hotelzimmer reserviert hatte, aber das gelang ihr nicht, weil die Daten zu alt und bereits gelöscht waren. Auch die Verbindungsnachweise seines Handys brachten nichts, weil er offenbar ein zweites Gerät mit einer Prepaid-SIM-Karte verwendet hatte. Wenn sie belastbare Beweise dafür fand, dass er unmittelbar bis zu ihrer Abreise ein romantisches Verhältnis mit Orna unterhalten hatte, und vielleicht auch mit Emilia, würde das ihrer Meinung nach ausreichen, um zu einer offenen Ermittlung überzugehen, dann konnte sie versuchen, ihn im Vernehmungsraum zu knacken, um dann weitere Beweise von Familienangehörigen und Freunden einzuholen. Doch letztlich wollte sie kein Risiko eingehen und hatte genau genommen keine handfesten Anhaltspunkte dafür, dass die Beziehungen zwischen Gil und Orna und zwischen ihm und Emilia bis zum Tod der beiden Frauen angedauert hatten, abgesehen von der Aussage von Eran, der Gil bei sich zu Hause in der Wohnung gesehen hatte, und der der Nachbarin, die Emilia am Freitag oder Samstag Gils Wohnung hatte betreten sehen, doch beides waren Aussagen, deren Glaubwürdigkeit sich in Zweifel ziehen ließ.

Es gab Tage, da überlegte sie, das Ganze sein zu lassen. Andere Fälle kamen herein, und dann wurde ihr sogar angeboten, zu einer distriktübergreifenden Ermittlungseinheit zu stoßen, die Betrugsfälle gegen Senioren im ganzen

Land untersuchte, weshalb sie erwog, die Ermittlung in den Todesfällen von Orna und Emilia einzustellen, und sei es nur vorübergehend. Emilia hatte keine Familienangehörigen, die Druck hätten ausüben können, und Ronen, der ein paarmal angerufen und sich erkundigt hatte, ob es Fortschritte gebe, könnte sie sagen, die Ermittlung habe sich festgefahren. Auch von ihren Vorgesetzten fand keiner, dass eine weitere Fahndung noch Sinn mache. Und dennoch spürte sie, sie konnte nicht aufgeben, etwas drängte sie weiterzumachen. Es war nicht die »Action«, wie Avner bei ihrem ersten Gespräch über den Fall gesagt hatte, nicht »der Drive, es an die Spitze zu schaffen«, und auch sonst nichts, was mit ihrer Psyche oder ihrem Leben zu tun gehabt hätte, so zumindest empfand sie es. Es war der Umstand, den sie nie irgendjemandem eingestanden hätte, dass sie meinte, Emilia sehen zu können, und auch, dass sie sich hin und wieder dabei ertappte, wie sie mit dem Wagen durch die Balfour-Straße in Bat Yam fuhr oder bei dem Seniorenheim vorbeischaute, in dem Emilia gearbeitet hatte, oder auf dem Platz vor der Kirche in der Altstadt von Jaffa, in der Emilia am letzten Tag ihres Lebens gesessen hatte, eine Zigarette rauchte – so etwas war ihr noch nie zuvor passiert.

Und dort kam ihr auch die Idee, ihn zu beschatten. Sie wollte keinen Moment warten und rief Ilana Liss noch von der Parkbank in Jaffa aus an.

Ilana war skeptisch. »Was genau soll Ihnen das bringen?«, fragte sie. »Sie hegen den Verdacht, er sei an einem Verbrechen beteiligt gewesen, das vor Jahren verübt wurde. Er wird jetzt nichts tun, was ihn damit in Verbindung bringen könnte, nicht, ohne dass wir ihn dazu verleiten.«

Sie wusste selbst noch nicht, was das bringen sollte. Es war nur so, dass sie ihn aus der Nähe sehen und beobachten wollte. Und außerdem vermutete sie, er könnte in Kontakt zu weiteren Frauen stehen und dass diese womöglich in Gefahr schwebten, und das war es auch, was Ilana letztlich überzeugte. Ein Observierungsteam beschattete ihn Ende Februar drei regnerische Tage lang und fand nicht viel heraus. Er brach jeden Morgen ins Büro auf und kehrte am Nachmittag oder frühen Abend zurück. Machte einmal eine Ausfahrt mit seiner Rennradgruppe im HaYarkon-Park und ging einmal ins Fitnessstudio. Seine Mietwohnung in Givatayim suchte er in der Zeit nicht auf und traf sich auch mit keiner Frau außer seiner eigenen. An zwei der drei Morgen machte er auf dem Weg zur Arbeit halt in einem Café in der Nähe seiner Wohnung in Givatayim.

Ilana Liss hatte Orna nicht autorisiert, Kontakt zu ihm aufzunehmen oder ihn persönlich zu beschatten, doch eines Morgens setzte sie sich einfach in das Café, ohne zuvor jemandem von ihrem Vorhaben zu berichten. So etwas hatte sie noch nie getan, aber diesmal war sie, das spürte sie, gezwungen, etwas zu unternehmen. Sie nahm ihren Laptop mit und tat so, als würde sie arbeiten. Einen Plan, wie es dann weitergehen sollte, hatte sie nicht.

Am ersten Morgen erschien er nicht im Café und auch am zweiten nicht, wohl aber am dritten. Und gleich beim ersten Mal warf er ihr einen Blick zu. Bis zu dem Moment war er nur ein Mensch gewesen, dessen Namen sie in Ermittlungsberichten und Zeugenaussagen gelesen hatte, und über den sie andere Menschen hatte reden hören, und jetzt trafen sich ihre Blicke. Sie wusste, dass er es war. Aber noch hatte sie keine Ahnung, wie sie ihn überführen sollte, und erst nachdem auf seine Initiative hin ein erster Kontakt zwischen ihnen zustande gekommen war, informierte sie Ilana Liss.

Sie wusste, Ilana würde kochen, und so war es auch, dennoch versuchte sie, sie zu überzeugen. »Er ist von sich aus aktiv geworden, Ilana, nicht ich«, erklärte sie. »Lassen Sie mich weitermachen. Wenn es nicht funktioniert, gebe ich die Ermittlung ab.«

Ilana verstand nicht, was sie vorhatte. »Aber womit denn genau weitermachen?«

Das war noch nicht klar, auch ihr nicht. Ihm näherkommen und ihn dazu bringen, ihr etwas zu erzählen; oder versuchen, so etwas wie eine Beziehung zu ihm zu entwickeln und zu sehen, ob er nach bekanntem Muster vorging.

Ilana gab ihr eine Woche – und stellte eine Reihe von Bedingungen. Die erste war, dass sie sich nirgendwo treffen würden außer in dem Café, und dass dort immer ein Kollege in Zivil mit dabei wäre. Als Ilana Orna fragte, wie der Kontakt zwischen ihnen zustande gekommen sei, sagte sie ihr die Wahrheit. »Irgendwie muss ich verstanden haben, was ihn veranlassen würde, mit mir zu reden. Ohne irgendetwas geplant zu haben. Offenbar nur auf Grundlage der wenigen Sachen, die ich über ihn wusste. Ich musste erklären, was ich den ganzen Morgen dort in dem Café mache und warum ich einen Laptop dabeihabe, und von da ist die Rede irgendwie auf Osteuropa gekommen. Ich habe tatsächlich mal Geschichte studiert und für ein paar Monate sogar im Diasporamuseum gearbeitet.«

Auch ihren Namen hatte sie spontan und ohne nachzudenken gewählt. Nach der ersten Zigarette, die sie zusammen geraucht hatten, hätte sie fast gesagt, sie heiße Orna, und erst im Nachhinein ging ihr auf, dass sie vielleicht nur wegen des berühmten Cafés in Tel Aviv auf den Namen Ella gekommen war.

Den ganzen März über schrieb sie jeden Tag, nachdem sie von ihren Treffen im Café aufs Revier zurückgekehrt war, einen genauen Bericht über den Fortgang der Ermittlung, denn das war Ilanas zweite Bedingung. Die Telefonnummer, von der sie hoffte, Gil würde sie darauf anrufen, wiederholte sie mehrfach bei Telefonaten, die sie vernehmlich im Café führte, und tatsächlich schrieb er sie irgendwann auf. Dass es Winter war, half ihr, das Aufnahmegerät unter ihren Jacken zu verbergen.

Avner erzählte sie nichts von all dem, auch nicht, dass sie sich mit Gil zum Mittagessen in Jaffa traf und ihm gestattete, sie zu berühren und zu küssen. Einzelheiten, die sie auch in dem Bericht, den sie am nächsten Tag schrieb, aussparte. Mit Hilfe der Bilder von euch beiden, die sie nicht losließen, stellte sie sich in jenen Momenten vor, sie wäre Emilia oder Orna, und das ermöglichte es ihr, das Ganze zu überstehen. Bei ihren Gesprächen sagte sie Sätze, von denen sie einen Augenblick zuvor nicht gewusst hatte, dass sie sie sagen würde, und hätte man von ihr verlangt zu erklären, wie sie darauf gekommen war oder ob diese Sätze auf sie zutrafen, hätte sie es vorgezogen, nicht zu antworten und nicht darüber nachzudenken. Zunächst gab Gil nichts preis, was sie bei der Ermittlung weitergebracht hätte, obgleich sie gelegentlich versuchte, ihm vorsichtig Fragen in der Richtung zu stellen, und erst als er zum ersten Mal die Möglichkeit aufbrachte, gemeinsam ins Ausland zu fahren, spürte sie, dass sie vorankam. Zu dem Zeitpunkt war sie bereits derart auf die Ermittlung und auf ihn fixiert, dass sie, falls erforderlich, auch nach Bukarest mit ihm geflogen wäre, aber sie wusste, Ilana Liss würde das niemals genehmigen, und so wurde bei ihrer letzten Unterredung, ehe Ilana in den Krankheitsurlaub ging, aus dem sie nicht wiederkommen sollte, der Gedanke geboren, seinen Vorschlag einer gemeinsamen Rumänien-Reise trotz allem zu verwenden; ihn dazu zu bringen, die Reise zu organisieren, um zu sehen, ob er seine mutmaßliche Vorgehensweise wiederholen würde, welche Hotels er reservierte und wie er die Tickets erwarb, um ihn dann durch die Veröffentlichung einer halbfiktiven Zeitungsmeldung unter Druck zu setzen und zu hoffen, dass er ungeplante Dinge täte. Das in der Zeitung abgedruckte Phantombild wurde von Freddy Amsaleg in weniger als einer Stunde erstellt, anhand eines Fotos der Zulassungsstelle und Ornas Anmerkungen. Als das funktionierte und er sie in seine Wohnung einlud, glaubte sie, möglicherweise würde Gil die Morde an Orna und Emilia gestehen, ehe er versuchte, sich auch an ihr zu vergehen, aber das tat er nicht, und nach seiner Festnahme behauptete er im Verhör, er habe überhaupt nicht versucht, ihr etwas zu tun, und leugnete jede Verbindung zu den beiden Todesfällen. Sein Rechtsanwalt verkündete sofort, er werde die Ermittlungsergebnisse, die durch ihr Vorgehen zustande gekommen waren, als unzulässig ablehnen, aber die stellvertretende Bezirksstaatsanwältin von Tel Aviv, die Orna im Gerichtsgebäude traf und die ihr zu ihrer Arbeit gratulierte, sagte: »Das ist zwar erst der Anfang, aber selbst wenn er weiter leugnet, haben wir genug Beweise, um ihn für mindestens dreißig Jahre aus dem Verkehr zu ziehen.«

Aufgrund einer vorgängigen Abmachung mit Ilana gab es keine weitere Begegnung mit Gil für sie, und alle nachfolgenden Verhöre mit ihm wurden von anderen Ermittlern geführt, darunter auch dem jungen, gutaussehenden Kollegen, dem es jetzt leidtat, nicht darauf bestanden zu haben, dass der Fall bei ihm verblieb, dies aber vor Orna zu verbergen versuchte.

Als man sie informierte, die Ermittler hätten Haftbefehle auch gegen Gils Frau und seine Töchter beantragt, um Druck auf ihn auszuüben, wusste sie, dass es bald vorbei sein würde.

An jenem Montag, zwei Tage nach der Verhaftung, musste Orna nicht aufs Revier, weil sie um einen freien Tag gebeten und ihn auch bekommen hatte. Noch vor Tagesanbruch wachte sie auf, wie fast an jedem Morgen in diesem Winter, der nun zu Ende ging. Ohne Grund und auch wenn sie am Abend spät ins Bett gegangen war.

Draußen war es noch dunkel.

Sie wollte Avner nicht wecken, also stand sie auf und zog sich ein Sweatshirt über. Machte sich einen Kaffee. Und als sie die Fenster in der Küche öffnete, drang die kalte Luft mit dem Geruch des Regens und der nassen Straßen ins Haus. Sie setzte die Mädchen in der Schule und im Kindergarten ab und fuhr wieder nach Hause, räumte auf, und um elf kam ihre Mutter, um auf Danielle aufzupassen. Sie hatte Ronen angerufen und um ein Treffen bei ihm zu

Hause gebeten, und er hatte vorgeschlagen, sie solle gegen zwei zu ihnen kommen. In eine weiße Jalabiya gekleidet, die ihr bis zu den Knien reichte, öffnete Ruth ihr die Tür und forderte Orna auf, einzutreten und in der Küche Platz zu nehmen, die dreckig und voller Teller mit Resten von Nudeln mit Tomatensoße und schmutziger Pfannen und Töpfe war. Ruth ließ sie mit Ronen allein, und sie erzählte ihm, man habe den Mann gefasst, der offenbar Orna umgebracht habe.

»Was soll das heißen, ›offenbar‹?«, fragte er, und Orna sagte: »Er hat noch nicht gestanden, aber ich kann Ihnen mit Gewissheit sagen, dass er es war. Und dass sie sich nicht umgebracht hat. Er ist der Mann, mit dem sie zuvor einige Monate lang zusammen war. Der Mann, den Eran gesehen hat. Und mit dem sie, wie es aussieht, nach Rumänien gefahren ist. Ich habe Sie zuletzt nicht auf dem Laufenden gehalten, weil die Ermittlung einige Wochen lang verdeckt geführt wurde, aber gestern ist er verhaftet worden.«

»Aber warum hat er das getan? Hat er Ihnen erklärt, warum?«, fragte Ronen, doch auf seine Frage konnte sie ihm keine Antwort geben, da Gil zu dem Zeitpunkt noch immer alles abstritt.

Dann fragte sie, ob sie mit Eran sprechen könne, und Ronen zögerte, sagte, es wäre vielleicht besser, wenn er den Psychologen bitten würde, bei dem Gespräch dabei zu sein, und sie erwiderte, kein Problem, sie könne auf ihn warten. Am Kühlschrank hing ein Foto von Ronen und Ruth mit ihren Kindern, einschließlich Eran, auf den Golanhöhen oder vielleicht auch einem anderen grünen Berg, alle mit zusammengerollten Schlafsäcken auf ihren Rucksäcken und in schweren Wanderschuhen. Eran stand neben Julia, die ihm die Hand auf die Schulter gelegt hatte. Und etwas weiter unten hing ein weiteres Foto, auf dem Eran in Badehose zu sehen war, am Strand von Tel Baruch zusammen mit Orna, ein Bild, das Ronen an seinem vierten Geburtstag gemacht hatte.

Der Psychologe konnte nicht kommen, sagte aber, von ihm aus könne Orna Eran in Gegenwart von Ronen informieren, und so saßen sie zu dritt in der Küche, Ronen neben Eran, seine Hand im Nacken des Jungen, und sie ihnen gegenüber.

»Ich wollte dir erzählen, dass wir den Mann gefasst haben, der das mit deiner Mama gemacht hat. Das heißt, wir wissen jetzt, dass deine Mama sich nicht selbst getötet hat, sondern jemand anderes das getan hat. Sie hat vorgehabt und gehofft, zu dir zurückzukehren, aber dieser Mann hat sie daran gehindert. Verstehst du?« Er verbarg seine Augen vor ihr, damit sie die Tränen nicht sah.

»Und ich wollte dir auch sagen, ich glaube, es ist uns vor allem dank dir gelungen, diesen Mann zu fassen«, fügte sie hinzu, und Ronen fragte: »Was meinen Sie damit, ›dank dir‹?« Sie sagte, sie werde ihnen schon bald weitere Einzelheiten mitteilen können, denn im Augenblick wollte sie Eran noch nicht sagen, wer der Mann war, aber dass der Mörder ohne die Beobachtungen, die er gemacht und in seinem Heft notiert hatte, zu Gils Wagen und zu der Nacht, in der er ihn im Schlafzimmer gesehen hatte, höchstwahrscheinlich nie gefasst worden wäre. Sie sagte, sie würden jedoch mit einiger Sicherheit eine weitere Zeugenaussage bei der Polizei machen und auch während des Prozesses aussagen müssen, und Ronen nickte und sagte: »Wir werden alles tun, was erforderlich ist.«

Sie hatte noch zwei Stunden, bis sie die Mädchen abholen musste.

Gils Parfüm konnte sie noch immer riechen und an ihrem Mund den Geschmack seiner Lippen erahnen. Sie rief Avner an, um eine andere Stimme zu hören, und er hob ab, merkte, wie aufgewühlt sie war, und fragte, ob etwas passiert sei und ob er früher nach Hause kommen solle. Sie hatte Sprachnachrichten von einigen Polizeioffizieren des Distrikts auf ihrer Mailbox, die ihr gratulierten, aber im Unterschied zu früheren Fällen hatte sie nicht das Gefühl, sie sei es, die man beglückwünschen musste, da sie im Grunde genommen ja nichts getan hatte. Wer Gil überführt hatte, waren Eran und Ronen, der darauf beharrt hatte, dass Orna sich niemals selbst das Leben genommen hätte, und auch Ilana Liss, die ihr ermöglicht hatte, die Ermittlung weiterzuführen, obwohl sie ihr nicht hatte erklären können, warum. Und Emilia. Man musste jemandem mitteilen, dass auch der Mörder von Emilia gefasst worden war, nicht nur der von Orna, dachte sie und rief deshalb Tadeusz an, denn nur dank seiner Zeugenaussage im Ermittlungsbericht von A. waren ihr erste Zweifel gekommen, aber Tadeusz' Telefon war ausgeschaltet, und als sie die Kirche anrief und mit ihm sprechen wollte, sagte man ihr, er habe Israel verlassen, da seine Aufgabe hier beendet und er in eine Gemeinde in Rom versetzt worden sei. Weil es also niemanden mehr gab, den sie über Emilias Schicksal hätte informieren können, sprach sie bloß in Gedanken mit ihr.

Ihre Mutter blieb noch eine Weile bei ihr und den Mädchen, als sie nach Hause kamen. Da eine Informationssperre verhängt worden war, konnte sie ihrer Mutter nicht allzu viel über die Ermittlung sagen, versprach aber, ihr schon bald mehr zu erzählen. Als sie schließlich allein mit ihren Töchtern war, verspürte sie das starke Bedürfnis, etwas anderes mit ihnen zu unternehmen, etwas, das sie noch nie mit ihnen gemacht hatte, etwas, das weder die Mädchen noch sie selbst jemals vergessen würden, aber das überstieg an jenem Tag ihre Kräfte, und der Nachmittag verstrich mit Versuchen, etwas organisiert zu bekommen. Die Mädchen hatten keine Lust, mit ihr ans Meer zu fahren, im Sand zu spielen und den Sonnenuntergang zu verfolgen, sondern wollten nur fernsehen. Um sieben ertappte sie sich dabei, dass sie ihnen hart gekochte Eier machte und Gurken schälte wie jeden Abend, während ihre Töchter bei dem Versuch, Käsesandwichs zu machen, sich selbst und die ganze Küche mit Ketchup einschmierten.

Ausgerechnet mit Avner aber hatte sie am Abend Momente angenehmer Nähe und Vertrautheit, und sie erzählte ihm mehr, als sie gedacht hätte, ihm erzählen zu können.

Den ganzen Winter über hatte Avner so gut wie nichts von dem gewusst, was sie beschäftigte, obgleich er gefragt und auch zugehört hatte, wenn sie etwas erzählen wollte. Sie war unruhig, als hätte sie etwas in Gils Wohnung vergessen, und trotz der späten Stunde kontrollierte sie alle paar Minuten ihr Telefon, ob jemand ihr eine E-Mail oder eine SMS geschickt hatte. Auch A. rief an, um ihr zu gratulieren, nur Ilana Liss meldete sich nicht, weil sie bereits im Krankenhaus war.

Von den Treffen im Café, dem Mittagessen in Jaffa oder

dem letzten Treffen mit Gil in seiner Wohnung erzählte sie Avner nicht, sagte lediglich, sie hätten ihm eine Falle gestellt und ihn über einen inszenierten Mail-Verkehr drangekriegt, und dass sie an seiner Verhaftung mitgewirkt hatte. Während sie zu ihm sprach, sah sie Gil vor sich, in dem Moment, als er ihr die Tür geöffnet und seine Hand auf ihre Schulter gelegt hatte. Sie stand auf, damit Avner ihre Augen nicht sah, und als sie mit einem Teller Nüsse zurück ins Wohnzimmer kam, fragte sie ihn nach seiner Arbeit.

Trotz der Müdigkeit gelang es ihr nicht einzuschlafen, solange Avner noch wach war, wie sie es gewollt hätte. Sie spürte, wie die Stunden verrannen und die Nacht immer kürzer wurde.

Als sie fast eingeschlafen war, hörte sie Danielle weinen und stand auf, um der Kleinen ein Fläschchen zu machen und sie zu stillen, und kurz darauf wachte, wie beinahe jede Nacht seit Anfang des Winters, auch Roni auf und sagte, sie habe Angst, dass jemand außer ihnen in der Wohnung sei.

Orna beruhigte sie, streichelte sie, flüsterte, es sei niemand da, und erst als sie die ruhigen, gleichmäßigen Atemzüge ihrer Tochter hörte, kehrte sie ins Schlafzimmer zurück und schloss die Augen. Und diesmal gelang es ihr einzuschlafen, weil ihr beiden die ganze Nacht bei ihr geblieben seid und über ihren Schlaf gewacht habt.

Bitte beachten Sie
auch die folgenden Seiten

Das Diogenes Hörbuch zum Buch

Dror Mishani
Drei

Ungekürzt gelesen von FRANZ DINDA

6 CD, Gesamtspieldauer 501 Min.

Meir Shalev im Diogenes Verlag

Meir Shalev, geboren 1948 in Nahalal, studierte Psychologie und arbeitete viele Jahre als Journalist und Fernsehmoderator. Er lebt mit seiner Familie in Jerusalem und in Nord-Israel. Neben seinen Romanen für Erwachsene schreibt er auch Kinderbücher.

»Israels großer Fabulierer. Seine Romane gleichen den Bildern Chagalls. In einer Ecke noch eine kleine Episode, am Rand noch eine Figur, und der Fiedler schwebt ganz selbstverständlich über dem Dach.«
Anita Pollak / Kurier, Wien

Ein Russischer Roman
Aus dem Hebräischen von Ruth Achlama

Esaus Kuß
Eine Familiensaga. Deutsch von Ruth Achlama

Der Sündenfall – ein Glücksfall?
Alte Geschichten aus der Bibel neu erzählt. Deutsch von Ruth Melcer

Judiths Liebe
Roman. Deutsch von Ruth Achlama
Auch als Diogenes Hörbuch erschienen, gelesen von Edgar M. Böhlke

Im Haus der Großen Frau
Roman. Deutsch von Ruth Achlama

Der Junge und die Taube
Roman. Deutsch von Ruth Achlama

Aller Anfang
Die erste Liebe, das erste Lachen, der erste Traum und andere erste Male in der Bibel. Deutsch von Ruth Achlama

Meine russische Großmutter und ihr amerikanischer Staubsauger
Deutsch von Ruth Achlama

Zwei Bärinnen
Roman. Deutsch von Ruth Achlama

Mein Wildgarten
Deutsch von Ruth Achlama. Mit 40 Illustrationen von Refaella Shir

Der folgende Roman ist zurzeit ausschließlich als eBook erhältlich:

Fontanelle
Deutsch von Ruth Achlama

Yael Hedaya im Diogenes Verlag

Yael Hedaya wurde 1964 in Jerusalem geboren. Sie studierte Philosophie und Anglistik in Jerusalem und Kreatives Schreiben in New York. Heute arbeitet sie als Journalistin für verschiedene israelische Zeitschriften. Yael Hedaya lebt in der Nähe von Tel Aviv.

»Zusammen mit Autorinnen wie etwa Zeruya Shalev und Judith Katzir gehört Yael Hedaya zur jungen Generation israelischer Schriftstellerinnen, die bei uns als Spezialistinnen für die Erforschung des Privaten gelten.« *Gunhild Kübler / Die Weltwoche, Zürich*

»Yael Hedaya ist eine Entdeckung.«
Simone Buchholz / Marie Claire, München

Liebe pur
Erzählung. Aus dem
Hebräischen von Ruth Melcer

Zusammenstöße
Eine Liebesgeschichte
Roman. Deutsch
von Ruth Melcer

Die Sache mit dem Glück
Erzählung
Deutsch von Ruth Melcer

Eden
Roman
Deutsch von Ruth Achlama

Alles bestens
Roman. Deutsch von
Ruth Melcer